Dans l'ombre de la Coupe

Claude Atcher
avec la collaboration d'Hélène Vaultier

Dans l'ombre de la Coupe

L'ancien directeur général de France 2023 sort du silence

en exergue.
éditions

Graphisme couverture : ZS Studio
Photo de couverture : © Lionel Bonaventure/AFP

ISBN 979-10-97469-43-6

www.en-exergue.fr

À ma maman et mon papa
À Baptiste, Giulia et Louise, mes enfants
À Typhaine, ma femme

Prologue

8 septembre 2023

La ferveur est à son comble dans le Stade de France pour la cérémonie d'ouverture de cette dixième Coupe du monde de rugby tant espérée, tant attendue, arrachée de haute lutte par la France. Quatre-vingt mille personnes debout pendant les hymnes de cette première rencontre Bleus contre All Blacks, un match de rêve, une première *Marseillaise* puissante et historique, un premier haka, je suis debout, l'émotion m'envahit.

« Viens t'asseoir, Claude, me dit Michel, et monte le son de la télé. »

Sa voix me ramène à la réalité.

Samedi 8 septembre 2023, une date cochée depuis six ans dans l'agenda du directeur général de France 2023, et je ne suis pas au Stade de France mais à Anglet avec mes trois amis les plus chers.

Cela fait des mois que je me demande comment je vais vivre ce premier week-end de compétition. J'ai tout imaginé, comme partir avec une ONG à l'étranger pour m'occuper de gamins, loin, très loin, avec surtout ni journal ni écran de télévision. Et puis, au fil des mois, je me suis senti plus prêt à affronter tout ça et même à profiter de la fête avec mes compères de toujours. Les « 4 Vieux Fantastiques » avaient prévu d'aller voir des matchs, résolus à savourer ce grand rendez-vous de rugby. Mais un événement bien plus important est venu occulter tous les autres. Jean-Yves, dans le combat qu'il mène depuis deux ans contre la maladie, a fait une rechute et est hospitalisé d'urgence à Quimper. Il est opéré fin juillet 2023 puis, à la suite d'une infection, transféré à Bayonne. Cela bouleverse forcément nos projets, et lui de nous envoyer balader : « Oh mais vous êtes chiés ! Allez voir vos matchs et laissez-moi tranquille. Je me soigne, c'est bon... »

Aller voir les matchs pendant que lui est seul dans son lit d'hôpital ? L'amitié, le rugby, le partage sont pour moi des valeurs indissociables. Lorsqu'en 1975, pendant mes études à Toulouse, j'ai fait la connaissance de ces trois gaillards passionnés de rugby, et qui deviendraient mes amis pour la vie, je ne connaissais rien de ce sport. Jean-Yves, Bernard et Michel ont été les premiers à me voir en rugbyman, à allumer la mèche de ce feu intérieur qui a embrasé ma vie d'homme et de sportif de haut niveau. Je ne pouvais vivre ce moment avec personne d'autre, de surcroît un moment qui pour moi serait de toute façon difficile. Qu'à cela ne tienne, on arrive !

Pour l'occasion, je suis descendu la veille à Nîmes et je passe la soirée avec mon fils. Le lendemain matin, Bernard part de Draguignan, embarque Michel à Avignon et les deux potes m'attrapent sur le chemin. Cap sur le Sud-Ouest ! Dans la voiture, l'ambiance est joyeuse, les souvenirs affluent, on se raconte des conneries, on se charrie. Surtout Michel, dit le « Gros » – qui n'est plus du tout gros, d'ailleurs. Tête en l'air comme il est, il a oublié ses médicaments et Bernard, furieux, a dû faire demi-tour entre Avignon et Nîmes ! C'est comme si on ne s'était jamais quittés. Après avoir dépassé Toulouse, nous décidons de faire un stop pour manger un morceau. Nous sortons de l'autoroute A64 à la hauteur de Muret et finalement, au bout d'une dizaine de kilomètres, nous jetons notre dévolu sur La Guinguette de Manou, dans le village de Saint-Clar-de-Rivière. Nappes à carreaux, banquettes en moleskine rouge et blanche, à la carte : assiette de charcuterie et foie gras, magret de canard et entrecôte frites, grillades au feu de bois… Nous ripaillons, nous déconnons, nous parlons fort et, il n'y a pas de hasard, l'homme qui nous sert nous reconnaît. L'ancien joueur de rugby entame la discussion, la table voisine s'invite dans les échanges, une petite prune passe de main en main. Requinqués, nous reprenons la route.

En fin d'après-midi, la voiture s'arrête devant l'hôpital de Bayonne. Le choc est rude. Jean-Yves a perdu beaucoup de poids, il a du mal à se déplacer. Mon meilleur ami est très fatigué, sous perfusion. On ne se démonte pas pour autant lors de nos négociations avec le médecin : « On vous prévient, il sort pour voir le match avec nous. S'il le faut, on le kidnappe ! » Face à notre détermination, les infirmières finissent par nous accorder six heures, le temps qu'il est possible d'octroyer sans perfusion à Jean-Yves. « Mais vous nous le ramenez à 23 h 30. »

La maison que nous avons louée à Anglet, à une vingtaine de minutes de l'hôpital, est un havre de paix, une grande demeure basque au bord de l'océan, suffisamment loin de Paris pour commencer à panser ma blessure.

Ce soir-là, je suis particulièrement ébranlé. J'ai des sanglots dans la voix quand ma femme m'appelle juste après la cérémonie d'ouverture – c'était un peu mon « bébé ». Je reçois quelques messages : « On voudrait encore te remercier », « Tout ça c'est grâce à toi », « On espère que tu vas bien, que tu le vis bien », peu de la part des gens du GIP, le comité d'organisation de France 2023. Alors que la France du rugby retient son souffle, que les Bleus viennent de réussir leur entrée dans la compétition, je ressens à la fois du bonheur et de la tristesse, une joie et une satisfaction profonde du travail accompli, mais l'incompréhension face à une incroyable injustice, me laissant à ce jour sans aucune explication.

Le lendemain, nous tentons de faire de nouveau sortir notre ami pour les sept autres matchs du week-end. Fin de non-recevoir, Jean-Yves est épuisé. Qu'à cela ne tienne, nous les regardons tous à l'hôpital, installés devant la petite télévision de sa chambre. J'ai apporté une bonne bouteille mais Jean-Yves ne peut pas boire une goutte. Nous qui aimons tant festoyer, je crois qu'on n'a pas non plus mangé grand-chose. Jusqu'au dimanche soir, nous commentons, critiquons – fidèles à la réputation des Français –, racontons des bêtises sur les uns, les autres, avec personne pour nous entendre, soudés comme jamais face à l'adversité. Tout ce qui compte à ce moment-là, c'est de vivre avec mes potes de toujours cette Coupe du monde dont on m'a privé.

***

3 décembre 2016

En cette journée de fin d'automne, nous sommes réunis à Marcoussis, dans l'Essonne, au siège de la fédération française de rugby (FFR). Le thermomètre doit afficher 7 °C mais la tension est palpable sous l'immense tente dressée pour l'occasion, les regards sont fixes et les visages crispés.

Nous avons pris place au centre du barnum. J'ai fait positionner deux gardes du corps de part et d'autre de notre rangée parce qu'à ce moment-là les invectives sont violentes entre les trois candidats. Il y a également eu des menaces sur les réseaux sociaux : « Bernard, on va te casser la gueule ! » Pour ne pas prendre de risques, j'ai donc appelé des copains, des joueurs de rugby, des costauds.

Depuis 11 heures ce matin, les clubs sont venus tour à tour déposer leurs bulletins dans les urnes. La fédération regroupe près de 1 900 clubs qui jusque-là donnaient pour la plupart procuration à des dirigeants du même comité. On voyait alors arriver ces « gros » électeurs les poches pleines de procurations, parfois une quarantaine de votes. Rien qu'en Île-de-France, il y avait quatre ou cinq grands électeurs qui représentaient à eux seuls 1 500 voix. Là, ce n'est pas loin de 800 clubs qui ont fait le déplacement pour élire le nouveau président de la fédération.

Il est 18 heures quand les résultats sont annoncés, scellant ainsi notre victoire sans appel : la liste de Bernard Laporte l'emporte avec 52 % des voix pour 95 % de clubs votants, un chiffre historique. Nous exultons.

Personne ne nous donnait gagnant. Quand, au mois de septembre, j'avais annoncé que nous allions gagner, on m'avait pris pour un fou, un doux rêveur. Dans l'histoire des fédérations sportives, jamais un président sortant n'avait été battu. Avec un programme de 32 réformes pour le rugby amateur, l'équipe de France, le pôle Espoirs, notre liste vient de rafler 29 sièges sur les 40 du comité directeur. Celui-ci se retire alors pour désigner le président. Il revient devant l'assemblée pour faire valider son choix : Bernard Laporte est élu président de la FFR avec une écrasante majorité de 85 %.

Bernard se lève pour prendre la parole. Dans son discours, il a des mots émouvants pour remercier tous ceux qui l'ont soutenu, en particulier Serge Simon et moi. Avec beaucoup de fierté et de reconnaissance, je suis heureux de participer à cette victoire historique.

Dans la foulée de cette cérémonie, on part tous souffler et se détendre dans l'un des salons de réception de la résidence dite du XV de France, où les dirigeants de la fédération ont servi un apéritif. Je suis dans l'euphorie et une joyeuse ambiance. Autour de moi, il y a Michel Tachdjian, Momo Lelano, Benoît Rover, Marie Houzot, les copains qui nous ont aidés à convaincre les clubs et à faire campagne, des membres de l'équipe de Bernard… On doit être une vingtaine à siroter un verre en attendant la soirée. « Bravo, Claude ! Ça fait plaisir ! » Les gens viennent tour à tour me féliciter. « Bravo, Claude, c'est super, on espère que tu vas gagner ! » Le sourire et les embrassades laisser placent à la surprise. Je ne comprends plus cet engouement pour ma seule personne : « Mais de quoi vous me parlez ? Ce n'est pas moi qui me suis présenté… »

Bernard Laporte vient de faire une conférence de presse pour donner le tempo et marquer les esprits : son mandat sera sous le signe de la candidature de la France à l'accueil de la Coupe du monde 2023 et je suis celui qui portera le dossier.

Là, le Bernard, il vient de me la faire à l'envers, oui ! Je suis flatté, évidemment. Je me dis que si je peux ramener l'événement dans mon pays, ce serait un challenge fabuleux. Mais je suis complètement pris au dépourvu. Je me suis impliqué dans sa campagne parce que je pensais que c'était bénéfique pour le rugby français, que nous partagions un certain nombre de points de vue, de visions stratégiques. Mais que Bernard soit élu ou non, moi, j'ai prévu de rentrer à Singapour ! Toutes mes affaires sont là-bas. Avec ma femme et ma fille, nous avons une vie plutôt agréable, j'adore l'Asie et il n'y a eu jusque-là aucune raison que je revienne en France. Je suis au pied du mur. Ça mérite un éclaircissement auprès de notre nouveau président.

« Si tu ne prends pas ce dossier, Claude, on va le payer pendant vingt ans. C'est capital pour nous de gagner l'organisation de la Coupe du monde. Ça va être un accélérateur incroyable de la mise en place des réformes, de l'apport nouveau de partenaires financiers. C'est une mobilisation, c'est le projet phare de mon mandat.

— Tu aurais pu m'en parler avant !

— Je sais que de toute façon tu es le seul capable de le faire, et tu vas le faire. Alors, tu acceptes ? »

Voilà comment, du jour au lendemain, contre toute attente, l'aventure de la Coupe du monde 2023 commence pour moi. La candidature est déjà posée depuis dix-huit mois, certes, mais quand Bernard l'annonce je ne sais pas encore avec quoi on part : à savoir un dossier vide face à ceux presque ficelés d'Irlandais et de Sud-Africains au taquet. À nous, la France, il reste huit mois !

Sans le savoir, je venais de sceller mon destin.

***

Sept années séparent ces deux moments que je viens de relater. Dont six ans d'un investissement total dans cet événement planétaire, de la candidature de la France pour l'accueillir jusqu'à son organisation. Et seulement quelques jours, en 2022, pour me faire disparaître. Aujourd'hui, victime d'une décision injustifiée et arbitraire, lâché par nombre de ceux que je pensais amicaux, loyaux et fidèles, je ne suis plus le directeur général du comité d'organisation de la Coupe du monde de rugby 2023.

Pour s'emparer de la Coupe, il a fallu qu'on me démette de mes fonctions. Ce n'était pas une simple éviction sur un malentendu. J'hésite encore à qualifier mon histoire de « meurtre professionnel avec préméditation » car si certains ont agi en terroristes, d'autres étaient des infiltrés. Leur stratégie a été de créer et de relayer des désordres intérieurs et extérieurs de façon récurrente, une vague en entraînant une autre, jusqu'à devenir scélérate, et cela sous des vents contraires. Le flot était incessant, alimenté par des pourvoyeurs d'informations, des analystes médiocres, des bons serviteurs du gouvernement. Tous ont joué parfaitement leur partition. La danse a d'abord été macabre, par son rythme, son absence d'improvisation, puis funèbre grâce à l'enchaînement parfait de chaque instrument.

Pour finir à l'unisson : « Atcher est mort. »

Je n'étais pas mort, juste envahi par une grande fatigue et la profonde tristesse de perdre ce pour quoi j'avais travaillé si dur. J'étais dévasté de découvrir dans la presse les articles, les portraits et caricatures de bandit, de voyou, d'imposteur et de ne pas pouvoir livrer cette Coupe.

Après avoir été muselé de toute part, j'ai pris le temps de me poser, de réfléchir. J'ai ressassé chaque instant pour tenter de comprendre comment j'en étais arrivé là, comment et pourquoi. J'ai d'abord pensé à des opposants, ceux avec qui j'aurais eu des désaccords. À certains médias. Qu'avais-je pu dire ou faire ? En vain, je ne voyais aucune erreur de ma part qui méritait un tel acharnement.

Dans la plus grande indifférence de mes anciens collaborateurs, le temps a passé. J'ai commencé à faire le deuil de ceux que j'avais accompagnés et choisis. Tantôt en colère, tantôt dans la frustration, tantôt avec l'envie de combattre… À vrai dire souvent ! Je me suis appuyé sur mes avocats, avec l'espoir que la justice me disculpe, me permette de reprendre la parole et fasse taire les critiques et les rumeurs.

En boucle, j'ai cherché des indices, des pistes et essayé d'analyser la situation. Un Cluedo grandeur nature ! Était-ce le Colonel Moutarde ou Mademoiselle Rose, avec une corde ou un poison, dans mon bureau ? Les indices étaient sous mes yeux et je n'avais rien vu. En revisitant certains souvenirs, en relisant la presse, j'ai découvert des faits nouveaux, des connexions inattendues, des liens forts, des alliances secrètes pour des intérêts communs. Il existait bel et bien un collectif peu glorieux, apte à servir les plus puissants : opportunistes, frustrés, jaloux, incompétents, manipulateurs, pervers, psychotiques, menteurs…

Et j'ai refait l'histoire.

Je sais que pour beaucoup d'entre vous, je suis coupable des faits relatés dans les médias. Les sources sont intarissables, les événements s'empilent les uns sur les autres et éteignent la mémoire positive de mes actions pour ne faire apparaître que des fumées.

La réalité est bien plus complexe. Ce n'est pas l'esprit de revanche qui m'a poussé à écrire ce livre, ni une volonté de me mettre en avant, mais bien l'envie de répondre au bruit et à l'agitation dont j'ai été la cible pendant des mois.

Je n'ai cherché, dans le projet France 2023, qu'à faire bouger les lignes avec mes valeurs. J'ai travaillé des années dans l'ombre sans chercher à attirer l'attention sur moi. Mon seul désir était d'apporter des changements positifs à la France comme au rugby et laisser un héritage.

Les seuls juges dont vous avez entendu les plaidoiries sont les journalistes, alimentés par un comité passoire. Vous ne connaissez à ce jour des secrets de l'instruction qu'une fiction. Je ne peux plus me contenter de ressasser seul ces heures sombres qui ont été et restent les miennes, ces phrases vides de sens qui jour après jour m'abrutissent, effacent mes souvenirs, gomment les visages de ceux en qui je croyais.

J'aurais aimé, mais il est trop tard, que les accusations dont j'ai fait l'objet se règlent en interne. Exposées au grand jour, elles viennent ternir la scène de cet événement mondial pour lequel des centaines de personnes ont travaillé dur et se sont investies.

Pendant des mois, il n'a plus été question de rugby, de Coupe du monde, de la beauté de l'événement. Les gros titres étaient ciblés sur Claude Atcher avec des orientations rarement à mon avantage, de plus en plus dégradantes et éloignées de la réalité.

Vilipendé sur la place publique sans même pouvoir m'expliquer, je viens pendant de longs mois, dans un silence monacal, de supporter encore et encore des articles aux titres et informations biaisés, subjectifs voire complètement faux. Pour couronner le tout, j'ai fait face à une forme de vampirisme journalistique où certains médias, sans vérifier les sources et sans le moindre scrupule, relayaient le moindre on-dit.

Je n'avais pas pour vocation d'écrire et encore moins celle de raconter ma vie mais, face à l'adversité, je ne peux laisser les diatribes de personnes qui ne me connaissent pas couvrir la réalité de mon identité, de ma carrière, de ma vie.

Comme vous le découvrirez dans ces lignes, si j'ai bénéficié dans mon parcours d'heureuses coïncidences et rencontres, je crois que rien ne s'est fait seulement par hasard. Que l'on m'aime ou me déteste pour mon physique, mon caractère, soit. Que l'on me critique pour mes prises de position, je peux l'entendre et en débattre. Mais que l'on sous-entende que je n'avais ni l'expérience ni les épaules pour mener l'organisation de cette Coupe du monde, que j'aurais humilié ou insulté des collaborateurs et que j'aurais commis des erreurs aussi lourdes que celles qui me sont reprochées. Que dire ? Quand on sait d'où je viens, qui je suis et ce que j'ai fait jusque-là, il y a comme un parfum de doute qui plane au-dessus des ombres.

Alors, je sors du silence.

Un mariage pour la vie

Avant d'entamer mes relations avec la Coupe du monde de rugby 2023, il me faut vous parler de Dame Ovalie. Le rugby, c'est une famille, un clan de guerriers avec son code d'honneur et, comme disait Winston Churchill, « un sport de voyous joué par des gentlemen ». On y prend des coups, on en donne aussi, on se rallie pour gagner un territoire. C'est aussi un cercle privilégié dans lequel j'ai naturellement évolué, même si j'y suis entré un peu sur le tard.

Le « gardian de but »

J'avoue que c'est le football qui a bercé mes plus tendres années. À Nîmes, on ne jurait que par le ballon rond. Dès que l'école était finie, toutes les occasions m'étaient bonnes pour aller frapper quelques balles avec les gamins de mon quartier. De par ma grande taille, on m'avait assigné le rôle de gardien de but, un cadre qui ne me convenait pas totalement et dans lequel je me sentais un peu contraint, mais ça, je n'en prendrais conscience que des années après. Évoluant par la suite dans le championnat départemental pupilles, je me suis même retrouvé stagiaire au centre de formation du célèbre Nîmes Olympique. En clair, le foot, je ne connaissais que ça. C'est seulement à l'âge de vingt ans que j'ai touché mon premier ballon ovale. Et qu'a commencé mon histoire d'amour avec le rugby, portée par une rencontre qui se muerait en amitié pour la vie et constituerait dans les moments difficiles le repère ultime de ma passion pour ce sport.

En 1975, j'entre à l'École de formation des personnels de l'éducation surveillée (ENFPES) à Toulouse, devenue depuis la Protection judiciaire de la jeunesse (ENPJJ). Un choix professionnel qui, au contact de publics difficiles, m'a profondément marqué, a forgé une part de mon caractère, et sur lequel je reviendrai plus loin.

Pensionnaires, les étudiants viennent de toute la France. Au sein de l'établissement qui nous accueille pour deux ans, je rencontre mes trois acolytes que sont Michel Eymenier, Bernard Vidal et Jean-Yves Guilhemjouan. Ensemble, nous faisons les quatre cents coups, partant avec nos bagnoles pour la bringue trois soirs par semaine, si ce n'est tous les soirs. Nous aimons sortir, festoyer dans les bars, faire de nouvelles rencontres. Plutôt que de rentrer dans nos régions respectives, nous passons des week-ends dans le Pays basque. On a bien vécu durant ces années-là.

Évoluant dans le club de rugby de Salon-de-Provence, Michel propose un jour de nous emmener au Stade toulousain, une première pour moi. Cette fois-là, l'équipe joue contre celle de Lavelanet. Le match est d'une telle violence que je sors du stade en déclarant à mes copains que c'est un sport de fous, que je n'imagine absolument pas y jouer. Et pourtant…

Lorsque nous projetons de monter une équipe sportive au sein de l'école, les recrues viennent à manquer pour en constituer une de foot. Sous l'impulsion de Michel, c'est donc vers le rugby que nous nous tournons, et on se retrouve bien plus nombreux, terre d'ovalie oblige. J'apprends progressivement les gestes : lancer un ballon, pousser les copains, sauter en touche… Ces premières sensations me plaisent et m'amènent à jouer un premier match. Quand, au football, mon physique ne m'avantageait pas et me reléguait systématiquement dans les cages, là, j'ai soudain le sentiment de pouvoir enfin me déployer et de m'exprimer physiquement à fond. Je me sens tout de suite très à l'aise dans les situations de jeu. Les matchs amicaux s'enchaînent et je découvre parallèlement le milieu du rugby lors de nos virées. À la fin de notre formation, Michel est convaincu que je dois absolument rejoindre son club. Me voilà entrant dans la grande famille, prêt à épouser Dame Ovalie, sans savoir que cela me mènerait aussi loin, tant sur le plan sportif que professionnel.

En avant

Je me fiance donc d'abord avec le club de Salon-de-Provence qui évolue en deuxième division. Cette année-là, je suis appelé à effectuer mon service militaire et je choisis donc d'intégrer la Patrouille de France qui est installée dans la région. J'officie comme homme à tout faire – chauffeur, homme de ménage – aux côtés de pilotes d'exception tandis que, sous l'œil attentif de l'entraîneur Jean-Pierre Couedou, joueur emblématique de Toulon, j'apprends les rouages du poste de deuxième ligne, les actions, les trajectoires. Qu'il en soit ici remercié.

C'est grâce à lui que, un an plus tard, je suis repéré par le Rugby Club de Nîmes. À cette époque, l'équipe accède rapidement à la première division, finissant demi-finaliste des championnats de France. La bande de copains qui la compose constitue l'une de mes plus belles aventures humaines. Elle va durer six ans, de 1978 à 1984. On nous surnomme les « Gitans nîmois », tels les parents pauvres du sport au regard du Nîmes Olympique, mais nous revendiquons les premiers cet état d'esprit rebelle et indépendant. Nous ne sommes certes pas de grands techniciens mais cela ne nous empêche pas de battre les plus grandes équipes françaises du moment.

À l'époque – ce qui serait moins vrai aujourd'hui –, les grands et les gros, on les mettait devant, je suis donc naturellement orienté, et ce tout au long de ma carrière sportive, vers les postes d'avants. Manquant encore d'expérience, je commence à Nîmes comme deuxième ligne, sous le maillot numéro 4, un poste rugueux et primaire qui me va bien dans les premiers temps : on pousse en mêlée, on saute en touche, on touche peu de ballons dans le jeu. Si par la suite j'explose définitivement sur le plan technique et physique, je vais bientôt avoir l'occasion de revêtir également le maillot numéro 8 de troisième ligne et prendre plus d'initiatives sur le terrain. Les choses s'enchaînent en effet pour le « Gitan nîmois » que je suis puisque j'accède aux sélections de l'équipe de France et pars en stage à Soustons, dans les Landes, comme jeune espoir. Sélectionné en équipe de France B en tant que remplaçant, je vis mon premier match international à Cardiff contre le pays de Galles en 1981, aux côtés du talentueux talonneur Bernard Herrero, dit « le Tigre », et de Charlie (Jean-Charles) Orso, alias « Rambo », deuxième ligne comme moi.

Cette expérience au sein de l'équipe de France me projette dans un environnement complètement différent, mais très attirant. Je me frotte à cette notion de clan, de famille, de collectif. D'un point de vue sportif, je parviens à m'exprimer physiquement de façon très valorisante. Au poste de troisième ligne, l'avant que je suis prend du recul. Quand le deuxième ligne est préparé au combat, a des axes de course très précis, le troisième ligne, lui, a la main sur les différentes orientations tactiques, couvre beaucoup plus de terrain. Le rôle de ce pivot entre le paquet d'avants et les arrières est d'anticiper, de faire évoluer la stratégie par sa lecture du jeu et ses déplacements – ce qui me correspond encore mieux –, et d'être un peu moins au combat. Je joue sur les deux tableaux, soit numéro 4 soit numéro 8, selon les besoins de l'entraîneur.

En 1983, je suis enfin appelé à jouer en équipe nationale en tant que remplaçant contre l'Australie qui vient de réaliser un grand chelem en Europe contre les équipes britanniques : je dois remplacer Orso, blessé à l'œil. Je suis rempli de bonheur et de fierté à l'idée de me mesurer aux Australiens. Mais, à la dernière minute, le sélectionneur, Jacques Fouroux, me laisse remplaçant. Je monte dans les tours, je suis déçu, le ton monte et il m'annonce que l'équipe de France, c'est fini pour moi. Je claque la porte, mon aventure en équipe de France prend fin à ce moment-là. Dix-sept sélections, deux fois remplaçant, en à peine quatre ans : je n'ai pas à pâlir de mon palmarès. Sans compter les rencontres que j'y fais. Notamment celle de Jean-Pierre Rives, connu pour son style physique et déterminé, et sa force mentale. Sur le terrain, « Casque d'or » est un vrai de diable de Tasmanie, je suis sous le charme du personnage. Et une nouvelle perspective s'offre déjà à moi.

Après avoir évolué à Toulouse, Rives vient d'intégrer le Racing Club de France. Il trouve l'équipe jeune et prometteuse mais elle manque de caractère : il leur faut des combattants pour améliorer leur réputation de « titis parisiens ». À son invitation, je me rends à Paris pour faire la connaissance de Jean-Pierre Labro, président du RC France. Après une après-midi passée ensemble à Roland-Garros, il me propose de rejoindre ses rangs. Cela me tente, bien sûr, mais j'hésite. Je ne veux pas lâcher Louis Gagnière, président du club de Nîmes, qui a tant fait pour moi. Lorsque de mon hôtel je joins celui-ci le soir même, je lui fais part de ma discussion avec le Racing et souhaite que nous en parlions dès mon retour le lendemain. Il me lance : « Tu es à Paris ? Eh bien, restes-y ! », et de raccrocher. Hébété, je ressasse seul dans ma chambre.

Vu sa réaction, il ne me reste plus qu'à accepter. Mais ne suis-je pas en train de faire la connerie de ma vie ?

Je signe donc au Racing en 1984 et, il faut l'admettre, les six premiers mois sont rudes. Je repars de zéro : du petit provincial, un peu starisé sous le soleil du Midi, je passe à la pluie et la boue, de surcroît dans l'équipe de réserve de Colombes, la licence rouge ne me permettant pas d'intégrer tout de suite l'équipe première puisqu'elle est attribuée automatiquement aux internationaux qui changent de club. C'est chose faite à la fin de l'année, avec un match retour à Béziers qui restera dans les annales en matière d'engagement ! Les années qui suivent vont marquer la progression du Racing, jusqu'à la fameuse saison 1986-1987. Mais, d'abord, une expérience aux antipodes de la planète m'attend.

Le « guerrier de France »

Quelques mois auparavant, j'ai donc quitté le XV de France sur une discussion orageuse avec le sélectionneur après le match contre les Australiens. Je faisais partie de l'équipe qui avait infligé cette année-là sa seule défaite aux Wallabies. Me parvient quelque temps plus tard un commentaire de leur entraîneur, Bob Dwyer, celui-là même qui les conduira à remporter la Coupe du monde de 1991.

Au cours d'une interview qu'il donne après le match contre la France, Bob déclare que Claude Atcher est le meilleur numéro 8 au monde. Avec cette annonce, je gagne non seulement la reconnaissance d'un pair mais aussi l'opportunité d'être parmi les premiers Français à jouer dans le championnat néo-zélandais. Par l'entremise de Bob, le Victoria University Club de Wellington prend contact avec moi et me propose de les rejoindre pour un an.

Jusque-là, mes seuls horizons ont été les Cévennes, Nîmes, Toulouse, Salon-de-Provence, la région parisienne et j'ai très peu voyagé hors de nos frontières. Je m'envole à l'autre bout du monde pour découvrir la richesse d'une expérience à l'étranger. Partir un an, c'est aussi choisir de mettre de côté ma vie personnelle et ma société nouvellement créée. Mais, sur un plan sportif, j'ai une chance d'apprendre beaucoup. En 1985, je quitte donc temporairement le Racing pour des contrées où le rugby, plus qu'un sport, est une religion.

Le « pays du long nuage blanc », le nom maori de la Nouvelle-Zélande, déploie sous mes yeux des paysages somptueux : montagnes verdoyantes, geysers d'eau chaude et... temps pluvieux. Capitale ventée et tournée entièrement vers la mer, Wellington compte moins de 500 000 habitants. Pourtant, le Victoria University Club ne possède pas moins de seize équipes seniors ; à la même époque, il n'y en a que deux au Racing ! Et je vais participer aux entraînements avec chacune d'entre elles, notamment celles composées exclusivement de Maoris, les joueurs les plus rudes.

À mon arrivée, je deviens rapidement un sujet de curiosité pour la presse, qui me surnomme le « guerrier de France ». Le club et ses équipes m'accueillent avec un profond respect mais on me prévient assez vite : « Attends, mon gars, ici t'es rien. Tu vas tout reprendre de zéro. » On a beau être un joueur reconnu en France, quand on vous dit ça, même gentiment, ça vous fait forcément sortir de votre zone de confort. D'autant que mon anglais est loin d'être *fluent*... Lors de mon premier match, j'entends les demis de mêlée crier : « *Blind side ! Blind side !* » Je tourne la tête de droite à gauche et de gauche à droite : où est-ce qu'il y a un aveugle ? En matière d'annonce et de tactique, on repassera ! Mon interprétation laborieuse du « côté fermé » et mon manque de vocabulaire vont rendre la perspective de jouer numéro 8 quelque peu difficile… Je rejoins donc le poste de deuxième ligne. Mais quelle expérience !

Pas un jour sans m'entraîner, parfois dans des hangars sous une couche de sciure de trente centimètres, où je répète inlassablement avec mes coéquipiers toutes les phases de jeu possibles, de la touche au regroupement, et ce à vitesse réelle. À ce moment-là, je ressens comme une évidence à quel point ce sport me colle à la peau. Il est si naturel d'engager mon corps au profit d'une lutte collective. Je me sens rattrapé par la résistance cévenole de mes aïeux lorsque, attentif aux autres, je fais acte d'abnégation, d'efforts et de sacrifices sur le terrain. Je redeviens l'éducateur d'hier quand, dans l'affrontement, l'hostilité, je brigue des valeurs d'entraide et de respect. Et je m'enrichis de réelles différences culturelles et sportives, notamment avant d'entrer sur le terrain.

En France, nous nous retrouvions la veille ou le matin du match pour se préparer psychologiquement, s'échauffer, la réunion collective transcendant la peur de chacun. J'ai même connu des moments où l'on partait s'enfermer deux jours dans un lieu de réflexion, se « mettre au vert ». Ici, préparation et échauffement individuels. Si le match est à 15 heures, on est convoqués à 14 h 15. Chacun s'échauffe dans son coin et, à 14 h 55, le capitaine réunit l'équipe dans le vestiaire. Il dit quelques mots aux joueurs, ils sortent sur le terrain à 15 heures et deviennent des… « tueurs », capables de s'engager comme j'ai rarement vu un Français le faire. Je suis impressionné.

Durant un an, je vais être nourri et logé à l'hôtel par le club. Je décide néanmoins de me trouver un petit job : dégustation de champagne pour les clients de supermarché. Évidemment, je n'y connais pas grand-chose mais je me présente comme Français, je fais l'article de ce vin exceptionnel qui parle à tout le monde, mon accent fait le reste ! Et moi de gagner un peu d'argent pour faire la fête avec les copains. C'est qu'ils sortent beaucoup, les Néo-Zélandais, ils boivent beaucoup aussi. Mais il y a une règle là-bas : tous rentrent en taxi, car ils seraient bien incapables de conduire.

Le soir, on dîne ensemble au restaurant ou bien on se réunit chez les uns, chez les autres. C'est très *friendly*. Le club est devenu une famille, je porte son maillot avec fierté, d'autant plus que je suis l'un de ses tout premiers joueurs internationaux français. Je fréquente finalement très peu les expatriés. J'ai vraiment envie de m'immerger au maximum dans cette culture et de perfectionner ma pratique de l'anglais ! Plus que tout, j'apprécie cette troisième mi-temps, le moment où, après s'être battus férocement dans la boue, on devient des frères. Nous passons de guerriers qui se sont porté des coups, fait mal jusqu'à l'épuisement, à bons compagnons, trinquant, chantant, partageant des moments simples, dans la joie et la bonne humeur. Dans cette douceur d'après-bataille, j'y retrouve un peu mon clan, avec son code d'honneur.

Il faut dire que dans ce petit pays, qui compte à l'époque 4,5 millions d'habitants, 90 % de la population prend part ou s'intéresse au rugby. Autour du club gravitent des gens, anciens joueurs, proches et familles, qui respectent et entretiennent son histoire et ses valeurs. Les soirées et autres remises de médaille s'enchaînent. Nous portons tous le même pull. L'appartenance à une communauté, notion très anglo-saxonne, constitue une différence notable. Surtout, le rugby est un puissant moteur d'intégration.

La société néo-zélandaise puise ses origines dans deux cultures très différentes, formant une réelle mixité : les Maoris d'un côté, les descendants des colons anglais de l'autre. En France, j'ai pu être témoin de beaucoup de racisme. Dans le cadre de mon travail d'éducateur, les gamins dont je m'occupais subissaient régulièrement des injures racistes telles que « sale bicot », « bougnoule » et autres. Ici, le rugby constitue un moyen de s'élever dans la société, notamment pour les Maoris – la position que chacun a dans ce sport étant bien plus déterminante que sa couleur de peau ou l'origine.

Au-delà des différences culturelles ou sociales, c'est le rapport à soi, aux autres, à toute chose qui est remis en question. Seul dans une chambre d'hôtel chaque soir, à 20 000 kilomètres de ma famille, je vis une totale perte de repères qui, je pense, s'avérera une réelle force, un atout pour la suite de ma carrière. Il me faut construire un réseau, aller vers les autres avec mon anglais laborieux, apprendre les codes sociaux, trouver ma place dans l'équipe en tant que joueur et partenaire, dans les soirées, au sein du club, dans la ville. Et je vis tout cela dans le contexte de l'affaire du *Rainbow Warrior*[1], avec la ferme désapprobation de l'Australie et de la Nouvelle-Zélande vis-à-vis des essais nucléaires français. Je suis même reçu à l'ambassade de France le 14 juillet 1985, quelques jours seulement après le sabotage, sous des jets d'œufs pourris.

Cette expérience a représenté un véritable travail personnel d'adaptation. Fabien Galthié aime à dire : « La clé du succès, c'est l'adaptation. » J'en suis convaincu également, encore aujourd'hui. Dans quelque entreprise que ce soit, personnelle ou professionnelle, il faut être capable de se remettre en question, de sortir de sa zone de confort. Être capable de dire : « OK, je pense ça, mais là je me trouve dans une situation où ce que je pense ne s'applique peut-être pas à ce que je vis », et ainsi parvenir mentalement ou intellectuellement à changer sa manière de voir les choses. À l'image de mon expérience

1. Le 10 juillet 1985, les services secrets français sabotent dans les eaux néo-zélandaises le *Rainbow Warrior*, bateau affrété par l'organisation écologique Greenpeace pour s'opposer aux essais nucléaires de la France dans l'atoll de Mururoa. L'opération fit un mort, le photographe de l'association, Fernando Pereira.

au Japon, que je vous relaterai dans un autre chapitre, qui fut un véritable choc.

Une année en Nouvelle-Zélande pleine d'enrichissements donc, au contact de gens très différents, et qui agit comme une étincelle. Précurseur voire fondatrice des choix de vie et de carrière à l'international que je vais mener. Sans en être forcément conscient à l'époque.

Pour l'heure, la saison 1986-1987 du Racing m'attend.

Le « Gros »

Lorsque je réintègre le club de Colombes, je vis la plupart du temps à Paris, ma femme est restée à Nîmes, mon fils Baptiste est à naître, j'enchaîne le boulot, les entraînements – le rugby n'est encore qu'un sport amateur – avec quelquefois plus de deux heures de transports en commun. Je ne lâche rien.

Je retrouve les copains, les vestiaires, mon poste de deuxième ou troisième ligne. Les deux me vont, car dans l'âme je suis avant tout un « Gros ». C'est quoi, un « Gros » ? Je laisse Philippe Guillard vous en donner un tendre aperçu : *« C'est que tout à l'heure, faudra être prêt à recevoir huit cents kilos de plomb sur le crâne sans couiner, dès la première minute, puis à lutter, se battre, sauter, plaquer, entrer en mêlée. Et ça, s'ils ne le font pas ensemble, c'est direct à l'abattoir. C'est pour cela qu'ils se regroupent, les Gros, dès l'échauffement, et qu'ils restent groupés jusqu'à quatre heures du matin, au bar. […] Faut la faire, sa loi, dans l'alignement, entre les coups de coude, les coups de casque et les coups de vice. Il en prend de tout ça […]. Alors, forcément, il rend. Coup pour coup. […] Ça y est, les Gros se resserrent. L'heure approche. Maintenant, c'est le coach qui leur parle. Alors ils se resserrent encore plus, ils s'étouffent presque. Ils s'aiment. Dans un instant, le combat. Ce combat, il va durer 80 minutes. Y a pas de coaching, là. Peut pas s'échapper. Les mêlées, il faudra toutes les faire. Et si tu souffres dans les dernières, tant pis, faudra aller chercher jusqu'aux derniers morceaux de tripes, et tenir. Pour toi, pour l'équipe, pour pouvoir se regarder les yeux, ce soir au banquet. Qu'il n'y ait pas une faille dans l'amour et le respect qu'ils se portent les uns aux autres*[2]. »

Pour celui qui a l'expérience du football et de son individualisme, on peut assurément dire que dans n'importe quelle situation de jeu, au rugby, on n'est jamais seul.

L'approche de chaque match fait monter l'adrénaline. Ce combat, on peut le gagner ou le perdre, on peut aussi se faire mal, avoir un accident grave. Tout peut se produire sur un terrain de rugby. Les joueurs arrivent silencieux dans le vestiaire, se déshabillent pour se mettre en tenue, posent leur montre. Chacun range soigneusement ses affaires, s'adonne à ses petites habitudes, ses rituels, comme si tout à l'heure il allait mourir. L'un enroule du sparadrap autour de son poignet ou de son petit doigt, d'autres s'appliquent de la pommade, uniquement par superstition. Ma place dans cet antre de la préparation est précise, toujours dans un coin, que j'évalue systématiquement en entrant dans chaque nouveau vestiaire. Ensuite, j'entoure mes poignets de bandes d'Elastoplast parce que j'ai vu un magnifique joueur néo-zélandais le faire. Si ce jour-là je suis deuxième ligne, je mets un bandeau pour ne pas trop m'abîmer les oreilles. Puis je passe au massage ; je fais toujours partie des premiers joueurs qui se font masser. J'enfile mes chaussettes, le short, le maillot en dernier parce qu'il y a le massage des épaules. Je me rassois pour mettre les protège-tibias.

Le joueur qui vous dit qu'il n'a pas peur à cet instant est un menteur. Peur, trac, peu importe, l'appréhension est là. D'être

2. *In* Attitude rugby, décembre 2021.

à la hauteur, à la hauteur du jeu, du public, de l'équipe, de ses partenaires, de prendre des chocs, de gagner évidemment, d'être compétitif. Tout se mélange. On passe par tous les états psychologiques. Le temps est donc venu de dépasser cette peur individuelle. De se rassembler pour que chaque joueur sente que le collectif est là pour lui. Un passage délicat à gérer mais crucial. Certains entraîneurs utilisent la sophrologie ou nous font écouter de la musique pour nous détendre. Bon, à notre époque, ça n'a jamais marché ! Je suis le premier à être prêt et souvent celui dévolu à cette préparation. Ça peut être « hard » dans les expressions employées, la dynamique, les bruits… Un peu comme une équipe qui part à la guerre : « On va pas se laisser marcher dessus », « Aujourd'hui, faut qu'on soit plus forts, qu'on ait plus de courage »… Parfois les mots sont plus crus, à l'image de cet entraîneur et de sa théorie des « 3 C » : des couilles, des couilles, des couilles ! Le discours se veut très viril, parfois limite, mais chaque joueur va ainsi se défaire de sa peur et être transcendé par cette préparation collective. À ce moment-là, il n'est plus un individu, il est membre d'une équipe.

Ensuite vient la libération à la sortie du vestiaire. Quand on entre sur le terrain, c'est fini, la peur a disparu, on est dans l'action, chacun concentré sur son rôle, sa responsabilité vis-à-vis des coéquipiers.

Lors de cette fameuse saison, personne ne nous a vus venir, même pas nous, pourrais-je dire, et encore moins Albert Ferrasse, le président de la FFR, qui, au cours d'une interview en septembre 1986, nous qualifie d'« équipe de plage ». On se promet alors collectivement que si nous parvenons en finale du championnat de France, nous la jouerons en nœud papillon rose. Des bérets basques portés à Bayonne, en hommage aux grands attaquants, aux blazers revêtus lors de notre entrée sur le terrain de Clermont-Ferrand pour affronter Brive lors des quarts de finale, l'équipe fait le show et déploie tout son talent : « les Gros-biz », les avants, tiennent la baraque pendant que « les Show-biz », les trois-quarts, assurent comme des fous sur le terrain. Et d'atteindre la finale, où l'on s'incline face à Toulon. Mais quel plaisir de voir en ouverture du match les gamins que nous sommes jouer un tournoi en arborant un béret et/ou un nœud papillon rose ! Jusqu'au président François Mitterrand, venu au stade pour l'occasion, qui se tourne vers son chef de cabinet pour lui demander pourquoi nous arborons un tel accoutrement !

Nous sommes le 2 mai 1987, au parc des Princes, et je pense que je viens de jouer mon dernier match en club – en réalité, j'en jouerai un la saison suivante à Rodez. Ça y est, je raccroche. J'ai trente-deux ans lorsque ma carrière de sportif amateur prend fin, à un moment où le rugby commence à évoluer vers une nouvelle étape qui le mènera au professionnalisme en 1995. Il devient pour moi essentiel de me consacrer pleinement à mes engagements professionnels pour subvenir à mes besoins. Mais on ne quitte pas le rugby comme ça.

L'homme de la situation

Antoine Blondin disait : « Un sportif qui arrête sa carrière, c'est un arbre à fleurs qui meurt sur pied. » C'est tellement vrai ! Si le rugby me manque au sens pratique, j'ai tout de même la chance de ne terminer ma carrière ni sur une contre-performance ni sur une blessure, et de continuer à m'en nourrir par la racine.

Bien occupé à parcourir le monde avec Télémundi qui gère les droits d'événements sportifs, je ne suis pas partie prenante de l'histoire quotidienne du rugby, mais je ne m'en tiens jamais très éloigné. J'ai ma carte à la fédé, je participe à quelques événements, je m'intéresse à la vie de l'institution. Et, en 1990-1991, la fédération française de rugby connaît une crise sans précédent, entraînant la démission d'Albert Ferrasse, son président.

« Bébert la godasse », c'est un sacré personnage. Relanceur hors pair, champion de France en 1945, arbitre aussi et premier Français à intégrer l'International Board Rugby (aujourd'hui World Rugby), l'organisme mondial de gouvernance du rugby. Il règne sur la FFR depuis plus de vingt-cinq ans. Grand orateur, il est capable en quelques minutes de renverser une foule, la faisant passer des huées aux applaudissements. Il a des allures de parrain quand il se déplace dans sa Jaguar, mais si la Coupe du monde existe aujourd'hui, on le lui doit en grande partie. Sans parler de son engagement pour faire reculer l'apartheid en Afrique du Sud avec son ami Danie Craven, président à l'époque de la fédération sud-africaine.

La crise dont Ferrasse est victime éclate à la suite d'une série de controverses entourant la gouvernance de la FFR, et après un putsch de Jacques Fouroux. Ce célèbre demi de mêlée que l'on nomme « le Petit Caporal », ancien capitaine de l'équipe de France, est le successeur tout désigné de Ferrasse, son « fils spirituel ». Or, impatient et nerveux, Fouroux veut « tuer le père », prendre sa place sans attendre. Il met donc Ferrasse en minorité lors d'un comité directeur de la FFR en novembre 1990. Furieux, ce dernier démissionne. De nouvelles élections auront donc lieu au printemps 1991.

Entre alors en scène un homme, et un repère important de mon histoire : Bernard Lapasset.

Je rencontre Bernard au tout début des années 1980, à l'époque où je suis encore joueur en équipe de France. Lui est secrétaire général du comité d'Île-de-France de rugby. Il a lui-même été joueur, alors on sympathise. Nous nous voyons régulièrement quand je suis à Paris. Il organise chaque année un match de portée internationale et me demande d'y participer, ce que j'accepte volontiers. Nous entretenons ainsi des relations amicales pendant quelques années.

Fidèle lieutenant de Ferrasse, Bernard convainc ce dernier de ne pas jeter l'éponge, de partir la tête haute et de se présenter à nouveau. Pas question de laisser la porte ouverte à Fouroux, plus affairiste, qui, selon lui, est le mauvais personnage pour diriger la fédération. C'est le moment que choisit Bernard pour me ramener dans le milieu que j'ai quitté quelques années auparavant et me solliciter : « Claude, il faut que tu me donnes un coup de main pour organiser la future campagne de Ferrasse. » Outre une vision commune des valeurs essentielles du rugby, je dois dire que cette situation peut être l'occasion d'une petite revanche envers celui qui n'a pas tenu sa promesse de me faire jouer et qui est à l'origine de mon départ de l'équipe de France en 1983... Me retrouver en face de Fouroux dans un contexte de campagne électorale n'est pas pour me déplaire. Ce n'est pas ma première motivation, mais ça nourrit son homme ! Donc j'accepte le challenge. On part néanmoins de loin : Ferrasse est en minorité, il est âgé et n'a plus très envie de se battre. Nous allons devoir trouver les ressorts pour le motiver, pour qu'il constitue une équipe, un programme et reparte à la bagarre. Parce qu'une campagne électorale, c'en est une. Mais les gens commencent à savoir que la bagarre, ça me connaît.

La politique ne m'a jamais attiré mais l'intuition, la lecture du jeu et la stratégie (le troisième ligne), la capacité de travail, l'analyse et la rigueur, ça, je sais faire. Voilà comment je me retrouve au milieu de tous les gros pardessus de la FFR. Lors de la première réunion où je présente le programme de campagne, je me sens tout petit face aux André Moga, Guy Basquet et autres grands dirigeants. Cette campagne inoubliable me permet de découvrir le cœur du rugby français, à savoir les clubs amateurs que je rencontre durant six mois au rythme des réunions, avec Ferrasse et Lapasset.

Ennemis d'hier, Albert Ferrasse et Jean Fabre, grand dirigeant du Stade toulousain, choisissent de s'allier. L'idée étant que ce dernier succède au premier après quelques mois de présidence. Mais les anciens internationaux, tels que Jean-Pierre Rives, Christian Carrère, Benoît Dauga, ne veulent pas de ce scénario et, contre toute attente, ils vont soutenir Bernard Lapasset.

Le match est serré, Bernard l'emporte à une voix.

Depuis lors, il ne cessera d'affirmer son pouvoir. Il met en place des réformes visant à améliorer la gouvernance de la fédération et redresse des finances largement dans le rouge. Il officialise le passage du rugby au professionnalisme en 1995, choisit Bernard Laporte comme entraîneur du XV de France en 2000, puis inaugure le centre de Linas-Marcoussis en 2002. À la tête de la FFR jusqu'en 2008, il devient également président de l'International Rugby Board (IRB) dès 2007, et est réélu pour un second mandat de quatre ans en 2011. Il réussit à faire du rugby un sport olympique et œuvre à renforcer sa gouvernance et son intégrité en introduisant des règles plus strictes pour la qualification des joueurs internationaux. Sa lutte contre le dopage et son travail lui vaudront de nombreux honneurs, comme l'Ordre national de la Légion d'honneur et l'Ordre olympique. Il choisira en 2016 de prendre sa retraite de la présidence de l'IRB – devenu World Rugby en 2014.

Bernard Lapasset, c'est une belle découverte, inattendue, et une histoire commune longue de trente ans. Je lui suis profondément reconnaissant de ce qu'il a fait pour moi. Il m'a souvent impliqué et sollicité. Je l'ai suivi et appuyé dans le développement du rugby en Asie, j'ai contribué à sa réélection à World Rugby. Et j'ai organisé à ses côtés la première Coupe du monde en France, celle de 2007. Il restera mon mentor, un pilier, un guide, un socle et, par-dessus tout, un ami. Nous étions complices et avions une confiance sans faille l'un envers l'autre, y compris dans les moments les plus difficiles. Nous avons vécu des joies intenses, la satisfaction du devoir accompli avec cette volonté de ne jamais rien laisser au hasard. Il m'a vu grandir, je l'ai vu vieillir, son sourire et ses éclats de rire ont été les mêmes tout au long de ces années. Je n'oublie pas non plus qu'il a souri à mon premier enfant et à ma petite dernière, sous les yeux de son épouse Jacky, témoin de nos vies. Maintenant qu'il est parti, son altruisme et son amitié me manquent.

***

J'aime le rugby lorsqu'il revêt de nobles causes et permet de côtoyer des personnes d'horizons différents. Certaines d'entre elles restent gravées dans ma mémoire. Les « 4 Vieux Fantastiques », Louis Gagnière, Jean-Pierre Rives, Bernard Lapasset. Mon histoire avec ce sport est ainsi jalonnée de rencontres décisives. À commencer par celle avec Michel, Bernard et Jean-Yves en 1975. J'ai aimé le rugby avec et pour eux, parce qu'il a scellé une amitié indéfectible. Elle est le fil conducteur qui m'a accompagné dans la pratique de ce sport et la construction de mes valeurs. Le collectif, d'abord. Le respect de l'effort, aussi. Sur un terrain de rugby, on ne ménage pas ses efforts. À la fois pour soi et pour les copains.

Pourquoi vient-on me chercher pour gérer cette crise politique au sein de la FFR en 1991 ? L'amitié, en partie ? La confiance que peut inspirer un gars costaud, solide, capable de prendre la pression, de gérer des situations de forte tension ? L'ancien troisième ligne et sa lecture du jeu ? Ma connaissance de l'écosystème ? Mes débuts dans l'organisation d'événements sportifs, qui m'ont permis de développer une certaine capacité à structurer un projet à une époque où les politiques n'ont pas ce genre de culture ? Sûrement un peu de tout ça.

Toujours est-il que lorsque je m'engage aux côtés de Bernard Laporte dans sa campagne à la présidence de la FFR en 2016 – encore une –, puis que j'accepte au pied du mur et au pied levé de prendre en charge la candidature de la France pour la Coupe du monde 2023, je pense que la loyauté et l'engagement dont j'ai toujours fait preuve à l'égard du monde du rugby, et ma passion, ont très certainement contribué à m'amener sur le devant de la scène, sans que j'aie un plan. Si ce n'est celui de rapporter de l'argent au rugby français et qu'il en sorte grandi.

2017

Le grand défi

Le chronomètre est enclenché

Si nous voulons avoir une chance d'accueillir la Coupe du monde en 2023, le dossier de candidature de la France devra être sur le bureau de Rugby World Cup (RWCL) le 31 août 2017 avec toutes les garanties financières. Avec une première étape : la remise du dossier technique accompagné de la lettre de proposition financière pour le 1er juin. Il nous reste donc moins de neuf mois. La course est lancée.

Au lendemain de l'élection de Bernard Laporte en décembre 2016, je me rends à Marcoussis pour récupérer le dossier auprès de Jean-Louis Barthès, le directeur général de la FFR. Je m'attends à trouver trois ou quatre classeurs de quelques centaines de pages ; il me sort une chemise épaisse comme une feuille de papier à cigarettes ! Le dossier se résume à des lettres d'intention, quelques verbiages inutiles et une facture de 70 000 euros éditée par une société de conseil. C'est l'ère du néant, le dossier de l'ancienne équipe ne porte pas de réelle motivation sinon celle de défendre la construction d'un grand stade. Je n'ai plus une minute à perdre. Mais, pour l'heure, je n'ai pour aide de camp qu'un jeune stagiaire devenu alternant, François Bellec.

Je n'en suis pas à ma première Coupe du monde. J'ai porté la candidature du Japon qui a remporté l'accueil pour 2019, événement que nous avons organisé de l'autre côté de la planète. Le stress succède pourtant à la décontraction, mes certitudes font place à la plus grande hésitation. Est-ce parce que cela engage mon propre pays, ajoutant une pression supplémentaire, ou que le temps nous est compté ? J'ai beau me questionner sans cesse, l'ampleur de la tâche est grande et à mon sens, le niveau d'exigence plus élevé que dans mes précédents dossiers. Mais je n'ai pas le choix : j'ai promis à Bernard de relever ce défi – capital, pour l'avenir du rugby français. J'ai donc besoin de m'entourer d'experts.

Dans le décor froid et clinique du pôle France de la FFR, je commence par former un tandem improbable : Philippe Collin Delavaud, polytechnicien X-Ponts, et Marion Charpentier, jeune responsable de projets événementiels. Cette dernière connaît bien le métier puisqu'elle a eu en charge les relations avec les villes pour l'Euro 2016 de football. Philippe, ancien président du Stade de France, vient de gérer la construction de celui de Singapour. Je sollicite aussi Marie Houzot, que j'ai rencontrée pendant la campagne de Bernard, et lui confie la coordination et la préparation de tous les dossiers. Elle deviendra ma plus proche et plus fidèle collaboratrice.

Je fais ensuite appel à deux personnalités de premier plan : Vincent Girardin pour la construction du budget prévisionnel, habitué de ce type d'exercice pour de grandes fédérations internationales, et Rémi Leonetti pour la stratégie de vente des billets, qui avait été le directeur de la billetterie de la Coupe du monde 2007. Ces deux spécialistes mondialement reconnus seront, selon moi, les seuls capables de fournir des réponses irréprochables face aux questions de Rugby World Cup, qui ne souffrent pas d'approximation.

Nous avons la chance d'embarquer avec nous deux dirigeants de très haut niveau, associés du cabinet d'audit Deloitte, Jean Paul Seguret et plus particulièrement Arnaud Molinié qui avait construit et piloté le dossier de candidature de Paris à l'accueil des Jeux olympiques en 2012. Dix à quinze personnes de leur entreprise vont s'atteler à travailler sur notre projet.

Tour à tour, j'intègre François Bellec, puis Nicolas Hourquet, collaborateur de l'ancienne équipe de la FFR, pour les relations internationales. Viennent également nous rejoindre Arnaud Breton, un homme rompu à l'exercice de la planification et de l'accompagnement des entreprises dans la gestion de projet, et Luce Buisson, une cheffe de projet qui a précédemment travaillé avec moi pour l'Asie.

L'agence RevolutionR gérera la communication, les relations presse et la mise en forme visuelle du dossier de candidature. Enfin, nous sollicitons l'imprimeur Thierry Ginon pour faire tourner ses rotatives jour et nuit au moment où il faudra délivrer les dossiers en version française et anglaise.

L'idée est d'être d'une efficacité redoutable dans le temps imparti pour couvrir l'ensemble des aspects : technique, financier, marketing, hospitalités.

Parallèlement, on se bat fermement pour « gratter » le dossier face à une communauté anglo-saxonne qui règne sans partage sur le rugby mondial. On a les nerfs solides. Il y a des petits coups de gueule et de stress mais on tient, et cela au milieu des critiques acerbes et régulières du journal *L'Équipe* qui nous annonce déjà perdants.

Il faut dire que, quelques jours après l'annonce de notre candidature, dans un article de *Midi Olympique*, Pierre Camou, président sortant et battu de la FFR, a déclaré : « On ne comprend pas pourquoi Bernard Laporte a relancé le dossier de candidature de la Coupe du monde 2023 puisque la France n'a aucune chance. » Le journal fait alors référence à un accord passé entre Bill Beaumont, président de la fédération internationale de rugby (World Rugby), et l'Irlande afin que celle-ci accueille la future Coupe du monde. Encore une guerre picrocholine à laquelle je mets immédiatement un terme en appelant Brett Gosper, directeur général de World Rugby (WR) et ancien coéquipier au Racing.

Je lui dis : « La France ne va pas persévérer dans sa candidature car, si l'on en croit les journalistes, la décision est déjà prise. Pas la peine de dépenser du temps et de l'argent pour cette cause perdue. On peut l'investir ailleurs sans problème. » Il m'assure que cette rumeur est totalement infondée et décide avec Bill de venir nous rencontrer pour en discuter. Nous déjeunons sur les Champs-Élysées et le président de WR nous explique qu'il ne participe pas au vote et qu'il ne peut jouer d'une quelconque influence. Il me rassure aussi : la France, compte tenu de ses expériences, de ses infrastructures, a toutes ses chances. Dont acte !

Cette journée nous permet de rappeler à la fédération internationale que nous sommes très vigilants quant à la transparence sur le choix du pays car, pour rappel, l'instance a son siège à Dublin, capitale de notre principal concurrent, et est composée à 70 % d'employés irlandais. À ce stade, le dossier de l'Irlande est aussi bien ancré dans l'état d'esprit du personnel et des politiques que dans l'imaginaire collectif puisqu'ils ont commencé trois ans avant nous. Sans parler du soutien inconditionnel de leur gouvernement pour qui cet événement est un enjeu majeur. En cas de victoire, cela permettrait de mettre en lumière le pays du XV du Trèfle, de moderniser ses infrastructures ainsi que d'augmenter sa capacité hôtelière. Les bookmakers sont alors, en prédictif, à 70 % en sa faveur.

De son côté, l'Afrique du Sud, l'autre concurrent, est en situation délicate. Son ministre des Sports impose un quota favorisant l'intégration des joueurs et des entraîneurs de couleur, point que les responsables du dossier ne parviennent pas à respecter ; la candidature est pour le moment irrecevable. Le ministre finira par donner son aval mais, à ce stade, l'Irlande est le favori, et donc notre principal adversaire.

Le dépôt du dossier technique

Le 1er juin, c'est la date limite pour déposer le dossier technique, une bible de 820 pages qui répond aux 325 questions posées par la fédération internationale et couvrant de nombreux domaines : services aux équipes, capacité hôtelière, transports, télécommunications, stades, billetterie, villes d'accueil, sécurité et communication. Il faut donc traiter minutieusement l'ensemble de ces sujets pour avoir un dossier qui emporte l'adhésion. Cette étape est essentielle et nous n'avons aucune marge d'erreur.

Les stades sont notre priorité absolue. Pas de stades, pas de Coupe. Pas de villes, pas de stades. Et toujours pas de Coupe ! Sur ce sujet, on va à l'essentiel : Marion s'occupe de contacter les élus pour les convaincre de soutenir l'événement tandis que Philippe identifie et étudie les stades à disposition.

Le 27 janvier, nous rencontrons la première ville candidate et, comme dit la chanson de Claude François, nous allons de ville en ville afin de récupérer les lettres d'engagement, les plans d'agglomération et ceux des terrains. Au minimum, il nous faut trois semaines de travail pour chaque ville.

Au total, douze se prononcent favorablement, motivées par les retombées positives de la Coupe du monde en 2007. Pour chacune d'entre elles, nous commençons à structurer un dossier technique complet. Philippe, accompagné par un cabinet d'architectes, amorce un long travail méticuleux et chronophage où il va devoir projeter des plans de coupe, proposer des allocations d'espaces dédiés aux infrastructures d'accueil (spectateurs, équipes, médias...).

Au-delà de l'aspect technique, le dossier doit répondre aux questions fiscales et juridiques imposées par la fédération internationale en matière de protection des droits commerciaux, de visas, etc., tout en respectant les particularités de la loi française. Grâce à leurs experts, Arnaud Molinié et le cabinet Deloitte chapeautent tous ces sujets, veillant à ce que l'analyse des recettes commerciales directes, telles que les droits TV et le merchandising, soit conforme aux attentes de Rugby World Cup (RWCL). Le cabinet va également réaliser une étude pour démontrer à toutes les parties prenantes l'impact économique positif de l'accueil et de l'organisation de cette Coupe du monde.

Ces étapes franchies, c'est au tour de Rémi d'engager une étude sur la billetterie. Il doit s'assurer que les stades choisis présentent un réel intérêt par leur capacité d'accueil, leur situation géographique, le nombre de licenciés, le nombre de billets vendus, les recettes, la zone de chalandise avec le nombre d'habitants et d'entreprises sur le territoire. Le choix des villes candidates porte en partie sur l'optimisation de la vente des billets et donc l'assurance d'une réussite financière.

L'objectif est atteint le 17 mars, jour où le comité directeur de la FFR valide les villes et les stades : Saint-Denis et Paris, Lille, Saint-Étienne, Nantes, Nice, Marseille, Toulouse, Bordeaux et Lyon.

Désormais, nous nous attaquons au budget avec la participation active de Vincent Girardin, le spécialiste mondial qui a piloté entre autres cette partie pour la candidature « Paris 2024 ». Il construit une projection financière détaillée. Mise sur le gril à plusieurs reprises par l'équipe de la candidature et celle de la FFR, elle est définitivement approuvée en mars et fait par la suite l'objet d'une présentation auprès du ministre des Finances afin de valider l'équilibre de sa construction, notamment dans la pertinence des dépenses et la rationalité des recettes.

Parallèlement, ça s'active sur tous les autres fronts. Pour la partie accueil et hébergement, nous sollicitons le groupe Accor pour nous fournir une étude détaillée sur la capacité hôtelière ; dans chaque ville, on identifie entre 5 000 et 6 000 chambres d'hôtels, toutes catégories confondues. La SNCF élabore quant à elle un plan de transport détaillé des liaisons et infrastructures ; nous prévoyons un TGV dédié à chaque équipe. De leur côté, les comités territoriaux de rugby nous aident à identifier toutes les structures nécessaires pour l'entraînement des équipes : stades, piscines, gymnases. Orange s'occupe de nous garantir une couverture optimale des réseaux de télécommunication pour les médias et les équipes.

L'État nous accompagne pour présenter le dispositif de sécurité vis-à-vis des spectateurs, équipes et acteurs de l'événement. Il est important de pouvoir anticiper des questions telles que l'importation de médicaments, les visas, le contrôle des passeports, les taxes pour les équipes étrangères venant jouer en France, ainsi que les règles relatives à la vente d'alcool dans les stades.

La visite officielle

Le 31 mars, nous accueillons la commission d'évaluation de la fédération internationale à Paris. Durant 48 heures, ses membres vont vérifier l'avancement de notre dossier. Nous venons de travailler nuit et jour pour produire une présentation de 265 slides. Enfermés chez Deloitte dans les bureaux mis à notre disposition, nous enchaînons toutes les 90 minutes un sujet différent (fiscalité, budget, etc.). Cette visite est l'occasion pour eux de rencontrer quelques personnalités politiques et aussi des experts identifiés pour livrer l'événement, une façon de s'assurer de notre totale implication au cas où nous viendrions à être le pays organisateur.

Au matin du deuxième jour, nous avons tous rendez-vous à Saint-Denis dans la salle de gestion de crise de la SNCF, un moment assez unique, celui de fouler le sol de cet espace capital et confidentiel qui assure quotidiennement la sécurité de millions de voyageurs. Nous traversons ensuite la rue pour visiter le Stade de France, pressenti pour accueillir dix matchs de la compétition.

L'après-midi, nous sommes reçus au ministère de la Ville, de la Jeunesse et des Sports pour parler exonération des taxes sur l'événement. Ce rendez-vous, plus rapide que prévu, nous offre une heure et demie de battement avant la prochaine réunion au ministère de l'Intérieur. En ce début de printemps, le temps est idéal pour improviser un match de rugby dans les jardins du ministère de la Ville. Sur proposition du ministre, Patrick Kanner, et de son secrétaire d'État, Thierry Braillard, nous enchaînons avec une visite de l'Assemblée nationale. Des impromptus qui viennent apporter détente et découverte du patrimoine dans le programme d'une délégation étrangère qui se montre curieuse et attentive.

Le ministre de l'Intérieur et son cabinet nous présentent ensuite le dispositif de sécurité mis en place pour l'Euro 2016 juste après les attentats, point éminemment important.

À l'issue de cette présentation, le vice-président de la FFR, Serge Simon, envoie un SMS à son ami François Hollande, accessoirement président de la République : « Nous sommes place Beauvau avec les membres de la commission d'évaluation, tu nous paierais l'apéro ? » La réponse ne se fait pas attendre : « Venez ! » Branle-bas de combat, le directeur de cabinet du ministre refuse pour des questions de sécurité. On finit tout de même par se rendre, escortés de policiers, rue du Faubourg-Saint-Honoré. De palabres en palabres, nous voici devant l'Élysée. Nous entrons par la grande porte, traversons la cour d'honneur, accueillis par les responsables du protocole... Je ne suis pas près d'oublier cette journée !

Le Président arrive et nous lance : « Il fait beau, on va aller boire un coup dans les jardins, si cela vous dit. » Il est détendu et très avenant ; c'est la fin de son mandat et il ne se représente pas. Tandis que nous discutons autour d'un verre, débarque Michel Etcheverry, chanteur basque, membre de la famille rugby et ami personnel de François Hollande. Nous tombons dans les bras l'un de l'autre et rions de cette rencontre inattendue. Il entonne alors *Boga, boga*, chant traditionnel de sa région que nous reprenons tous en chœur, le chef de l'État inclus. La délégation officielle de Rugby World Cup n'en croit pas ses yeux ! Étincelle de magie, signe du destin ?

La soirée s'achève par un dîner sur une péniche, venant clore la visite d'une assemblée bluffée de voir les avancées de notre dossier. Ses techniciens nous ont posé en tout et pour tout une dizaine de questions. Sans parler du souvenir que leur aura laissé notre passage dans les jardins de l'Élysée.

Non, vraiment, les planètes sont alignées.

Le dernier sprint

En avril, le dossier est désormais bouclé. Nous nous enfermons deux jours pour tout vérifier minutieusement, chacun relisant les parties des autres. Nous traquons les erreurs et veillons à l'homogénéité globale. De fin avril à début mai, l'accent porte sur la mise en forme finale du document et l'impression. Arnaud Breton, en charge de la planification, aura passé des nuits entières à s'assurer du respect des échéances.

Le 23 mai, nous sommes prêts. En route pour Dublin, dossier technique en main !

Le 1er juin, Sébastien Chabal, Fabrice Estebanez, Bernard Laporte, deux collaborateurs et moi-même formons la team française qui débarque en fin de matinée à Dublin. L'heure limite de remise du dossier étant 17 heures, nous avons un peu d'avance. Au moment où nous nous attablons pour déjeuner dans un restaurant proche du siège de World Rugby, nos téléphones retentissent, nous signalant que les Irlandais sont en folie. Pour célébrer le dépôt de leur dossier, ils ont sorti les grosses caisses, les trompettes, affrété un bus rempli de leurs joueurs et ils défilent joyeusement dans les rues de la capitale. C'est le pompon sur la Garonne ! Déjà que nous avons traîné avec nous des doutes sur l'objectivité du vote de la fédération... Nous traversons à ce moment-là un grand moment de solitude, que nous tentons de chasser rapidement : nous avons tout de même un atout, le succès de l'organisation de la Coupe du monde 2007.

Il est 16 h 30 quand nous débarquons à la fédération internationale avec nos dix exemplaires de 820 pages, pesant chacun sept kilos et composés de trois volumes bilingues. Heureusement que nous avions embarqué avec nous des costauds ! Je dépose le tout très précisément à 16 h 58 et, dans un élan paranoïaque, je vais jusqu'à accompagner la secrétaire pour être certain qu'elle les range bien au coffre.

Le soir, je peux pousser un soupir de soulagement. Cette date, c'était ma bête noire, ma plus grande inquiétude ! Je n'en reviens toujours pas d'avoir respecté la deadline.

Nuits blanches, moments de doute, ascenseur émotionnel ont côtoyé joie pleine, fierté d'être le capitaine d'une si belle équipe, de mener ce navire à si bon port. Je salue la réactivité, le travail acharné, l'enthousiasme de tous mes partenaires et l'énergie des Français mobilisés derrière nous. Au détour des conversations, j'avais pu entendre : « On ne veut pas des Jeux, c'est élitiste, trop parisien ! Le rugby, c'est autre chose. C'est un événement national, de partage entre les plus modestes et les plus riches. » Nous avons produit un dossier mettant en valeur notre pays, champion du monde de l'organisation d'événements sportifs, nos stades flambant neufs et nos infrastructures de qualité, de surcroît soutenus par l'État et son président.

Et je fais ce que j'aime faire depuis toujours, agréger des savoir-faire et réunir autour de moi des hommes et des femmes compétents. L'aventure « Coupe du monde » ne fait que commencer !

Le dépôt de garantie

Le 31 juillet au plus tard, nous devons confirmer à la fédération internationale la garantie financière de l'État, condition *sine qua none* de la recevabilité du dossier. Le calendrier politique français ne va pas nous être favorable.

Cette bataille, à mener de front avec celle du dossier technique, commence le 7 mars, jour où François Hollande nous rejoint à Marcoussis pour dîner avec les joueurs de l'équipe de France et apporter une lettre de soutien pour notre candidature. Il est prévu après le repas une réunion technique concernant ce sujet capital pour notre dossier. Le Président étant un passionné de rugby, nous passons un moment très agréable.

Alors que nous sommes sur le point de commencer la réunion, le chef de l'État lance : « Vous n'auriez pas un endroit un peu plus convivial ? » Bernard Laporte propose alors de se rendre au pigeonnier, la cave à vins de la FFR.

C'est une troisième mi-temps totalement improbable qui démarre avec François Hollande et son conseiller aux sports, accompagnés d'une dizaine d'officiers de sécurité. On boit du vin, du champagne, on se raconte des anecdotes, on parle rugby. Hollande nous fait part de son optimisme quant à l'obtention des garanties financières et nous invite à contacter Michel Sapin, son ministre de l'Économie et des Finances. Malgré un parcours retour sécurisé nécessitant le départ du Président à 22 h 02 précises, ce dernier nous quitte à 22 h 30 passées sous l'œil courroucé de son responsable de sécurité, qui s'échine à le déloger du pigeonnier depuis une demi-heure.

Nous prenons rendez-vous avec Michel Sapin mi-mars. Il nous réitère qu'il n'y a pas de problème : « Je vous signerai une lettre et l'engagement financier sera mis en place. Il faut juste que je fasse analyser le budget. Donc merci de me le faire passer pour le 31 mars. »

Nous le remettons finalement le 6 avril, les services de l'État nous assurant que nous sommes dans les temps. Les semaines passent… Aucune nouvelle, aucune information. Impossible de joindre le ministre ou son cabinet. Serge Simon envoie des SMS à Hollande, qui lui répond : « Je vais rappeler Sapin. »

Nous sommes à quelques jours de l'élection présidentielle et nos interlocuteurs ne semblent plus guère motivés à valider un engagement qu'ils ne pourront ensuite mettre en œuvre, de surcroît en parallèle du dossier des JO.

La veille du premier tour de l'élection présidentielle, le 22 avril, Michel Sapin, par l'intermédiaire de son directeur de cabinet, nous fait savoir par e-mail qu'il est dans l'impossibilité de fournir cette lettre d'engagement. Nous nous trouvons face à un sérieux problème et j'élabore des scénarios avec plusieurs options : avec François Fillon, on a quelques assurances mais sans plus, je suis juste un peu plus optimiste ; avec Emmanuel Macron, on n'a pas de contact, c'est un peu l'inconnu ; si c'est Marine Le Pen, c'est un vrai sujet, difficile d'aller à l'encontre de mes convictions.

Le 7 mai, victoire d'Emmanuel Macron à plus de 65 %. La France est désormais en marche, et nous aussi. Huit jours après, nous prenons contact avec les services du président de la République, dans le contexte compliqué des élections législatives et avec le risque de voir changer les équipes en place. Il nous faut absolument cette garantie financière au plus vite. On rentre les épaules, la tête, on essaie de prendre tous les contacts pour être certains d'être opérationnels dès la nomination de responsables.

Un premier bon signe nous est envoyé par le nouveau chef de cabinet du Président, ancien préfet de Toulon et connaissance de Bernard Laporte : nous avons l'intérêt et le soutien de Macron à notre candidature. Pour que le dossier avance, nous devons au plus vite faire la connaissance de Laura Flessel, nouvelle ministre des Sports, et de Gérald Darmanin, ministre du Budget et de la Fonction publique. Ce dernier a, selon ses chefs de cabinet, une position assez tiède, car il s'est engagé à réduire les déficits publics. Le convaincre de mettre en place une garantie financière qui va contribuer d'entrée à augmenter le déficit de l'État – même s'il ne s'agit au fond que d'une caution de garantie – va être une tâche ardue.

Le 4 juin, Emmanuel Macron décide d'assister à la finale du championnat de France de rugby au Stade de France, en présence de ses deux ministres, et d'organiser sur place une réunion avant le match. Sa connaissance de notre sport me bluffe ; son regard, son attitude directe, son discours clair et structuré m'impressionnent. Il se montre très agréable, pragmatique et soucieux de trouver une solution. Il attaque d'entrée sur le sujet et nous indique : « Vous devez passer par la Caisse des dépôts pour obtenir une garantie provisoire. Avec notre soutien, bien évidemment, quitte à ce que l'on

passe cette garantie en loi de finances au plus tard en 2018. »
Cette solution est effectivement intéressante car, en cas de défaite sur le dossier de candidature, la caution s'efface et ne nécessite pas de figurer dans les lignes budgétaires de l'État.

Contents, nous prenons immédiatement rendez-vous avec le directeur de la Caisse des dépôts et des consignations pour qui ce dossier s'avère plutôt inhabituel. Il nous invite à aller voir le responsable des investissements. On rencontre ce dernier, qui ne comprend pas bien non plus. Bernard et moi sommes un peu dépités et nous adressons de nouveau au ministre du Budget pour qu'il intervienne. Bref, on tourne en rond pendant trois semaines.

Nous sommes début juillet et d'ici à la fin du mois nous devons présenter une garantie et on n'a toujours rien ! Nouvelle rencontre avec le directeur de la Caisse des dépôts qui nous confirme son besoin d'avoir une note du ministre du Budget.

Vers la mi-juillet, Gérald Darmanin finit par rédiger cette lettre et la Caisse des dépôts enclenche alors le processus d'étude de la mise en place de la garantie. La Caisse nous demande notre budget, le fait auditer et valider auprès de deux organismes : le comité d'investissement et le conseil d'administration. Il nous reste quinze jours.

Évaluant la lenteur des procédures, à l'approche des vacances, je me dis que tout cela risque de nous mener au 30 septembre. On fait feu de tout bois, on se démène et le 27 juillet nous obtenons enfin l'accord du comité d'investissement, puis celui du conseil d'administration qui nous est remis officiellement le 30 pour l'adresser le lendemain à la fédération internationale, avec la difficulté de lui expliquer que la Caisse des dépôts, banque étatique, se substitue transitoirement à l'État.

Dans la foulée, nous devons apporter à l'instance une autre garantie, celle d'être en mesure de supporter les dépenses d'organisation nécessaires à la livraison de l'événement, selon les critères de Rugby World Cup. Cette garantie s'élève à 236 millions d'euros.

Nous nous tournons immédiatement vers la Société Générale, partenaire financier et commercial de la FFR, qui nous répond que ce n'est pas son métier. On réussit quand même à instruire le dossier, on renvoie le budget, on enchaîne les rendez-vous, on fournit les compléments d'information nécessaires. On passe tour à tour les différentes étapes mais, catastrophe, le comité d'investissement nous oppose un refus à cette garantie, suivi évidemment de celui de la Société Générale.

Je joins Bernard Laporte, en vacances en Corse, pour lui faire part de mon désarroi. « Bernard, je ne sais plus comment faire… »

Même si je n'ai pas le cœur à rire, je souris en l'imaginant de l'autre côté du téléphone en tongs et bermuda.

« Pas de problème, me dit-il, je vais essayer de joindre et de convaincre le président de la Société Générale.

— Tu le connais ? Mais pourquoi tu ne me l'as pas dit ?!

— Tu ne me l'as pas demandé. »

Les bras m'en tombent ! Bernard laisse un message à Frédéric Oudéa et me rappelle à 22 h 30 : le président du groupe regarde le dossier. Le vendredi 28 juillet à 23 h 47, je reçois un message de la Société Générale m'informant de leur accord.

Dans l'urgence, il faut refaire les dossiers avec les validations de Bernard. J'envoie donc, illico presto, un membre de mon équipe à L'Île-Rousse pour faire signer les documents au vacancier. À 16 h 30, la mission est accomplie. À 16 h 52, les dossiers sont prêts à l'envoi mais je n'arrive pas à joindre Arnaud Breton qui a les codes d'accès à la plateforme de dépôt. À l'écoute de mon message, il rentre en courant de la plage où il passe ses congés. Nous sommes le 31 juillet et les documents partent à 16 h 59, soit une minute avant la clôture définitive des dossiers.

Rachat des droits marketing et hospitalités

Notre prochaine échéance est le 31 août, date à laquelle nous devons signer un contrat pour le rachat des droits des programmes marketing, voyages, hospitalités, centrale de réservation hôtelière et droits de restauration B-to-B dans les stades. Ce contrat est des plus importants car, face à nos concurrents, il peut représenter un avantage conséquent dans la proposition financière globale, et c'est aussi la garantie de notre liberté et de notre indépendance. Liberté quant aux choix de nos partenaires, notamment dans la préférence française et la mise en avant du savoir-faire du pays ; indépendance dans notre vision et notre ambition, celle de laisser un héritage au rugby français et de pouvoir organiser une Coupe du monde à la française. Lors de l'édition 2007, nous n'avions pas la main, ces droits étant gérés par des partenaires extérieurs, britanniques qui plus est. Cela nous a limités à plusieurs reprises, particulièrement dans les négociations avec les collectivités publiques et territoriales.

Durant la phase de préparation de la Coupe, il y a immanquablement des discussions commerciales avec les villes que nous considérons comme des partenaires à part entière. On a toujours besoin d'un petit coup de main des services techniques ou autres et, en contrepartie, on négocie des places ou des loges ; c'est une belle vitrine pour la ville d'inviter et de remercier ses partenaires ou salariés. J'ai donc la ferme volonté que nous soyons propriétaires de ce programme.

Pour ce qui est des hospitalités, nous avons identifié une capacité de 336 000 packages grâce à nos stades rénovés et proposons un rachat de ces droits pour 82 millions d'euros, regroupant les valeurs associées aux droits hospitalités, voyages, centrale de réservation et restauration. En comparaison, ils avaient été acquis en 2007 par une société privée anglaise pour 40 millions d'euros. La FFR n'ayant ni les moyens financiers et humains pour construire et piloter ce projet, il nous faut trouver des partenaires. Même plan pour les droits marketing et sponsoring que nous rachetons pour 35 millions d'euros.

Au total, le rachat de ces deux programmes commerciaux exige de sécuriser nos engagements financiers pour plus de 100 millions d'euros. Quand la somme est déterminée, il nous reste deux mois pour boucler ce tour de table. Pour le projet hospitalités, la société Sodexo nous donne son accord, le Stade de France aussi. On construit les budgets, le business plan après une étude détaillée de Deloitte et l'on s'aperçoit que, même avec la projection la plus négative qui soit, on couvre nos frais dans tous les cas. Un cabinet d'avocats nous conseille de constituer un GIE (groupement d'intérêt économique), structure dans laquelle les membres de droit sont solidairement et financièrement responsables.

Alors que nous entamons ces démarches, nous sommes victimes de désaccords entre l'État et le Stade de France ; ce dernier décide de se retirer. De son côté, la société Sodexo confirme son engagement. Nous sommes fin août, mais pas encore prêts. La fédération internationale nous accorde une prolongation jusqu'au 13 septembre. J'en déduis que nos concurrents n'ont peut-être pas, à ce moment-là, d'offres intéressantes.

Grâce à l'engagement et la diligence de tous, nous signons les deux contrats devant notaire le 12 septembre pour envoi à la fédération internationale.

Neuf mois d'accouchement dans la douleur ont donné naissance à 820 pages de dossier, une garantie financière de l'État, une autre de la Société Générale – soit, au total, 500 millions d'euros dans des conditions politiques mouvantes et un délai restreint – et le rachat de tous les droits marketing et hospitalités. Sans oublier, la réponse aux soixante questions supplémentaires posées par la World Rugby concernant l'impact des JO sur la Coupe du monde puisque, depuis le 13 septembre, Paris a été choisie.

Mais le défi est relevé.

Le tour du monde en 60 jours

Le conseil de World Rugby se réunira le 15 novembre 2017 pour décider quel pays accueillera la Coupe du monde en 2023.

Les voix au sein de ce conseil sont inégalement réparties : sept fédérations majeures ont trois voix chacune, les associations régionales en ont deux ainsi que le Japon, et quatre fédérations émergentes ont une voix chacune, soit un total de trente-neuf voix.

Le vote des sept fédérations majeures pèse fortement sur le résultat et n'est pas à notre avantage, tant dans l'hémisphère Nord que dans le Sud. La présence d'un deuxième candidat, l'Irlande, divise mathématiquement la répartition des votes des nations de l'hémisphère Nord. Le Sud, quant à lui, bénéficie d'une suprématie sportive avec quatre équipes en demi-finale lors de la dernière Coupe du monde en 2015 – Nouvelle-Zélande, Afrique du Sud, Australie et Argentine –, et d'une gouvernance fédératrice. En effet, ces nations ont eu l'intelligence de se regrouper en un consortium, la Sanzaar, très efficace en matière de lobbying. Elle pèse sur le rugby mondial alors qu'en Europe nous avons trois organismes, sans unité politique : le comité des Six Nations, Rugby Europe, qui regroupe les pays hors tournoi des Six Nations, et l'EPCR, organisateur de la Coupe d'Europe (Champions Cup).

Nous prenons le temps de la réflexion et partons avec l'idée que pour gagner il faut aller chercher les voix dans les fédérations émergentes et les régions. Nous savons que l'Irlande n'est pas un pays ni une fédération en capacité de faire du développement international ; depuis des années, c'est une nation plutôt repliée sur elle-même. Même constat pour les Sud-Africains qui, même sur leur continent, n'ont jamais aidé les autres pays à développer le rugby. Nous sommes conscients que, pour trouver du soutien, la France a donc une carte à jouer : celle d'accompagner les pays émergents.

Nous montons une première version du dossier de présentation à laquelle nous ajoutons une partie en lien avec le pays qui sera visité, en y intégrant ses particularités, notamment au regard des relations existantes et des projets à développer. Notre stratégie électorale se met en place et le tour du monde commence !

De juillet à septembre, je sillonne le globe avec Bernard Laporte, puis Nicolas Hourquet : Roumanie et Géorgie, Écosse, pays de Galles et Angleterre, Italie, Mongolie et Japon, Colombie et Argentine, Floride et Canada, Australie et Nouvelle-Zélande. Des kilomètres avalés pour rallier nos soutiens, concentrant nos efforts sur les régions qui pèseront le plus dans le vote pour négocier, convaincre, promouvoir, parlementer, dépasser les différends, profitant d'événements ou de rencontres pour rappeler les actions déjà menées en faveur du développement du rugby, renouveler notre amitié et la coopération.

Certaines fédérations sont claires dans leur position : élire le projet le plus rémunérateur pour le rugby mondial ; d'autres négocient de l'appui en matière de formation par des cadres techniques de la FFR, ou un match de l'équipe de France dans leur pays ; les unes nous surprennent par l'enthousiasme que suscite chez elles notre projet quand avec d'autres, c'est sans espoir, malgré un accueil chaleureux. Enfin, il y a aussi celles qui suivront les yeux fermés la recommandation de la commission technique.

Notre tour du monde terminé, nous comptons et recomptons nos voix inlassablement, avec des doutes compréhensibles, jusqu'au 25 septembre, jour de présentation devant les fédérations votantes. Quelques-unes nous assurent de l'excellence de notre dossier en termes de cohérence, de rentabilité et d'équilibre budgétaire.

Entre le 25 septembre et le 31 octobre, nous maintenons évidemment des relations régulières avec les différents votants. Mais rien ne filtre, World Rugby ayant exigé de tous de ne pas dévoiler leur prise de position avant le 15 novembre.

La présentation officielle

Le lundi 25 septembre, c'est à Londres – ville plus facile d'accès que Dublin – qu'aura lieu la présentation officielle du dossier de candidature devant tous les membres de la fédération internationale de rugby. Nous avons prévu de faire venir Emmanuel Macron, Laura Flessel, Bernard Laporte, Dan Carter et les fils de Jonah Lomu.

Le dimanche 13 août, le *JDD* publie « Les affaires troublantes de Mohed Altrad et Bernard Laporte ». Immédiatement, j'essaie de joindre l'entourage du Président, notamment son conseiller sport Cyril Mourin, pour prendre la température et m'assurer de sa présence à nos côtés le 25 septembre. Silence du côté de l'Élysée, pas de confirmation de sa venue, des réponses vagues comme « Macron est à New York, on ne sait pas s'il sera rentré ». Nous apprenons fin août par son conseiller qu'il ne viendra finalement pas mais qu'il enregistrera une vidéo à diffuser à l'ouverture de la présentation. Face à la situation, nous nous disons que ce n'est pas la peine de perdre notre énergie à insister.

Une semaine avant la présentation, toujours pas de nouvelles de l'Élysée. Nous relançons et obtenons des réponses toujours aussi vagues. La veille, le conseiller sport nous informe : il n'y aura pas de vidéo. Nous nous retrouvons donc sans Macron, sans vidéo, sans Dan Carter, qui a décliné sous la pression de sa fédération néo-zélandaise supportrice de la candidature de l'Afrique du Sud, et avec la venue au conditionnel de Laura Flessel.

On construit donc notre présentation à quatre, Bernard Laporte, Sébastien Chabal, Laura Flessel et moi. Au point où nous en sommes, Bernard et moi sommes prêts à y aller seuls.

Nous arrivons à Londres le dimanche matin. À 13 heures, nous faisons une répétition et nous apercevons que la présentation dépasse de vingt minutes le temps réglementaire. On s'enferme toute l'après-midi pour travailler. Laura Flessel n'arrive qu'à 1 heure du matin. On se couche à 2 h 30 pour être opérationnels à 11 heures le lendemain. Petite nuit !

L'évaluation portant sur cinq critères avec un pourcentage attribué à chacun (financier 35 %, accueil et ville 50 %...), nous avions choisi d'être pragmatiques. Pour assurer la solidité de notre dossier, nous nous sommes concentrés sur les pourcentages les plus importants, à commencer par l'aspect financier, capital pour la fédération internationale qui tire de la Coupe du monde 94 % de ses revenus.

Seulement quatre questions nous sont posées contre dix pour les Irlandais, auxquelles ils ne donnent pour la plupart que des réponses manquant de précision. Par le bel accueil reçu, nous sommes conscients à ce moment-là d'avoir marqué les esprits, et d'avoir toutes nos chances.

La recommandation

La commission technique de World Rugby est l'instance compétente chargée d'analyser les huit cents pages de chacun des trois dossiers de candidature. Le 31 octobre, soit un mois après notre présentation, nous attendons fébrilement sa recommandation dans les bureaux de Rugby Europe. Un nom s'affiche sur la plateforme digitale : Afrique du Sud. La France se place en deuxième position avec un écart infime de 3,21 %. C'est la douche froide.

Ce n'est qu'un avis puisque la décision finale est prise par l'assemblée de WR où l'ensemble des fédérations seront amenées à voter le 15 novembre. Libres à elles de suivre ou non la recommandation. Néanmoins, dans l'histoire des événements sportifs, la gouvernance générale l'a toujours suivie.

Passé la surprise et le choc de voir l'outsider nous voler la meilleure note, je prends le temps de faire une analyse à réception du rapport de la commission technique. À la lecture des évaluations, nous apparaissons moins performants sur plusieurs points sans que nous puissions comprendre leur objectivité.

En matière de sécurité, l'Afrique du Sud est considérée comme plus sûre que la France, la commission s'étant appuyée uniquement sur les dernières statistiques concernant les attentats en 2015, sans tenir compte des chiffres de la délinquance et du crime organisé comparativement dans les deux pays. En outre, la note est moins bonne sur la fermeté de notre législation pénale en cas de dopage.

La qualité de notre parc hôtelier est remise en question quand la France caracole en tête du classement mondial en matière d'accueil de touristes ! Et il manquerait des chambres d'hôtel à Saint-Étienne alors que la ville a accueilli l'Euro de football en 2016.

Le fait que les stades et terrains de jeu français ne soient pas exclusivement réservés à l'accueil de la Coupe du monde durant toute la compétition nous pénalise, sans qu'il soit pris en considération dans la balance que nos stades sont mieux équipés, mieux entretenus et rompus à l'accueil de grandes compétitions que ceux de l'Afrique du Sud. Et il manque 80 centimètres au terrain du stade de Bordeaux…

Nous découvrons aussi que vingt-cinq sous-critères financiers, que nous ignorions jusque-là, ont été ajoutés aux principaux critères initiaux, dont l'un d'eux concerne la hauteur du versement de la redevance. L'Afrique du Sud a en effet fait une proposition pour les droits liés à l'organisation de 160 millions de livres (186 millions d'euros), alors que celle de la France représente 150 millions de livres. Cependant, c'est sans compter les droits marketing et hospitalités avec lesquels nous offrons 64 millions de livres de plus qu'eux. Tout cela ne me semble pas cohérent, la meilleure offre financière n'étant pas la mieux notée.

World Rugby considère enfin que l'organisation des Jeux olympiques au même moment que celle de la Coupe du monde de rugby présente un risque en matière d'engagement. Pour juger, ils s'appuient à tort sur le précédent japonais, sans tenir compte du fait que ceux-ci ont rencontré des difficultés par manque d'expérience dans l'organisation d'événements sportifs internationaux, en outre dans un pays où le rugby n'est pas un sport majeur.

Pour couronner le tout, Bill Beaumont, président de WR, prend la parole le jour même dans un communiqué de presse avec des propos qui résonneront bien plus tard : « La commission technique a fait son choix, les fédérations doivent suivre sa recommandation. » Et le directeur général de la candidature de l'Afrique du Sud de renchérir : « À partir du moment où la commission technique a rendu sa décision, la France et l'Irlande doivent se retirer de la compétition. »

Gestion de crise à la FFR. Nous devons réagir sinon aucun des membres de World Rugby ne remettra en doute le choix de la commission technique.

Ni une ni deux, nous rédigeons une analyse critique pointant toutes les incohérences tant sur le dossier technique que sur la position politique de World Rugby. Dans la foulée, nous organisons en urgence avec Bernard Laporte une conférence de presse dans l'après-midi, le discours se veut musclé : « C'est du vol, c'est une honte ! » Nous décidons ensuite d'adresser à toutes les fédérations siégeant au conseil le document contradictoire relevant tous les points non objectifs dans les conclusions et les notes données par la commission technique. Et on se met à les appeler. Notre moral est au plus bas.

Le verdict

Déterminés à poursuivre l'aventure, nous tentons jusqu'au 15 novembre de convaincre les fédérations de considérer cette recommandation comme une étape, d'envisager de la contester puisqu'elles sont libres et indépendantes dans leur choix.

De son côté, la presse française décoche ses sarcasmes et nous attaque, en particulier *L'Équipe* : « La candidature française n'est pas soutenue par le président de la République », « On ne peut pas faire confiance à Bernard Laporte qui est englué dans des affaires », « La billetterie va être inaccessible pour le grand public », « La France ne dispose pas de garanties suffisamment fortes », etc. Dans le même temps, les médias étrangers disent de la France qu'elle est mauvaise perdante.

Bernard Laporte et Serge Simon en tant que votants, et moi en tant que personne qualifiée arrivons à Londres trois jours avant l'assemblée de World Rugby. Les techniciens de la commission, qui peuvent couper les cheveux en quatre, c'est une chose... Place maintenant à la politique. Face aux dirigeants des fédérations, le discours diffère et nous avons un argument fort, celui d'une offre financière au global supérieure à celle de l'Afrique du Sud : « Êtes-vous prêts à vous priver de 64 millions de livres dans vos revenus pour les quatre prochaines années ? Le rugby mondial peut-il s'en passer ? » Rappelons que la Coupe du monde, c'est 94 % des recettes de WR. 6 à 7 % de ces recettes sont alloués aux frais de fonctionnement de l'instance, puis tout le reste est redistribué dans les fédérations.

Nos journées sont rythmées par des séances plénières avec les équipes de World Rugby, au cours desquelles on aborde toutes sortes de thématiques, mais pas le dossier de candidature. Non, pour cela, nous avons le Royal Garden Hotel que l'ensemble des dirigeants a investi pour l'occasion. Nos conciliabules se font dans le lobby, au bar, dans les couloirs, dans les chambres même, à toute heure, cherchant inlassablement à convaincre de la qualité de notre projet. Le tout sous le regard très critique des patrons de RWCL qui ne nous pardonnent pas de vouloir renverser la table et infirmer par un vote politique la recommandation de la commission technique

Le scrutin se déroulera mardi prochain sur deux tours, nous sommes dimanche. Nous recomptons les voix, nous sommes à deux ou quatre voix de la majorité absolue au premier tour, mais sans certitude. Je convaincs alors Bernard d'organiser un rendez-vous crucial : une rencontre avec les Irlandais. Je me tourne vers Nicolas Hourquet, en charge des relations internationales : « Tu appelles les Irlandais et tu nous trouves un bar bien pourri dans la ville pour les voir discrètement ce soir. » Le pacte que nous proposons est assez simple mais peut être décisif dans le cas d'un second tour : exprimer aux Irlandais notre volonté que la Coupe du monde ait lieu dans l'hémisphère Nord, coûte que coûte ; faire amende honorable (certes, nous aurions pu essayer de faire en sorte qu'il n'y ait qu'un pays candidat mais c'est comme ça, il y en a deux) ; puis proposer que celui de nous deux qui n'est pas en tête à l'issue du premier tour donne comme consigne aux pays qui ont voté pour lui de reporter leur voix sur le pays européen présent au second tour. En résumé, si l'Irlande l'emporte au premier tour, elle bénéficie de l'ensemble des reports de voix de la France pour la suite, et vice-versa. Le deal est conclu !

15 novembre, 6 heures du matin. Dans quelques heures, l'assemblée se réunira, notre sort en sera jeté. Pour l'heure, j'ai rendez-vous avec le président de la fédération des États-Unis dans sa chambre. Dans la nuit, son conseil d'administration a défini sa position en raison du décalage horaire. Et il m'annonce qu'il ne votera pas pour nous mais pour l'Irlande. « Claude, je suis désolé parce qu'on est amis mais c'est comme ça, c'est la vie… » Je sors aussi vite que je suis entré. Reste plus qu'à espérer que l'accord avec l'Irlande tienne.

Je rejoins la délégation française qui a pris un vol très tôt depuis Lyon où elle a assisté à la défaite (23-28) des Français face à la Nouvelle-Zélande lors d'un match amical. Nous prenons un petit déjeuner à proximité de l'hôtel où seront annoncés les résultats. Je présente aux dirigeants de la FFR et à mes équipes mes dernières analyses sur notre score potentiel. Ce qui a le mérite de rassurer tout le monde avant le moment décisif. Nous nous dirigeons ensuite vers l'hôtel officiel de World Rugby, assailli par les journalistes. Seule une partie de notre groupe est accréditée pour accéder à la salle dédiée à l'événement, salle dans laquelle nos téléphones portables sont interdits. Nous prenons place aux côtés des Irlandais et des Sud-Africains. L'ambiance est étrange, le temps suspendu, d'autant que l'attente est longue.

Le président de World Rugby, Bill Beaumont, s'avance sur l'estrade, une enveloppe lui est remise. À cet instant, je souffle à Bernard : « Regarde la mine défaite de Bill Beaumont, on a gagné ! » Il sort le carton de l'enveloppe sur lequel est inscrit en lettres capitales le nom du pays qui accueillera la prochaine Coupe du monde : FRANCE !

Premier tour : France 18, Afrique du Sud 13, Irlande 8. Second tour : France 24, Afrique du Sud 15. L'accord avec l'Irlande aura donc payé.

Une joie immense m'envahit parce que c'est avec passion et un dévouement sans faille que j'ai conduit ce dossier. Je l'avais déjà fait pour le Japon avec un grand bonheur, mais là, c'est mon pays, celui qui m'a vu grandir, celui dont j'ai porté le maillot, chanté l'hymne aux quatre coins du monde.

En sortant de la salle, nous entonnons une *Marseillaise* pour fêter cette victoire et proclamer aux yeux de tous, ce jour-là particulièrement, la fierté d'être français. Au moment de joindre ma femme, tout le stress de ces derniers mois retombe, les seuls mots que je parviens à lui dire en boucle sont : « On l'a fait, on l'a fait... » et je pleure comme un enfant.

L'ambiance est on ne peut plus festive dans le train qui nous ramène à Paris. Sur le quai de la gare, ma femme et ma fille de deux ans nous accueillent avec leur chapeau bleu, blanc, rouge et encore quelques larmes.

Nous avons tenu la distance tout au long de cette course folle, sans pouvoir compter sur un réel soutien des politiques en place, encore moins de la presse. Mais, à ce moment-là, nous oublions les difficultés, les jalousies suscitées par ce que certains appelleront de l'arrogance ou de la folie, compte tenu des délais qui étaient les nôtres et des vents contraires. Seule compte la performance collective qui a permis de mener cette candidature.

L'homme des solutions

À la question « C'est quoi, ton métier ? », je réponds souvent que j'ai passé ma vie à résoudre des problèmes. On est souvent venu me chercher pour cela, pour trouver des solutions ou tenter de remporter des challenges loin d'être gagnés au départ. Parfois même, j'ai été l'homme des causes perdues.

Lorsque vous commencez à travailler sur un événement sportif, vous partez d'une feuille blanche et vous devez construire une feuille de route qui fait que, à telle date et à telle heure, l'événement commence. Quoi qu'il arrive.

Créer l'événement

Il me faut revenir un peu en arrière. Plus précisément à 1981. Une année qui marque le début de mes aventures professionnelles dans le domaine du sport. À cette époque, je travaille encore dans l'éducation surveillée, un milieu dans lequel je m'éclate, notamment dans l'accompagnement de gamins et ce que je peux leur apporter. C'est très valorisant mais cela fait deux ans que j'officie au sein d'un internat de filles à Nîmes, et cette expérience me laisse éreinté. Au RC Nîmes, je commence à jouer un rugby de plus haut niveau. Je sens que petit à petit ce sport m'apporte autre chose, de conséquent. La première division exige davantage d'entraînement, de sacrifices, que ce soit sur le plan familial ou celui des horaires. Je suis censé travailler pour l'école un dimanche sur trois et me retrouve à devoir me faire remplacer dès que je joue le week-end. Cela devient compliqué de concilier ces deux pans de ma vie. Une certaine fatigue psychologique s'installe et m'amène à lâcher mon métier d'éducateur malgré le lien très fort que je conserverai avec ce milieu. J'y reviendrai.

À cet instant, la seule chose que je sais, c'est que j'ai le goût de l'entreprenariat et que je veux rester dans le sport. Je crée alors une petite société pour monter des stages sportifs, reprenant les activités que j'animais en association lorsque je venais d'avoir mon Bafa : canoé-kayak, escalade, spéléologie.

Au bout de quelques mois, la ville de Nîmes me sollicite. La cité possède les plus belles arènes du monde, dans un excellent état de conservation et qui ont bénéficié d'un formidable travail de restauration. À l'époque, les seuls spectacles qu'elles accueillent sont des corridas. Ne dit-on pas d'un stade qu'il est une arène sportive ? Le maire, Jean Bousquet, a dans l'idée de redonner tout son sens à ce lieu et me demande de réfléchir à l'organisation d'événements sportifs. Spontanément, je lui propose une discipline qui n'est pas sans rappeler les jeux romains : la boxe. L'idée l'enthousiasme.

Après quelques investigations, je prends contact avec le boxeur Louis Acariès et son frère Michel. Et nous voilà à monter non pas un mais trois championnats d'Europe de boxe dans la même soirée : poids lourd, poids moyen, poids plume. Le 5 août 1983, les arènes de Nîmes résonnent à nouveau d'une clameur millénaire devant le combat de ces nouveaux gladiateurs ; ma carrière dans l'événementiel est lancée.

De Colomb au Guadalquivir

J'enchaîne les missions à mon compte jusqu'à ma rencontre en 1986 avec le président de Télémundi, Wolfgang Stein. Sous l'impulsion de son dirigeant, ce groupe international spécialisé dans le marketing événementiel s'est lancé dans l'exploitation de personnages de bandes dessinées avec l'idée novatrice, pour l'époque, de les associer à des événements sportifs et d'en faire des produits dérivés. À l'image du petit Sport Billy mis en situation de joueur de foot sur tee-shirts, pulls et autres livres en vente lors de quelques Coupes du monde.

Par l'entremise d'une connaissance commune, nous passons une soirée ensemble à discuter de la façon dont le sport pourrait augmenter sa valeur commerciale lors de ses manifestations, et des ressources extérieures à aller chercher auprès de sociétés privées. Je sens qu'il est sensible à ma vision du marketing sportif.

Une semaine plus tard, il me contacte : il souhaite me confier la direction de la filiale française qu'il s'apprête à créer. Je prends alors en charge la gestion des droits dérivés de la Coupe du monde de football, Télémundi étant sous contrat avec la Fifa. Pour l'occasion, je me rends au Mexique et découvre l'envers du décor de l'un des plus célèbres rendez-vous planétaires. L'organisation est impressionnante : les tournois se déroulent dans neuf stades des principales villes du pays. Des longues heures passées dans les embouteillages et la pollution de Mexico à la ferveur incommensurable du stade Azteca lors de la finale Argentine-Allemagne de l'Ouest (3-2) en passant par le célèbre but de Maradona, « la main de Dieu », contre l'Angleterre en quart de finale : cette première incursion dans le monde des grands événements sportifs internationaux reste mémorable.

Après Mexico, Wolfgang me propose de devenir vice-président de Télémundi et de m'occuper de la diversification des activités. J'amène le groupe à se tourner vers le rachat de droits dans d'autres sports comme le basket ou le rugby, à faire signer des athlètes en représentation. Nous sommes en 1987, il devient de plus en plus difficile pour moi de m'entraîner : je passe deux ou trois jours par semaine à l'étranger, notamment dans les pays de l'Est, vivier de nombreux sportifs de haut niveau mais avec peu de structures professionnelles. Lorsque j'arrive en fin de semaine au Racing, je suis rincé. J'accepte ainsi l'idée qu'il est temps de raccrocher les crampons et de basculer dans une carrière professionnelle à plein temps.

Nous allons chercher les droits dans des événements autres que sportifs. Je me prends à imaginer en 1989 l'organisation d'une émission en direct à l'occasion du vingtième anniversaire des premiers pas de l'homme sur la Lune. Je parviens même à convaincre Neil Armstrong et reviens de New York avec en main le contrat signé pour sa participation, mais, querelle de chaînes, l'émission ne verra jamais le jour.

Télémundi est alors sollicité par l'Andalousie et le gouvernement espagnol. Le pays prépare la plus grande exposition jamais organisée sur son territoire : l'Exposition universelle de 1992, à Séville. L'événement, qui s'inscrit dans la célébration du 500e anniversaire de la découverte de l'Amérique par Christophe Colomb et marque l'entrée du pays dans la Communauté économique européenne (CEE), s'apprête à accueillir plus de 41 millions de visiteurs venus du monde entier à la découverte des dernières technologies d'une centaine de pays. Un format gigantesque qui, aujourd'hui avec l'explosion des médias digitaux et réseaux sociaux, déplace moins les foules.

Charge à nous de construire une stratégie marketing, de proposer au gouvernement et aux collectivités territoriales un programme de valorisation des droits leur permettant d'augmenter leurs recettes commerciales. Dans la construction de ce plan et des partenariats, nous innovons en adaptant à un événement culturel des méthodes de travail spécifiques aux rendez-vous sportifs et que je commence à faire miennes : implantation de restaurants et buvettes, spectacles, exposition et association des marques dans les événements quotidiennement organisés sur le site, mascotte, merchandising et produits sous licence. Le succès du programme commercial s'avérera unique dans l'histoire des expositions universelles.

Pour l'occasion, je pars m'installer là-bas six mois, laissant femme et enfant. C'est l'une des dangerosités de ce métier, le temps de travail, d'implication, d'investissement vous coupe de votre vie personnelle. Un constat que je dresse aujourd'hui mais qu'à l'époque je ne veux pas forcément voir. Je suis tellement ravi de renouer avec la culture méditerranéenne qui a bercé mon adolescence : l'Andalousie, sa culture, les taureaux, l'art équestre…

Sur le thème de « L'Ère des Découvertes », un mélange de culture espagnole et d'exploration du monde, les pavillons fleurissent de toute part, en forme de champignon, de pagode… Les architectes rivalisent d'originalité pour mettre à l'honneur la diversité des nationalités et de leur influence, à l'image du dôme de verre conçu par Philip Johnson pour le pavillon américain.

Nous louons, rénovons et décorons une maison traditionnelle sévillane dans le fameux *barrio* de Santa Cruz. La villa, baptisée La Caseta del poete, nous permet d'organiser chaque jour, durant six mois, des soirées privées ou de relations publiques, des émissions pour la télévision française, auxquelles participent des célébrités internationales.

Notre mission trouve son point culminant dans l'organisation d'un concert géant et gratuit. Quelques mois auparavant, j'avais reçu l'appel d'un ami, Manolo, qui tenait un bar-restaurant au Grau-du-Roi et me proposait de rencontrer les Gipsy Kings. Connaissant des difficultés avec son manager, le groupe souhaite que je l'aide dans la gestion de sa carrière et l'organisation de ses concerts. Nous leur faisons enregistrer une chanson pour une publicité de la marque Orangina, puis je leur offre de quoi dissiper le complexe qu'ils pouvaient nourrir vis-à-vis des puristes de la musique flamenca en les faisant se produire devant 45 000 personnes sur la place la plus populaire de Séville lors de cet événement. Un concert de trois heures dans une ambiance de folie.

Je quitte Télémundi peu de temps après, en 1993, au moment où Wolfgang Stein décide de vendre son groupe pour raisons familiales. Sans la puissance des investissements de son fondateur, nous nous retrouvons incapables d'aller chercher des droits et de les développer. J'acte donc mon départ et crée dans la foulée une entreprise pour continuer de valoriser tout ce que j'ai pu apprendre au contact d'un homme plutôt dur en affaires mais qui a su me donner ma chance. Je suis à l'aube de mes 40 ans, enthousiaste, engagé dans le respect des objectifs et des échéances, dans la performance liée au résultat, fier de mes positions professionnelles et certainement arrogant des succès rencontrés. Pas le temps de tergiverser : la France accueille cette année-là les Jeux méditerranéens.

Tunis à l'heure

Ce ne sont certes pas les Jeux olympiques, mais la région Languedoc-Roussillon et plus précisément Le Cap d'Agde s'apprêtent à recevoir pour cette huitième édition près de

3 000 athlètes d'une vingtaine de pays différents, venus des continents Europe, Afrique et Asie.

Cette aventure est notamment marquée par un voyage à Alger dans un contexte très tendu, celui de la guerre civile et de cette « décennie noire ». Je m'y rends pour convaincre les meilleurs athlètes de venir participer aux Jeux méditerranéens et me retrouve le soir enfermé dans l'ambassade française à contempler une ville morte sous couvre-feu.

Pour cette édition, j'applique les méthodes acquises et éprouvées, et surtout je m'attache à travailler avec l'équipe mise en place par le comité d'organisation, que je conseille et forme. Une modalité que je reproduirai systématiquement à l'avenir.

Les années suivantes, je continue de graviter dans ce milieu, m'occupant tour à tour de relations publiques et de l'organisation des hospitalités de grands événements, pour le compte de la fédération marocaine de football, par exemple, lors de la Coupe du monde 1998.

Au-delà de cette victoire historique de l'équipe de France en finale contre le Brésil (3-0), de l'atmosphère électrique, des foules massives et des rues prises d'assaut par les supporters, je retiens la capacité d'un événement sportif à modifier la vision sociétale d'un pays, à mettre en valeur le bien-vivre ensemble à travers la diversité de son équipe nationale.

Mes activités m'embarquent de l'autre côté de la Méditerranée. Tunis est retenue pour accueillir la nouvelle édition des Jeux méditerranéens en 2001 et je suis approché par le général Habib Hammar, celui-là même qui a œuvré au putsch conduisant à la destitution de Bourguiba et à l'avènement de Zine-el-Abidine Ben Ali. Le président tunisien avait successivement nommé son ancien camarade de promotion ministre de l'Intérieur, puis des Communications et enfin à la tête du comité des Jeux à la suite du décès d'Abdelhamid Escheikh, avec qui j'avais eu les premiers contacts.

Repérant mon nom et mes références dans le dossier de son prédécesseur, le général me contacte et je débarque en Tunisie pour une première réunion de travail avec lui. Il ne l'a certainement pas été avec tout le monde mais je découvre un homme charmant, et même cultivé. Il souhaite que je l'accompagne dans un rôle de conseil sur l'organisation et le pilotage du programme commercial, des partenariats et des droits médias. Je réfléchis, j'examine plus attentivement son CV, qui me refroidit quelque peu. J'y vais, j'y vais pas ? Dans leur plan d'accueil, il y a la construction d'infrastructures pérennes, une piscine, un gymnase, un nouveau stade, un héritage que les Jeux pourraient laisser pour le pays, sa jeunesse, le sport en général... Ça me semble important.

Je débarque fin 1999 pour une mission de dix-huit mois et là, c'est chaud. Le parfait exemple des difficultés que l'on peut rencontrer dans la préparation. De quoi s'arracher les cheveux, et ce dès le départ.

Le comité d'organisation prend l'option de solliciter l'université de Tunis pour créer son propre système de chronométrage des différentes épreuves. En matière de gestion de risques, je ne suis pas très raccord avec cette option mais je laisse faire. La conception s'avère un échec et à quelques mois du début des compétitions, nous nous tournons en urgence, moyennant des dépenses supplémentaires, vers la société Omega, fournisseur officiel des Jeux olympiques.

Je vends à des entreprises privées un programme de sponsoring dans lequel figure l'exposition des marques sur les sites de compétition. Lors de la préparation de la cérémonie d'ouverture, le réalisateur nommé par le ministre de la Culture me demande de retirer les panneaux publicitaires posés sur le site au prétexte que ça ne fait pas... joli. Je lui explique que ce n'est pas possible, que des sociétés ont payé cher pour exposer leur marque, mais il ne veut rien entendre. Cela se solde par un arbitrage du président Ben Ali, qui valide finalement leur présence.

Nous sommes à une semaine de l'inauguration, les travaux ne sont toujours pas achevés et les abords du stade sont une immense déchetterie. Je tire la sonnette d'alarme, déclenche un plan de gestion de crise et, seulement deux jours avant, je vois débarquer quelque 1 500 militaires. En 48 heures, ils construisent des palissades tout autour du stade pour cacher la misère ; ils plantent même des fleurs et des palmiers. Le jour J, c'est somptueux... un vrai décor de théâtre.

Pour les huitièmes de finale des championnats de boxe, sur les huit combats, cinq Tunisiens sont encore en lice. Capacité du gymnase avec gradins : quelques centaines de spectateurs, mais ce sont plus d'un millier de supporters que je vois s'entasser. Il y en a partout, y compris sur les poutres. Je suis mort de trouille, mais ça passe.

Et c'est sans évoquer le pool de deux cents chauffeurs à mettre sur pied pour conduire les différents dignitaires, n'étant pas sûr que lesdits chauffeurs ne vont pas se tirer avec les Mercedes. Ou la piscine à laquelle il manque cinq millimètres, ce qui ne permet pas d'homologuer un éventuel record du monde. Ou encore les panneaux publicitaires qui étrangement changent de position la nuit précédant les épreuves.

Pour couronner cette aventure, la petite histoire va rejoindre la grande puisque, le 11 septembre 2001, le village sportif se retrouve encerclé de chars. Les tours du World Trade Center sont en train de partir en fumée sur les écrans de télévision du monde entier. Sans recul sur les événements qui viennent de se produire, sans idée précise de la position de notre hôte vis-à-vis d'Al-Qaïda, je me sens soudain seul – la Tunisie de l'époque n'étant pas toujours en accord avec les politiques étrangères des États-Unis et plutôt connue pour son soutien à la cause palestinienne ou son opposition à l'intervention militaire en Irak. Mais, rapidement, le voile se lève lorsque le gouvernement tunisien condamne sans ambiguïté les attentats. Le village redevient un espace de paix, et les Jeux, un événement où l'esprit sportif l'emporte sur la violence et la politique.

***

Les conditions de travail auront été pour le moins compliquées mais cela reste de très bons souvenirs, riches d'enseignement. Quand j'évoque l'expérience de l'étranger, c'est de cela que je parle, et c'est capital. La plus grande qualité de ce métier est l'adaptation. Lorsque je serai amené à travailler en France pour un événement comme la Coupe du monde de rugby, j'ai vécu suffisamment de contextes à risques dans d'autres pays, en Tunisie ou encore en Ouzbékistan, qu'il n'y a rien qui me fait peur. Je suis capable d'accepter la pression parce que je sais que j'ai le savoir-faire, les ressources, la réflexion et parce que j'en ai développé et trouvé, des solutions, dans des situations bien plus catastrophiques ou complexes que celles que je pourrais vivre dans un pays comme le mien.

2018

La naissance de France 2023

Le 8 septembre 2023, les télés du monde entier, dans plus de 200 pays, attendront le signal de retransmission.

Nous sommes le 6 décembre 2017. Cela fait trois semaines que World Rugby a désigné la France comme le pays qui accueillera la Coupe du monde 2023 et tout reste à mettre en œuvre ! Dossier en main, nous avons rendez-vous au ministère de la Jeunesse et des Sports avec le chef et le directeur de cabinet de Laura Flessel pour évoquer les modalités de préparation et d'organisation.

D'entrée, l'accueil est froid. Je sens que la confiance vis-à-vis de la FFR et du rugby en général n'y est pas. Nos interlocuteurs expriment leur crainte d'engager l'État à nos côtés. L'organisation simultanée des Jeux olympiques n'aide pas ; cela représenterait un risque supplémentaire. Face à une telle hésitation, je leur propose immédiatement que soit réalisé un audit de notre dossier de candidature par l'inspection générale des finances et celle de la jeunesse et des sports.

La mission est lancée le 23 janvier 2018 et dure deux mois et demi, au cours desquels tous les éléments financiers, juridiques et administratifs sont passés en revue.

Voici un extrait du rapport publié en mars 2018 :

« L'État est très directement intéressé à la réussite de la Coupe du monde de rugby à plusieurs titres : la capacité de la France

à organiser des compétitions sportives internationales majeures, les retombées économiques et touristiques de l'événement, le développement de la pratique sportive, l'environnement sécuritaire à assurer, l'intégration sociale au travers des valeurs du rugby… L'enjeu financier (au travers de la garantie de paiement de la redevance due à World Rugby) n'est donc pas le seul objectif.

Il a largement soutenu cette candidature au plus haut niveau (lettre du Président de la République du 7 mars 2017 et du Premier ministre du 1er septembre 2016), et par des engagements ministériels sectoriels relatifs au régime fiscal, à la délivrance des visas, à la sécurité, et à la protection des consommateurs. »

Dans sa synthèse, on relève également :

« Pour le comité d'organisation de la Coupe du monde de rugby masculin de 2023, la solution institutionnelle d'un GIP, qui avait été prévue dès l'origine, paraît la mieux adaptée moyennant une place accrue des villes d'accueil, et des institutions de gouvernance mieux établies. Du fait des enjeux (économiques, financiers, sociétaux, de sécurité, d'image) d'un tel événement, l'État ne peut pas se retirer de son organisation. La solution alternative d'une association ne présenterait pas les mêmes garanties qu'un GIP, sans pour autant réduire l'engagement de l'État et des villes d'accueil.

Pour la garantie publique portant sur la redevance due à World Rugby (172,50 M€), qui avait été promise et qui constitue un élément essentiel du choix de confier l'organisation de la coupe à la France, la garantie mise en place en 2017 par la Caisse des dépôts et consignations à la demande de l'État ne peut pas être suspendue, sauf à lui substituer une garantie de l'État en loi de finances.

Avec la limite de ce que les délais de la mission n'ont pas permis d'approfondir tous les sujets, le projet de budget de l'organisation paraît réaliste et est correctement documenté. Il se répartit entre la redevance due à RWCL (172,50 M€), l'estimation (peu expertisée en amont) des apports des collectivités publiques (90,30 M€, dont 25,50 M€ pour l'État, intégrés en recettes et dépenses au budget proposé à World Rugby, sans qu'elles transitent en fait par celui du comité d'organisation) et le budget opérationnel propre de #FRANCE2023 (146 M€). Sauf imprévu majeur, notamment un effondrement de la fréquentation du fait d'un événement imprévisible comme des attentats, les recettes de la billetterie (373,20 M€) sont conformes, en volume et en prix, à l'expérience des précédentes coupes du monde, et la plupart des postes de dépenses sont eux aussi basés sur les références de compétitions précédentes. Le résultat escompté est de 68 M€ ; l'État ne prend donc pas un risque important du fait de sa participation à un GIP #FRANCE2023. »

Conclusion : les deux inspections conviennent que le dossier de candidature a été très bien construit tant dans son analyse financière que dans son argumentation. Notre démarche va être de contribuer à détendre nos relations avec l'État.

Dès la parution du rapport, nous nous mettons au travail avec Jean Castex, délégué interministériel aux grands événements sportifs, pour suivre les recommandations et écrire la convention constitutive du GIP (groupement d'intérêt public). La rédaction de cette convention constituera le socle de la gouvernance du GIP et le fruit des conclusions partagées sur les nécessaires procédures et autres règlements.

Jean me confie ne pas souhaiter reproduire le même schéma que pour le comité d'organisation des Jeux olympiques 2024, créé quelques mois plus tôt, où la nomination à la fois d'un président exécutif (Tony Estanguet), d'un directeur de cabinet, devenu par la suite secrétaire général également exécutif, et d'un directeur général exécutif, avec un certain nombre de directeurs fonctionnels rattachés à l'un ou aux deux autres, a conduit à beaucoup de confusion. La nature humaine est ainsi faite : les gens profitent toujours de la pagaille. « Je voudrais qu'il n'y ait qu'un patron, un patron qui ait la capacité de tout diriger », me dit alors Jean.

La conduite d'un tel projet nécessite en effet une grande exigence dans le management, un investissement de la totalité des acteurs et une force collective éprouvée. L'expérience que j'ai accumulée jusque-là m'a montré que cela passait par une gestion efficace des arbitrages et des prises de décision, ainsi que par une forte capacité à négocier, parfois très fermement, avec les partenaires et acteurs de l'écosystème. Donc qu'un management réussi passait par la désignation d'un leader à forte personnalité.

Arrêtons-nous un instant sur la fiche de poste du directeur général de France 2023 :

« Le directeur général pilote l'activité du GIP pour :
– assurer la meilleure préparation de la Coupe du monde de rugby 2023 ;
– garantir l'excellence de l'organisation et de la livraison du Tournoi dans le respect des délais, du budget, des principes et des objectifs établis par le Groupement d'intérêt public ;
– préparer l'héritage de la compétition, avant, pendant et après la Coupe du monde de rugby. »

Plus loin, dans l'expérience exigée :

« – Une parfaite connaissance des exigences du Hosting Agreement et des engagements d'une Coupe du monde de rugby ;
– Une très bonne connaissance des grands événements sportifs internationaux et des succès avérés pour assurer une parfaite organisation de la Coupe du monde de rugby dans une logique

d'excellence, et une parfaite gestion du GIP avec des objectifs de transparence, d'efficience et de résultats. [...] ;

– Une expérience significative dans le management de projets d'envergure avec des échéances fixes et des contraintes financières strictes ;

[...] Cette qualité managériale doit se prouver par une rigueur et une organisation robuste... »

Le GIP France 2023 est une société dont les membres fondateurs sont la FFR, l'État et le CNOSF (Comité national olympique et sportif français), détenant respectivement 62 %, 37 % et 1 % des droits de vote.

L'acte constitutif est signé avec le Premier ministre, Édouard Philippe, le 10 mars 2018. Le comité d'organisation de la Coupe du monde 2023 est né. Dans la foulée, le 15 mai 2018, nous organisons le premier conseil d'administration pour élire le président non exécutif, en la personne de Jacques Rivoal, et nommer son directeur général. Je suis élu à l'unanimité.

L'État exerce un contrôle en permanence sur le bon fonctionnement et la gouvernance de celui-ci à travers trois comités régaliens.

Le premier comité, celui d'audit, a pour mission d'analyser la gestion et la stratégie du GIP, la soutenabilité de ses engagements hors bilan. Il doit également maintenir l'équilibre entre les dépenses et les ressources, tout en veillant à la mise en œuvre des prescriptions du contrat d'organisation conclu avec RWCL. En outre, il est responsable de l'application de la politique en matière de risques financiers, opérationnels ou juridiques. Ce comité est composé de cinq membres indépendants, assistés du contrôleur général économique et financier qui a une voix consultative.

Le deuxième comité, dit d'éthique, supervise la politique éthique et veille au respect des valeurs individuelles et collectives. Il est chargé de rédiger une charte approuvée par le conseil d'administration et de prévenir les conflits d'intérêts. Ce comité est composé de quatre personnes, dont un membre du conseil d'État, un membre honoraire de la Cour des comptes, un membre de la Cour de cassation et un membre désigné par l'Agence française anticorruption.

Enfin le troisième, le comité des rémunérations, fait quant à lui des recommandations sur les rémunérations et avantages de toute nature pour l'ensemble des collaborateurs. Il est composé de sept membres, des personnalités extérieures au GIP compétentes en matière de politique de rémunération, de recrutement et de ressources humaines.

L'État nomme également un commissaire du gouvernement et un contrôleur général économique et financier.

Tous ces organismes de contrôle permettent de vérifier à tout moment le bon fonctionnement et la transparence de la gestion du GIP.

Depuis sa création, et jusqu'à mon départ en 2022, le GIP met en place une gouvernance rigoureuse qui aura permis d'organiser huit assemblées générales et seize conseils d'administration. Au total, 119 délibérations ont été soumises au vote, dont 102 en conseil d'administration et 17 en assemblée générale. Toutes ces délibérations ont été approuvées à l'unanimité, y compris les comptes annuels validés sans réserve par les commissaires aux comptes, après avis du comité d'audit.

Nous travaillons en étroite collaboration avec les trois comités que nous rencontrons deux à trois fois par an. Tout le temps où j'ai été présent, ils ont rendu des avis positifs sur toutes les questions soumises à leur examen. Nous sommes en contact régulier avec le commissaire du gouvernement et le contrôleur économique et financier dans le cadre des responsabilités qui leur ont été attribuées par un décret du Journal officiel.

France 2023 agit à la fois comme un entrepreneur traditionnel et répond à une mission d'intérêt général. Il s'attache à garantir au monde du rugby et à l'État que les bénéfices potentiels soient affectés au financement de projets pour le développement du rugby.

En achetant les droits à RWCL, nous avons pris une initiative innovante et risquée qui permet de générer une valeur économique supplémentaire, couvrant ainsi les dépenses d'organisation et d'acquisition de ces droits. Nous sommes donc indépendants sur le plan financier.

Dans le courant de l'année 2018, nous contractons un emprunt de 42 millions d'euros (avec 20 millions d'euros supplémentaires déposés sur un compte bloqué en tant que prêt de secours) auprès de la Société Générale pour financer les trois premières années de notre activité. Cet emprunt va servir à payer les premières échéances de redevance dues à RWCL (environ 31 millions d'euros) ainsi que les dépenses courantes de France 2023 (salaires, immobilier, opérations...) pour un montant total de 11 millions d'euros.

Dès sa création, le GIP doit relever des défis importants, le métier d'organisateur d'événements reposant sur une connaissance anticipée et une maîtrise des dépenses, avec des recettes au départ aléatoires pouvant conduire à des situations de déséquilibre comme ont pu en connaître certains événements sportifs par le passé.

Outre les droits à reverser à Rugby World Cup, nous allons devoir faire face également au défi posé par les règles que nous impose la fédération internationale dans tous les domaines (financier, commercial, juridique...), ajoutant une pression supplémentaire sur le respect de nos objectifs et le suivi de nos projets, sous-projets et tâches associés.

En matière de recettes et de dépenses, poser une stratégie et une organisation à la fois novatrice et ambitieuse s'avère donc indispensable, tout comme une rigueur dans leur application. La complexité de l'organisation de grands événements sportifs réside en effet principalement dans le nombre de tâches diverses et variées auxquelles il faut s'atteler, dans une pluralité de domaines et une montée en puissance des effectifs. Pour atteindre tous ces objectifs, il est nécessaire de s'appuyer sur une méthode reconnue.

Je me suis attaché, au fil des missions d'organisation qui m'ont été confiées, à développer et mettre en place des outils d'accompagnement et de contrôle. Dans les premières années de mon activité, je travaillais de façon empirique, avec des outils assez simples tels que des tableurs Excel. Puis, en 2000, j'ai eu l'occasion de passer du temps avec le comité d'organisation des Jeux olympiques de Sydney. Selon moi, cet événement sportif constitue le premier de l'ère moderne. Ses organisateurs ont révolutionné la méthode en appliquant celle qui avait été mise en place dans les années 1950 par le ministère de la Défense aux États-Unis pour le tir balistique, puis reprise par la Nasa : la méthode WBS. Le procédé consiste à décomposer l'ensemble du projet en étapes simples et courtes, un principe qui permet de garder le contrôle sur la charge de travail puisque chaque étape est rapide, plus facile à estimer et à planifier. On peut alors établir un planning de référence et un budget prévisionnel, puis définir précisément les missions assignées à chaque acteur du projet. Cette méthodologie, largement éprouvée, s'appuie sur trois phases de planification – stratégique, fonctionnelle, opérationnelle –, une équipe structurée, des objectifs prioritaires révisés tous les trois mois, un planning fixé et tenu.

Les bases sont posées, nous sommes parés au décollage.

Mission : Coupe(s) du monde

Je suis un affectif. Mes choix professionnels, je les ai faits avant tout pour des hommes. Le rationnel, j'en mets toujours, mais il vient après. Peut-être suis-je un homme d'affaires, mais je suis avant tout un passionné.

Au début des années 2000, au moment où ma mission pour les Jeux méditerranéens de Tunis touche à sa fin, Bernard Lapasset me ramène une nouvelle fois à Dame Ovalie.

Président de la FFR, il souhaite que je m'investisse dans le pilotage de l'exploitation des droits et sponsoring de l'équipe de France ; à l'époque, le groupe Darmon en est la société mandatée. De vendeur de panneaux publicitaires sur les terrains de foot, Jean-Claude Darmon est devenu pape du marketing sportif. En ayant su diversifier, notamment avec les droits marketing et télévisuels, il a bâti un véritable empire. Sa régie publicitaire achète des droits, les exploite puis les revend, en faisant évidemment une plus-value. Avec l'idée d'optimiser les recettes de la FFR dans le contrat qui la lie à Darmon, j'intègre le groupe de ce dernier comme directeur marketing en charge de l'exploitation des droits de l'équipe de France de rugby.

Et j'en suis heureux, ça continue de donner du sens à ce que je fais. En homme d'affaires intraitable, Darmon me pousse régulièrement dans mes retranchements ; en matière de performance, j'arrive à me surprendre. Mais quelle souffrance !

L'ambiance entre collègues est pesante dans cette course à celui qui vendra le mieux, la pression permanente, les humiliations quasi quotidiennes. Quand il arrive, Darmon monte dans mon bureau et, sans un bonjour, me lance : « Alors, t'as vendu quoi hier ? T'as fait quoi comme chiffre ? » Quand on sait qu'une vente à un sponsor, qui peut représenter 2 millions d'euros, est loin de se faire du jour au lendemain, que le temps d'identifier la société, de négocier, de signer, il peut se passer quatre à cinq mois... Forcément, je me retrouve la plupart du temps à lui dire que je n'ai rien vendu. Il décrète qu'une réunion aura lieu à 7 h 30 tous les matins, mais n'y vient pratiquement jamais. Gare au directeur qui n'est pas là le jour où il a décidé de se pointer !

Un management poussé à l'extrême qui aura raison de moi au bout de deux ans, précisément le jour où je le suspends à un portemanteau. Lorsque je quitte la salle de réunion, pour ne jamais revenir, ses pieds ne touchent pas terre. Mon degré d'acceptation a atteint ses limites, surtout quand l'humain a définitivement déserté les bureaux et qu'il n'est question que de l'enrichissement personnel d'un homme, tout *successful* et reconnu qu'il soit. Mais je n'ai pas le temps de m'apitoyer car ces retrouvailles avec Dame Ovalie débouchent sur une nouvelle mission de Bernard : la conduite de la candidature de la France pour la Coupe du monde de rugby 2007.

La Coupe de toutes les premières

Lorsque Bernard Lapasset m'expose en 2002 son projet de voir enfin la France candidate à l'accueil de la CDM, il a ça en tête depuis 1995, année où l'événement s'est déroulé en Afrique du Sud et où le rugby a démontré qu'il pouvait peser sur le destin d'un pays.

Décision est prise de proposer à l'Écosse et au pays de Galles d'accueillir quelques matchs, dans un souci de partage mais aussi de nous ramener les votes de ces deux pays face à notre principal concurrent. Et la France l'emporte pour la première fois, par 18 voix contre 3 pour l'Angleterre.

Une fois gagné le droit d'organiser cette Coupe du monde, tout reste à faire : structurer le comité d'organisation, dévoiler les ambitions, surtout se donner les moyens de remporter les challenges essentiels – le résultat financier, les succès populaires, la qualité de l'organisation.

Pour ce faire, Bernard Lapasset et Jean-Louis Barthès me missionnent pour aller en Australie en avril 2003 en qualité d'observateur. Le pays se prépare en effet à accueillir l'événement en octobre. Durant huit mois, je me retrouve en immersion à leurs côtés, me familiarisant à l'organisation, notamment en matière de gouvernance et de management. Des clés que je partage avec la FFR dès mon retour.

Rugby World Cup gère à cette époque la production télévisuelle, les droits TV, le programme partenaires et merchandising et les hospitalités. Notre groupement d'intérêt public va alors prendre en charge l'organisation du tournoi, et la FFR, l'accueil, les supporters, les animations et la promotion à travers des comités d'organisation locaux.

Notre premier objectif est de rendre les matchs accessibles au plus grand nombre. Ça doit passer par l'instauration d'une billetterie innovante. Deux principes guident notre politique : accessibilité et prestige. Sous l'autorité de Rémi Leonetti, l'équipe dédiée à la conception des prix et des produits en crée deux : un pack « Ville » qui permet d'acheter des billets pour plusieurs matchs de la première phase dans une même ville et un pack « Équipe » pour suivre son équipe préférée, le tout avec une politique de prix agressive. Ces deux packs vont s'avérer un succès, nous permettant de vendre 94 % des billets disponibles et d'assurer le résultat financier de l'événement. Une première dans l'histoire des Coupes du monde et une « recette » aujourd'hui mise en place par tous les comités d'organisation.

C'est une première aussi dans le circuit des ventes : 78 % des billets sont vendus via internet.

En amont du rendez-vous qui se déroulera du 7 septembre au 20 octobre 2007, nous lançons sur les rails français un train destiné à faire découvrir le rugby et promouvoir la Coupe. Avec ses 90 villes desservies, le train reçoit plus de 350 000 visiteurs.

La taille de l'événement implique la mise en place d'un autre programme à grande échelle : l'accueil des spectateurs, des équipes, de la presse par 6 000 volontaires de 24 nationalités différentes. Ils seront les sourires et l'âme de cette édition.

Nous innovons aussi en créant le concept de « camp de base », qui permet aux équipes de séjourner un mois dans le même lieu et de nouer des relations privilégiées avec la population de leur région d'accueil.

L'Afrique du Sud, qui avait inspiré cette candidature, sort vainqueur du tournoi, nous offrant un très haut niveau de jeu durant toute la compétition. La France aussi sort gagnante.

Le bilan de l'événement est, en de nombreux points, exceptionnel : un impact économique évalué par la mission du ministère de la Jeunesse et des Sports à plus de 500 millions d'euros ; un succès populaire avec plus de 2,3 millions de spectateurs dans les stades et des matchs suivis par 200 millions de téléspectateurs ; la qualité de l'accueil et de la sécurité ; une organisation unanimement saluée par l'ensemble des acteurs du rugby, des médias, des politiques, y compris à l'international ; des moments forts de partage culturel avec l'exposition « La mêlée des cultures » au musée du quai Branly, le rassemblement des vingt capitaines pour la signature d'une sculpture de Jean-Pierre Rives, les danseuses du chorégraphe Prejlocaj et leur haka ; de fête aussi quand, à l'issue de la confrontation des Loups du Portugal contre les All Blacks, s'improvise un match de foot entre les deux équipes remplaçantes au stade Gerland. C'est même le premier événement sportif à se préoccuper d'écologie en mettant en place avec l'Ademe (aujourd'hui, l'Agence de la transition écologique) des mesures concrètes et novatrices pour diminuer l'impact carbone de la compétition.

Et les retombées pour le monde de l'ovalie sont sans précédent : s'ensuit une vague d'inscriptions en clubs entraînant une augmentation de 35 % du nombre de licenciés et la formation de 80 000 nouveaux éducateurs. La FFR affecte une partie des bénéfices à la création de 100 postes de cadres techniques pour accompagner les comités territoriaux dans leur mission de développement du rugby, ainsi qu'une enveloppe conséquente pour financer la construction de terrains synthétiques.

Pour le directeur de tournoi que j'ai été, l'essai méritait d'être transformé !

Cap au soleil levant

J'ai besoin de construire, d'être en permanence dans un projet. La peur de ne plus en avoir, la crainte d'une forme de vide, me fait sauter d'une mission à l'autre, quitte à en gérer plusieurs en même temps. Cela fait partie de ma personnalité.

Nous sommes en pleine effervescence, entre la demi-finale et la finale de la Coupe du monde 2007. Depuis trois mois, M. Koji Tokumasu, en charge de la promotion internationale du rugby japonais, harcèle de ses appels mon secrétariat. Il a cherché à me joindre au moins vingt-cinq fois, sans jamais se décourager. Sa détermination est telle que Karine, mon assistante, est sur le point de craquer : « Claude, il ne cesse de téléphoner, il faut que tu le rencontres et vu ton emploi du temps, je ne sais pas quel créneau lui proposer ! »

Je finis par céder et lui donne rendez-vous à mon hôtel à 6 h 30 le lendemain matin, persuadé qu'il ne viendra pas à une heure aussi matinale. C'est mal le connaître.

Koji arrive accompagné d'un vieux monsieur d'une grande élégance, qu'il me présente : M. Yoshirō Mori, ancien Premier ministre du Japon et président de la fédération japonaise de rugby (poste non exécutif).

Nous nous asseyons autour d'un café et ce dernier prend la parole : « Le Japon a perdu en 2005 et je m'étais promis que plus jamais nous ne serions candidats à l'organisation d'une Coupe du monde de rugby. Parce que j'ai été humilié. »

Malgré un dossier pourtant très solide et soutenu par son gouvernement, la candidature du Japon n'avait en effet pas été retenue pour l'accueil de la Coupe du monde de 2011. La Nouvelle-Zélande avait emporté les suffrages de l'International Rugby Board, le 17 novembre 2005. Un choix vivement critiqué à l'époque, donnant déjà à voir la mainmise d'une poignée de fédérations sur le rugby mondial. Et une décision ressentie comme une profonde humiliation par un pays qui atteste d'une présence de ce sport depuis près de cent quarante ans et compte pas moins de 120 000 licenciés.

Je le laisse poursuivre.

« Cependant, quand je vois le succès ici, l'engagement et l'enthousiasme du pays et les retombées économiques, cela me donne envie d'être à nouveau dans la course. Si cela vous intéresse, je souhaiterais que vous pilotiez le dossier de candidature.

— Oui, oui, pas de problème, pourquoi pas ? » réponds-je machinalement, plutôt préoccupé par l'événement en cours.

Nous vidons nos tasses et l'on se sépare, sans que je prenne tout à fait la mesure de l'engagement que je viens de prendre. Une nouvelle fois.

La Coupe du monde en France s'achève, Koji n'a toujours pas cessé ses appels.

En février 2008, comme je suis convié en Nouvelle-Zélande par les organisateurs de la Coupe du monde 2011 pour leur faire un retour d'expérience, je décide de faire escale au Japon pour mieux connaître leurs intentions et motivations, et satisfaire une certaine curiosité.

À mon arrivée à Tokyo, M. Mori est là pour m'accueillir. Je prends immédiatement conscience de l'homme politique de grande influence qu'il est, bien au-delà du rugby. Il circule en voiture blindée, entouré de gardes du corps. Le dispositif de sécurité est à faire pâlir les services secrets américains !

Nous dînons ensemble et passons un long moment à parler des raisons qui l'animent dans cette volonté d'organiser une Coupe du monde au Japon. Il m'explique que c'est par amitié qu'il a créé la fédération et qu'il veut honorer cette promesse auprès de ses amis défunts. Il me confie aussi ses ennuis de santé, ne lui laissant qu'une espérance de vie réduite. Le courant passe très vite entre nous. Pour terminer, il me glisse une feuille, sa proposition pour piloter le dossier, et me dit : « Tout y est, sauf le chiffre en bas à droite. Ajoutez-le, et je vous donnerai mon accord. »

J'inscris donc un chiffre qui, évidemment, s'avérera nettement inférieur à ce qu'il aurait fallu. Je viens de conclure un accord avec l'un des hommes les plus puissants du Japon, et de me lancer dans une aventure totalement inédite.

En juin 2008, je passe de nouveau les portes de l'aéroport Haneda. Nous y voilà. Seul avec ma valise, je réprime une pensée : « Qu'est-ce que je fais là ? » Un sentiment qui s'amplifie lorsque je prends connaissance du cahier des charges de Rugby World Cup et me rends compte de l'immensité de la tâche au vu de leurs exigences et de la situation du rugby japonais.

Je lance une première réunion avec l'ensemble des collaborateurs de la fédération, l'occasion de leur expliquer que je suis là pour les accompagner dans leur candidature, avec une victoire à la clé. Je lis le doute dans leurs yeux. Malgré cela, je commence à constituer une équipe sur la base du volontariat.

Dans ces missions à durée déterminée, qui m'emmènent dans des pays étrangers, je pourrais très bien débarquer avec ma propre escouade pour construire le programme, mais je ne fonctionne pas comme ça. J'ai pour principe de toujours travailler avec l'équipe sur place. L'idée est de créer de l'emploi, de transmettre un savoir-faire et des outils dont ils pourront se resservir et de les responsabiliser. Là, je pose une seule condition, celle d'avoir un traducteur-interprète franco-japonais et de pouvoir le choisir.

Peu de temps avant mon départ, j'avais eu l'occasion d'échanger avec Philippe Troussier, l'entraîneur français de l'équipe japonaise de football. Il m'avait confié : « Claude, tu ne pourras pas te fier à un simple interprète qu'on te met dans les pattes, même s'il traduit bien. La langue est tellement différente, bourrée de nuances, que tu n'es jamais sûr qu'on te restitue exactement les propos de ceux que tu as en face de toi. » Alors, il m'a conseillé Julien Miqueu, sur qui je pourrais avoir entièrement confiance. Ce jeune homme y vit, est marié à une Japonaise et avait été l'officier de liaison de l'équipe des Brave Blossoms durant la CDM en France. Pendant trois ans, il sera une aide précieuse, me permettant de saisir toutes les subtilités de la langue et d'éviter les incompréhensions.

Le travail de préparation et de pilotage du dossier de candidature démarre. Non sans difficultés. Les codes en matière de relations sociales y sont tellement différents.

Je suis au pays de la rigueur et du cadre, ce qui de prime abord n'est pas pour me déplaire quand on court après les échéances. Les réunions sont planifiées, structurées, avec des points à l'ordre du jour et des comptes rendus très précis. Et quand vient le moment de la prise de décision, ô surprise, on me répond qu'on ne peut pas parce que la personne qui décide n'assiste pas aux réunions. On vient donc de faire trois heures de réunion à trente-cinq, en japonais, avec traduction en français, en anglais, et on ne peut pas décider ?! Jamais. Grand moment de solitude, on respire un grand coup, on reprend à zéro...

En réalité, les choses se traitent, mais toujours en dehors des réunions. Parfois, j'ai bien failli jeter l'éponge. Mais je tiens, pas question d'échouer, vis-à-vis de Mori et de la promesse que je lui ai faite. Je peux compter d'ailleurs sur lui pour m'épauler, me conseiller, voire me protéger quand certains tentent de semer quelques grains de discorde ou carrément de me virer.

Et j'aime la vie à Tokyo, une ville qui ne dort jamais, où coexistent tradition et modernité, où s'affrontent le conformisme et l'extravagance, les rituels ancestraux et la high-tech. Bon, les karaokés, à la fin, je n'en peux plus ! C'est pourtant une institution là-bas, mais il n'y avait que deux sempiternelles chansons françaises sur lesquelles m'égosiller : *Les Feuilles mortes* et *Les Champs-Élysées.*

Pour faciliter mon intégration, j'entreprends de me plonger dans des livres sur l'organisation sociale, rédigés par des expatriés. J'accepte le fait que je dois m'adapter à la culture japonaise, et non le contraire. Petit à petit, je me détends. Au bout de six mois, je dirais qu'à force de me concentrer sur les intonations et les attitudes de mes interlocuteurs en réunion, je parviens à comprendre 60 % de ce qui se dit. Je finis même par trouver que certains mots japonais ont une consonance proche de leur équivalent français.

Là-bas, si vous n'avez pas de cheveux blancs, ce n'est pas la peine de candidater à un poste à responsabilité dans une entreprise. Les jeunes sont des exécutants, et je ne vous parle même pas des femmes... Ça me sauve d'avoir des cheveux blancs depuis l'âge de 30 ans ! Je gagne leur confiance tant dans le management que dans la rédaction du dossier dont ils ne reliront même pas la version finale.

En avril 2009 a lieu la présentation devant World Rugby à Dublin. Nous sommes quatre orateurs : Yoshirō Mori, Noboru Mashimo, le *chairman* de la fédération (poste exécutif), John Kirwan, l'entraîneur de l'équipe nationale, et moi. Face à notre dossier, ceux de l'Angleterre, l'Afrique du Sud et l'Italie. Et, quelques mois plus tard, c'est fait : le 29 juillet, le Japon gagne enfin la possibilité d'accueillir la Coupe du monde ! Impensable pour beaucoup. Mais premières joies sincèrement partagées avec l'équipe au sein de laquelle je commence à être reconnu et intégré, même si je n'ai toujours pas embrassé la culture japonaise.

Le soir de cette victoire, nous sortons dîner, ça ne s'invente pas, dans un restaurant japonais de Dublin. Quelques rugbymen irlandais se joignent à la fête qui se prolonge jusqu'à une heure avancée de la nuit.

Dès le lendemain matin, nous avons notre première réunion de lancement du projet avec les responsables de RWCL. J'arrive à 8 heures, pile à l'heure, la mine défaite et la chemise froissée tandis que mes amis japonais sont déjà là depuis une demi-heure, en costume et cravate officielle !

Ce jour-là, le président de la fédération italienne de rugby, qui vient de perdre face au Japon, me fait part de son regret de ne pas m'avoir eu pour piloter son dossier. Qu'à cela ne tienne, il souhaite me proposer le développement commercial du rugby en Italie, ainsi qu'un accompagnement dans l'organisation des matchs internationaux. Une nouvelle mission de trois ans en chasse une autre.

Mais c'est sans compter sur l'insistance de M. Mori quelques jours plus tard : « Vous ne pouvez pas partir comme ça. Il faut absolument que vous nous accompagniez sur la préparation, la structuration et l'organisation. »

Forcément, entre les exigences de RWCL, l'inexpérience de l'équipe en place et les différences culturelles et sociales, les difficultés sont devant nous. C'est donc loin d'être un long fleuve tranquille, avec quelques imprévus qui manqueront de tout faire capoter.

L'un des points forts du dossier de candidature est la construction d'un nouveau stade d'une capacité de 80 000 personnes, initialement prévu pour les Jeux olympiques de 2020 mais dont nous sommes censés bénéficier pour la Coupe du monde qui aura lieu un an avant. Devant l'augmentation des coûts, le Premier ministre japonais décide d'ajourner sa sortie de terre, condamnant sa livraison pour notre tournoi. À cette annonce, RWCL considère que c'est une rupture de contrat et menace de nous retirer l'organisation. Ils ont même déjà pris attache avec l'Afrique du Sud pour nous remplacer. En urgence, je joue le médiateur entre les deux parties, au prix de quelques voyages éclair et nuits blanches pour trouver un compromis.

J'ai beau souvent batailler à leur expliquer que pour une Coupe du monde il y a une méthode globale pour organiser un événement, les Japonais veulent appliquer la méthode japonaise, et les prises de décision relèvent invariablement du même process. Ça me vaut d'être régulièrement suspendu au téléphone ou derrière mon ordinateur à tirer la sonnette d'alarme, à rappeler les échéances. À l'image des travaux de rénovation du stade Chichibunomiya qui ne sont toujours pas enclenchés. Contre toute attente, en une semaine, la décision est prise, le chantier est ouvert et, quatre semaines plus tard, le stade est prêt. Je vois même des ouvriers nettoyer la boue sur les roues des camions pour ne pas salir la rue en sortant du chantier.

Une fois que les choses sont lancées, c'est un pays redoutable. Mais il faut accepter leur tempo. De vous à moi, culturellement, la tâche de livrer était impossible pour eux mais je vais les accompagner jusqu'en 2016.

Et la Coupe du monde a bien lieu, du 20 septembre au 2 novembre 2019, avec une Afrique du Sud au rendez-vous pour sa troisième victoire.

L'héritage est au-dessus des espérances niponnes : douze stades modernisés et rénovés, un taux de remplissage de 99 %, des retombées économiques estimées à plus de 400 milliards de yens (environ 2 milliards d'euros) que ce soit en dépenses visiteurs, tourisme ou création d'emplois.

La nation japonaise est loin de s'être montrée réservée : à l'image des nombreuses scènes de liesse, notamment lorsque nos hôtes surprennent tout le monde en battant l'Irlande puis l'Écosse et en se qualifiant pour les quarts de finale. Leur dernier match constitue un record d'audience avec 26 millions de téléspectateurs.

Enfin, l'événement met en avant leur efficacité dans l'organisation, un savoir-faire certain en matière de sécurité et de confort, leur culture et leur sens de l'hospitalité.

Mission Coupe accomplie !

***

Comme je l'ai dit précédemment, l'aventure humaine est ce qui m'anime avant tout.

Parallèlement à cette mission commencée en 2008 au pays du Soleil Levant, qui m'a certes donné quelques sueurs froides mais qui m'a permis de me confronter à une culture très différente, World Rugby m'en a proposé une autre. Dès 2009 et la victoire du Japon acquise, Bernard Lapasset, devenu président de la fédération internationale, et son directeur Brett Gosper m'ont confié de travailler à un plan stratégique de développement plus large du rugby en Asie.

C'était encore un sport méconnu, la jeunesse y était peu initiée. Je me suis donc attelé à plusieurs objectifs : augmenter le nombre de licenciés dont les femmes, promouvoir les valeurs du rugby, le rendre populaire notamment auprès des *millenials*, mais aussi renforcer la promotion et la retransmission de la Coupe du Monde.

J'ai alors eu la chance de parcourir durant trois ans pas moins de trente pays pour défendre mon programme « Get into Rugby » : Asie centrale, Moyen-Orient, Corée, Chine, Indonésie, Singapour, Brunéi, Malaisie, Sri Lanka. J'ai mis en place une campagne de communication digitale, des animations au sein des écoles, des communautés et des clubs. Il y a eu des moments forts, comme au Cambodge où l'organisation d'une vente aux enchères de maillots a offert à des gamins qui jouaient au rugby sans crampons dans la rue de pouvoir se payer des chaussures.

Après avoir convaincu RWCL de céder gratuitement les droits de retransmission dans la plupart des pays asiatiques, où les budgets alloués au rugby restaient insuffisants, nous sommes passés de quelques dizaines de millions de téléspectateurs pour la CDM 2011 à plus de 300 millions pour celle de 2015.

Au cours de ces périples, j'ai découvert un territoire immense et varié, de nouvelles cultures et gastronomies. Un art de vivre. J'apprécie particulièrement le caractère posé, serein, réfléchi des Asiatiques. Ils sont dans la retenue mais dans l'ouverture et le dialogue.

Les contacts noués m'ont conduit à proposer au gouvernement singapourien, qui achevait la construction d'un stade de 40 000 places avec l'ambition d'y organiser des événements sportifs et culturels, de monter un dossier de candidature à l'accueil d'un tournoi international de rugby à VII, puis de mettre en place l'organisation des matchs d'une franchise japonaise dans le cadre du Championship. Nous avons remporté les deux projets, je les ai accompagnés dans la préparation et la livraison de ces deux compétitions. J'ai même monté une équipe au sein de la fédération singapourienne de rugby, avec laquelle je gérais à la fois les tournois, la promotion, la vente des billets, le programme marketing et sponsoring.

Bref, j'ai fini par me sentir bien en Asie, et par m'installer à Singapour avec ma famille, jusqu'à ce qu'une autre histoire, celle de la CDM 2023, ne change une nouvelle fois le cours de ma vie.

2019

Poser la vision, et la porter

Fondation, organisation, planification. Le GIP est construit, une coquille presque vide. L'équipe de salariés est encore restreinte, se composant essentiellement de celles et ceux qui ont œuvré à la candidature ; la montée en effectifs va être progressive, subitement nous serons 7 000. L'heure est maintenant venue de poser la vision et l'ambition que cette Coupe du monde portera.

Dans un contexte où Pékin s'apprête à accueillir les Jeux olympiques d'hiver 2022 avec des millions d'euros dépensés en neige artificielle et où le Qatar va recevoir les spectateurs de la CDM de football dans des stades climatisés, nous voulons afficher une ambition nouvelle, et que ce ne soit pas que des mots.

Au départ, oui, le projet est onéreux. D'un point de vue financier, logistique, environnemental, ce n'est pas neutre pour le pays. Mais dans un monde où le lien social s'est énormément distendu et fragilisé, je veux croire qu'un projet collectif réfléchi, anticipé, bien préparé, fédérant à la fois le grand public, les collectivités, la société civile et politique peut modifier la perception du grand événement sportif – étiqueté perturbateur, mercantile, pollueur –, avoir un réel impact positif mais aussi être une belle fête. En somme, un formidable outil politique. Sinon, je crains que dans dix, quinze ans ça n'ait plus de sens qu'il y en ait encore.

Une idée germe justement en cette année 2019.

Avec Benoît Rover, l'un de mes plus vieux collaborateurs puisque nous travaillons ensemble depuis quinze ans, nous avions tiré plusieurs leçons de 2007, avec un regret. En 2008, juste après la Coupe du monde, les jeunes étaient arrivés massivement pour jouer au rugby : en moyenne, une augmentation de 30 % du nombre de licenciés. Un succès qui n'avait pas été suffisamment anticipé. Outre le fait que nous avions eu moins de temps pour préparer cette Coupe du monde qui était une première pour le pays et la FFR, les clubs s'étaient vite retrouvés dépassés. Ils manquaient à la fois de moyens humains donc d'éducateurs, de matériel donc pas assez de ballons ou de maillots, et surtout d'infrastructures car pas suffisamment de stades. Alors le gamin qui débarquait le mercredi pour jouer au rugby attendait deux heures pour finalement ne pas jouer et s'entendre dire qu'il faudrait revenir la semaine suivante. Dans un contexte de concurrence entre sports collectifs, le gamin en question, même s'il avait envie de se frotter au rugby, finissait par ne pas revenir et par tenter sa chance au hand ou au basket. Résultat, en 2009, nous perdions quasiment 80 % de ces effectifs, et par là même toute l'ambition de cette Coupe du monde.

C'est notre première réflexion avec Benoît : prendre en compte cette problématique dans cette nouvelle édition. Nous identifions la nécessité d'intégrer au sein des clubs, longtemps à l'avance, des ressources pour les préparer à l'accueil des nouveaux licenciés.

Il se trouve qu'à ce moment-là le gouvernement met en place la réforme de l'apprentissage, notamment en développant des cycles d'apprentissage dans tous les types d'activités quand jusqu'ici ils étaient essentiellement dans le travail manuel. Nous profitons donc de ce contexte pour construire le projet

« Campus 2023 », dans lequel nous prévoyons de recruter 1 500 jeunes qui vont devenir salariés du GIP. Ces apprentis vont bénéficier d'une formation en alternance – événementiel, tourisme, sécurité, gestion d'une structure sportive – dans l'une des 80 écoles que nous allons sélectionner sur tout le territoire. Le comité d'organisation se constitue alors centre de formation pour mettre ces apprentis à disposition des clubs de rugby, voire d'autres clubs sportifs. Les jeunes sont ainsi recrutés pour faire l'analyse de l'existant et de tous les besoins : subventions, structure du club, nombre d'éducateurs diplômés ou non, matériel… Et à la fin de cet apprentissage, leur participation à la Coupe du monde. À partir du mois de juillet 2023, nous les déploierons dans les stades pour être aux côtés de ceux qui la livreront et leur permettront de se faire une expérience professionnelle à tous les postes : l'accueil des journalistes et les accréditations, la gestion du match en matière de règles, la relation avec les arbitres et les équipes, etc. Le programme, outre un tuteur dans chaque club pour suivre leur apprentissage et leur parcours, prévoit le recrutement de 16 coordinateurs territoriaux répartis dans chaque région pour veiller au suivi et la désignation d'une vingtaine d'apprentis référencés comme lanceurs d'alerte sur d'éventuels sujets de discrimination ou de harcèlement. Nous avons la conviction que ce projet vient porter les valeurs que nous souhaitons transmettre dans cette Coupe du monde.

Alors, dans la foulée, avec la contribution de Xavier Couture et d'Édouard Tétreau, nous nous lançons dans l'écriture du manifeste reflétant cette volonté de créer un événement sportif responsable et porteur d'héritage intitulé « Bougeons les lignes ! ».

Au-delà de sa diffusion publique, coordonnée avec celle du *JDD* en octobre, je souhaite le partager en premier lieu avec l'ensemble de mes collaborateurs, parce que j'ai à cœur que leurs missions puissent s'inscrire pleinement dans cette ambition.

« "Impossible n'est pas français" : la France a décroché l'organisation de la Coupe du monde de rugby 2023, seize ans seulement après celle de 2007. Un véritable exploit ! Deux siècles après le geste disruptif qui a donné naissance à ce sport, nous nous préparons à accueillir sur notre territoire les plus grandes équipes du monde entier. Avec un défi : bouger les lignes.

Confiance et exigence : ce sont les deux mots prononcés par le président de la République pour encourager les joueurs de l'équipe de France avant leur départ pour le Japon, que j'ai souhaité reprendre à mon compte pour les faire partager à l'équipe que nous construisons pour préparer cette Coupe du monde.

Confiance en soi, confiance dans son groupe. Exigence d'une équipe déterminée à être à la hauteur de l'événement mondial.

Ce doit être un rendez-vous majeur pour le rugby comme pour notre pays. L'un et l'autre auront à affronter de véritables défis.

Le socle de notre responsabilité repose sur les réponses que nous apporterons à la raison d'être de cette Coupe du monde.

La première consiste à léguer un héritage humain autour d'un événement innovant et disruptif.

L'ampleur des enjeux sociétaux et environnementaux actuels rend impératif de repenser totalement la façon d'appréhender les grands événements sportifs internationaux. Il s'agit de faire exemple en relevant un défi commun à celui de toute la planète : le défi écologique.

Les transports représentant une part majoritaire de l'impact carbone d'un grand événement, nous avons décidé d'encadrer l'ensemble des déplacements autour d'une plateforme digitale de mobilité verte (covoiturage, taxis green, scooters et bus électriques...).

France 2023 a l'ambition d'inventer le nouveau paradigme des grands événements sportifs, d'aller au-delà des standards. Plus qu'un événement sportif nous voulons avoir un impact positif pour la société et rassembler les Français autour de projets fédérateurs et fraternels.

Dans la même recherche d'innovation et de transformation, et pour être au plus près des objectifs des territoires qui vont nous accompagner dans la préparation et partager notre vision, nous avons décidé de décentraliser notre organisation. Dès cette année, nous avons recruté nos directeurs de sites ainsi que 90 assistants intégrés à un cursus de formation devant aboutir à un master.

Nous avons également voulu donner leur chance à beaucoup de jeunes qui sortaient de cycles de formation et pour qui l'expérience Coupe du monde constituait leur premier emploi. La moyenne d'âge de l'équipe et de ces futurs experts de demain est de 31 ans !

Le rugby repose sur des valeurs de fraternité, d'inclusion et de solidarité, essentielles dans notre société. Les joueurs ne s'opposent pas, ils se confrontent. Ces valeurs et vertus peuvent transformer les consciences et le monde où, du plus petit au plus imposant, chacun a sa place.

Si le rugby a imprimé sa culture avec une telle puissance dans notre pays, c'est parce qu'il épouse toutes les valeurs de notre république. C'est avec cette conviction chevillée au corps que nous souhaitons célébrer ce lien, cette unité et profiter de ce moment unique pour être le porte-étendard des valeurs républicaines.

En 2023, le rugby fêtera son bicentenaire. Ce sport existe depuis le geste fou de William Webb Ellis à Rugby, en novembre 1823. Il avait spontanément saisi le ballon entre ses mains en pleine partie de football populaire. À l'origine de cette discipline aux règles complexes, il y a donc ce mouvement disruptif, qui relève de l'innovation la plus audacieuse et passionnée.

Le rugby est un sport qui célèbre avant tout la force et l'intelligence collectives : aucune individualité, aussi brillante soit-elle, ne peut réussir quoi que ce soit sans le concours de coéquipiers présentant tous les gabarits. Chacun a donc la chance de prendre sa place au sein d'une équipe de rugby. Sport démocratique par excellence, le rugby n'autorise pas qu'une élite se détache du corps : si l'on oublie de passer la balle à celui qui est derrière soi, si, au lieu de jouer toute la gamme des passes, feintes, surprises et accélérations de ce sport de contact et d'évitement, on s'affronte dans le choc frontal permanent, le défi de puissance à puissance, dans une logique de clan contre clan, alors ce sport de virtuose peut y perdre son équilibre.

Je sais de quoi je parle : avant d'être international de rugby, chef d'entreprise et organisateur d'événements sportifs mondiaux, j'ai été éducateur de rue pour la Protection judiciaire de la jeunesse. J'ai pu découvrir dans des moments de partage et de vie commune tout le potentiel de générosité, de sursaut et d'engagement du rugby, comme celui dont font preuve nos jeunes générations. Ce potentiel ne peut s'actualiser qu'à condition de jouer véritablement le jeu, de bouger les lignes, de ne pas craindre de s'en "mêler". À condition d'y croire, non seulement pour nous-mêmes mais pour les générations qui arrivent sur le terrain. Pour les gamins et les gamines de 2023 qui, épris de la magie de l'ovalie, éprouveront le désir de rejoindre l'équipe de leur quartier, de leur village, pour vivre le plaisir de la réalité du terrain, de ne pas se limiter aux seules expériences virtuelles d'un smartphone.

Comment ne pas voir que les défis du rugby moderne sont en tout point ceux que doit relever la France au XXIe *siècle ?*

Aujourd'hui, notre pays traverse une crise existentielle profonde : son "archipélisation", pour reprendre le terme de Jérôme Fourquet. Parmi les ambassadeurs de notre événement et grand fan de rugby, Boris Cyrulnik décrit avec justesse la crise que nous traversons sur le terrain de l'angoisse, à l'image de bien des sociétés occidentales : le retour des grandes peurs, quasi millénaristes, qui nous poussent au repli sur soi. Peur de l'invasion, du réchauffement climatique absolument incontrôlé, du déclassement. Cette peur archaïque, si gauloise, du ciel qui menacerait de nous tomber sur la tête, et qui nous empêche de regarder les étoiles, en particulier celle de notre destin à vivre en commun. Saisis par ces craintes et ces peurs profondes, nous sommes tentés de consentir au repli sur nous-mêmes en nous recroquevillant clan contre clan, creusant des failles générationnelles, culturelles, sociales ou sociétales. Ce sont ces vieux démons tristes que nous allons commencer par surprendre, dérouter et plaquer au sol à l'occasion de la Coupe du monde de rugby 2023.

Nous voulons également démontrer que notre pays est celui de la furia francese *et du* french flair. *Nous avons une capacité inégalée dans le monde à surprendre et dérouter audacieusement l'adversaire, à renaître de nos cendres, à transmettre notre message universel, que certains ne semblent plus vouloir entendre : celui de la fraternité des hommes, de la solidarité active et de la justice sociale.*

Et pour célébrer toutes les fraternités, nous souhaitons mettre en place trois types de liens complémentaires : d'abord affectif, cette amitié profonde qui naît du fait de partager des moments riches en émotions, en tant qu'équipe, en tant que supporter, en tant qu'apprenti 2023 ; ensuite solidaire, rassembler plusieurs moi pour créer un nous et faire se confondre l'intérêt de chacun et le bien de tous ; enfin culturel, celui qui repose sur le partage des mêmes valeurs, des mêmes codes, d'un même objectif.

Nous allons, dans les quatre années qui nous rapprochent du coup d'envoi, mobiliser des ressources inédites à travers tous les viviers du territoire et au service de tous les citoyens de la République. Je dis bien : tous.

Nous embarquons d'abord avec nous les femmes, qui ne se contentent pas de jouer un rôle matriciel dans la vie de nos joueurs, petits et grands, et de nos clubs. Elles investissent enfin les terrains et les matchs, avec des succès et une vista qui nous font retrouver la virtuosité de ce jeu aérien. Les Bleues de Safi N'Diaye ont le ballon entre leurs mains. Et nous n'oublions pas non plus en chemin les personnes en situation de handicap qui trouveront dans la Coupe du monde un événement accueillant et accompagnant. Ils sont eux aussi rugby, en tant que joueurs ou spectateurs, mais également, d'ici à 2023, en tant qu'acteurs inclus dans le projet.

Nous embarquons avec nous les territoires et régions de France, qui vont se mobiliser autour des stades des villes de Bordeaux, Lille, Lyon, Marseille, Nantes, Nice, Paris, Saint-Denis, Saint-Étienne et Toulouse pour que la France de nos terroirs et de nos quartiers, celle du rugby de toujours et de demain, reprenne conscience de la puissance de sa diversité, de la richesse inextinguible de son patrimoine et de ses devenirs.

Nous embarquons avec nous les familles. Et l'Éducation nationale aura un rôle majeur pour que les élèves de la république vivent concrètement les valeurs cardinales et éducatives du rugby, celles de l'unité, de l'engagement, du respect des règles et de chaque identité. Nous lançons avec elle "La Mêlée des Chœurs", dans laquelle 7 000 élèves s'investissent pour interpréter 96 hymnes tout au long de la compétition, dans toutes les langues et même en chansigne. Un projet que nous menons en partenariat avec l'Opéra-Comique et le ministère de la Culture dans le cadre d'un programme pédagogique, à la découverte de la culture, de l'histoire et de la langue de chaque nation participante.

Nous embarquons les entreprises, des plus grandes aux plus petites, des nationales aux plus locales, pour que cette Coupe du monde de rugby soit la vitrine de ce que la France peut joyeusement se vanter de savoir faire mieux que quiconque : recevoir, accueillir, inviter l'hôte à son immense table, et faire la fête, à l'infini. Créer, produire, commercialiser... Toutes les entreprises connaissent la compétition, elles savent leur interdépendance, tout en étant soumise aux règles de la concurrence. Tout comme le rugby, elles représentent la puissance d'une équipe dans la performance collective.

Je souhaite que cette Coupe du monde soit ambitieuse et au cœur des sujets sociétaux, connectée et surtout étayée par des actions concrètes en faveur de la société et de la planète.

Quatre engagements ont été pris par l'organisation : agir pour une économie durable et circulaire, s'engager pour l'éducation, la formation et l'emploi, réduire l'impact sur l'environnement, soutenir l'inclusion et l'accessibilité. Ces derniers mois nous avons été très actifs concernant le programme Campus 2023, voué à former 1 500 jeunes apprentis mis à la disposition des clubs pour préparer l'arrivée de nouveaux licenciés et accompagner les dirigeants bénévoles pour professionnaliser la gestion des clubs amateurs.

Nous lançons également un fonds de dotation accessible à tous. Une initiative pionnière, articulée autour de cinq grandes thématiques d'enjeux majeurs pour aujourd'hui et demain : développement durable et écoresponsabilité, diversité et égalité des chances, handicap et lutte contre les discriminations, insertion et inclusion, éducation et soutien aux causes solidaires.

Nous demandons à Jean-Pierre Rives, artisan des "Rebonds de la mémoire" au musée du quai Branly lors de la Coupe du monde 2007, d'en être le président. Grâce à la générosité de nos mécènes, 185 projets bénéficient d'un financement. Des actions à forte ambition sociale voient le jour, sur tout le territoire. Les clubs de rugby amateur se découvrent des ambitions sociétales et/ou sociales et les financements versés par le fonds de dotation permettent à plus de 5 000 jeunes de participer à ces opérations.

Je suis soucieux du détail et j'ai envie de faire découvrir au monde nos créations, notre dynamisme et notre culture. Entre admiration et amitiés fidèles, je sollicite un discret réseau de cuisiniers de haut vol avec un goût immodéré pour le ballon ovale. Le XV de la gastronomie, mené par Yves Camdeborde et porté par 23 figures talentueuses de la cuisine française, a pour mission de privilégier les circuits courts et mettre en avant la cuisine des terroirs. "Intense", "hors norme", "musclée"... Une cuisine se prépare, dans les coulisses des hospitalités, pour accueillir partenaires et sociétés.

Nous avons également lancé avec l'association Ovale Citoyen un projet dans l'accompagnement des migrants, profitant de l'exposition médiatique de la Coupe du monde pour mettre en avant les valeurs inclusives du rugby. Tout comme nous participons à la production du film Pour l'honneur *de Philippe Guillard, montrant comment le rugby, sport collectif par excellence, peut permettre à des demandeurs d'asile de s'intégrer dans un village pourtant totalement réfractaire à leur arrivée. Comment, par les vertus et le pouvoir fédérateur de ce sport, si cher à mes yeux et à nos régions, des personnes d'horizons et de cultures totalement différents, parfois même opposés, vont finir par s'unir et marcher dans la même direction. Et comment, par des valeurs de partage, de respect et de solidarité, on peut, en dépassant les préjugés, réaliser des choses merveilleuses ensemble. Quoi de mieux que le rugby, le seul sport collectif de combat au monde, pour mettre en exergue les combats à mener collectivement pour une solidarité de destin !*

Enfin, et peut-être surtout, l'événement sera l'occasion de faire œuvre de conciliation nationale. Se retrouver, Français de toutes origines, de toutes sensibilités, rassemblés par le jeu du hasard, et se découvrir porteurs d'une destinée commune singulière. Une solidarité de destin, n'est-ce pas cela même ?

Voilà toute l'ambition que je porte pour cette Coupe du monde. »

En 2007, Bernard Lapasset a naturellement incarné l'événement. Acteur incontournable du rugby depuis de nombreuses années, reconnu sur la scène internationale de ce sport, de surcroît président de la FFR porteur de la candidature de la France et président du comité d'organisation : il cochait toutes les cases. En tant qu'administrateur du tournoi, je partageais la direction avec Étienne Thobois ; en artisan de l'ombre, je faisais ce que je sais faire et ça me convenait très bien.

Pour l'édition 2023, le contexte est différent. Si Bernard Laporte avait été nommé président du GIP, il en aurait été assurément la figure politique, mais il visait la présidence de World Rugby et cela n'était pas cumulable. En 2018, trois jours avant le premier conseil d'administration du GIP, on ne connaissait toujours pas son futur président. Le sénateur socialiste de la Drôme Didier Guillaume était le candidat pressenti. Le passionné de rugby venait d'annoncer la fin de ses mandats, il avait de l'expérience, savait prendre la parole, mais décide finalement de se désister. Sur proposition de Bernard qui le rencontre au RC Club toulonnais, entre alors en piste un dirigeant d'entreprise plutôt branché voitures, pour qui ce serait un honneur d'être le président non exécutif : Jacques Rivoal. Mais l'homme ne s'avère pas ce qu'on pourrait appeler un communicant.

Un an plus tard, le manifeste est écrit, reste à trouver celui qui le portera. Et je m'entends dire : « Il faut absolument que toi, Claude, tu incarnes cette Coupe du monde. » Allez donc demander à un avant d'aller jouer les arrières ! Car mon métier m'a tenu jusque-là à une distance confortable de cette dimension politique de l'événement et de son exposition médiatique, je n'ai jamais revendiqué d'être en première ligne et m'y retrouve par la force des choses, car l'arrière est inexistant.

Mais ce que nous avons construit jusque-là, une candidature arrachée dans les conditions décrites, avec une ambition pour le rugby français, tout cela me nourrit. Alors j'accepte de dépasser ma fonction de directeur général pour monter sur cette autre partie du terrain et défendre ce qui est certainement le projet le plus important de ma carrière.

À l’épreuve de la seconde chance

L’été, le centre de loisir municipal emmenait des jeunes issus de quartiers difficiles pour séjourner au cœur des Cévennes, dans les gorges du Gardon. Au programme, canoë-kayak, escalade, spéléologie… Une expérience de terrain passionnante pour le moniteur de 18 ans que j’étais et qui encadrait le groupe. J’avais passé le Bafa deux ans auparavant, pour faire comme les copains. Jusque-là je m’occupais des enfants en centre aéré, à la journée. Là, je vivais avec eux pendant une semaine et c’étaient leurs seules vacances.

J’en imposais déjà avec mon mètre quatre-vingt-douze et mes quatre-vingt-dix kilos. Ça m’a très vite positionné comme leader parmi les autres moniteurs, notamment vis-à-vis des enfants les plus difficiles. Mais je ne me débrouillais pas trop mal au football, alors les gamins m’adoraient, un vrai grand frère. Qui ne leur passait rien aussi, qui les engueulait. Les matchs de foot, les franches rigolades, le cadre, mon attention… ça comptait pour eux. Et à l’issue de cette semaine tout ça serait fini, ils rentreraient chez eux. Ils ont pleuré quand le moment a été venu de se quitter. Moi, je m’étais éclaté dans cet environnement, j’avais découvert ce que je pouvais apporter à l’autre. Une vocation était née.

Au lycée, que j’étais en train de finir, je donnais le minimum, à peine la moyenne. Les profs ne misaient pas un kopeck sur ma réussite au bac. Contre toute attente, je l’ai décroché en

1974, j'allais sur mes 19 ans. Ma mère était fière. Femme forte et de conviction, elle nourrissait pour moi l'ambition d'une carrière d'avocat ou d'homme politique, parce que je m'exprimais facilement, que j'avais une bonne mémoire. J'allais essayer, pour lui faire plaisir, mais j'ai vite compris sur les bancs de la fac de droit que ce monde-là n'était pas pour moi. Trop de parlotte sur des idées que je ne partageais même pas. J'avais envie d'action.

Je suis alors tombé sur le concours d'élèves-éducateurs du ministère de la Justice. J'en ai passé les épreuves et celui qui avait peu brillé dans son parcours scolaire a été reçu dixième en juillet 1975. Je m'apprêtais ainsi à entrer à l'École de formation des personnels de l'éducation surveillée (ENFPES) de Toulouse pour deux ans. Avec un stage de six mois à effectuer dans l'un des établissements relevant de l'Institution. J'ai privilégié le Sud dans les souhaits que j'ai formulés d'après la liste fournie.

L'école que j'ai intégrée à Toulouse en septembre était en pleine nature, un environnement idéal. L'enseignement dispensé, comme la psychologie, avait de quoi me réconcilier avec les études. Comme tout étudiant qui se respectait, je faisais la fête. Et c'est là que j'ai rencontré trois amis formidables qui – vous vous souvenez – m'ont initié au rugby.

Passons à la pratique. L'occasion d'apprendre le métier, de bâtir une vraie expérience, de surcroît rémunérée. Chance, j'ai été rapidement contacté par un centre de ma région d'origine, à Nîmes. Et de l'action, j'allais en avoir.

Ma mission serait dorénavant de m'occuper des mineurs délinquants, placés en foyer par le juge des enfants dans le cadre de l'ordonnance de 1945, de les accompagner dans leur réinsertion sociale. Aider les autres, comme jadis aimait à le faire mon grand-père maternel ou mon père, c'était dans mes gènes. Participer concrètement à la mise en place d'une société plus juste, un mandat qui rejoignait mes idéaux de jeune adulte. Donner une seconde chance à ceux qui avaient démarré dans la vie en étant moins armés, ça m'animait.

Les éducateurs en place m'ont mis à l'épreuve dès les vacances de Noël, du genre : « On va voir comment tu te débrouilles… » Je me suis donc retrouvé seul avec une douzaine de jeunes sous ma surveillance, durant huit jours, nuits comprises. J'avais à peine 20 ans quand les gamins en avaient 15, parfois 18, qui avaient tous plus ou moins « bourlayé » ; certains étaient des criminels. Alors je me suis appuyé sur mon expérience en colonie de vacances. J'avais le contact facile, j'ai joué les grands frères.

Il allait m'en falloir, du dépassement et de la résistance, quand l'idée était de transmettre autre chose que le vol ou la bagarre. Les conditions étaient difficiles, à l'image du destin de cette fratrie, restée gravé en moi : trois ont été assassinés en l'espace de six mois. Longtemps, je garderais contact avec le quatrième. Comme avec d'autres, qui dix ans plus tard me donneraient des nouvelles : « Claude, je me suis marié ! On a des enfants… » C'était parfois avec les plus durs d'entre eux que la relation se faisait la plus proche.

À peine sorti de l'adolescence, moi aussi j'étais en train de me construire, de me forger une armure, un caractère.

Je côtoyais à la fois la pauvreté et toute la richesse du monde, dans une totale ambiguïté. À cet âge, on ne se pose pas encore trop de questions existentielles, on agit avec ses tripes face à cette perte de repères. Au-delà de l'enseignement que je recevais à Toulouse, c'est l'intelligence du cœur qui devait entrer en action, celle qui ne s'apprend pas dans les grandes écoles.

Je prenais parfois des risques pour ma carrière quand je me chargeais de ramener la voiture à l'endroit où elle venait d'être volée. Ni vu ni connu. Mais le combat était plus grand, celui de la seconde chance, de l'apprentissage. J'avais envie de redonner à ces gamins cabossés une liberté de conscience, de responsabilité. Je croyais en la théorie de la reconnaissance, en la justice éducative, celle qui trouve son ancrage dans l'autorité, le respect, la dignité. Pas dans le jugement et l'enfermement. Un tribunal constate des délits mais en rien ne prévient ni ne guérit leur répétition. Non, tout restait à faire.

Ma formation s'est achevée en 1977. Les postes étaient attribués en fonction du classement au concours de sortie. Autant j'étais arrivé dans les premiers à celui d'entrée, autant là, c'était plutôt trente-cinquième. Une mutation dans le Sud, comme je l'aurais souhaité, était plus que compromise. Mon copain Jean-Yves m'a convaincu de venir travailler avec lui à Savigny-sur-Orge, en région parisienne : « On sera ensemble, ça va être sympa ! » L'ami n'avait pas cherché à me piéger, il avait pensé que je m'y trouverais bien. J'ai alors rejoint le centre le plus dur qui existait à l'époque.

La Ferme de Champagne avait des allures de pensionnat du siècle dernier, avec quatre ou cinq corps de bâtiment. Avant d'être un centre d'éducation fermé pour jeunes délinquants (CEF), ça avait été une prison. Les couloirs desservaient des cellules qui tenaient lieu de chambres. Ils avaient cassé deux cellules au centre du couloir pour y installer des baby-foots, histoire que ça ressemble plus à un « centre de vie ». Le réfectoire se trouvait en sous-sol, ajoutant du mal-être à des repas déjà bien compliqués à gérer.

J'ai vécu au sein du centre, avec les pensionnaires ; j'y avais ma chambre. Toutes les nuits, des incidents, des gamins qui se rendaient d'un bâtiment à l'autre pour dealer, se battre. On me réveillait pour intervenir dans les dortoirs, à 2 heures, à 3 heures du matin.

Un soir, des jeunes extérieurs au centre ont tenté d'y pénétrer, une histoire de racket. J'étais en train de les chasser sur le parking de l'établissement lorsque j'ai entendu l'un d'eux lancer : « Tu vas voir, on va te descendre… » Juste le temps de m'accroupir derrière ma voiture au moment où les balles ont fusé et les vitres du véhicule ont explosé les unes après les autres.

Une autre fois, c'est un gamin qui s'est fait poignarder dans un couloir sous mes yeux. Pour neutraliser celui qui tenait le couteau, je me suis retrouvé à lui casser une chaise sur la tête.

Gérer sa peur, redoubler d'autorité pour freiner l'escalade de la violence. Ne pas lâcher malgré la pensée qui me traversait parfois : « Qu'est-ce que je fous là ? » Se raccrocher aux moments de joie, de partage, pour chasser les doutes.

À l'époque, la méthode pédagogique commençait à évoluer. On laissait entrer plus de permissivité. Certains éducateurs remettaient en question le fait de punir, d'engueuler. J'entendais un nouveau discours chez certains collègues, qui ne me plaisait pas plus que ça : « Oui, mais tu comprends, il a été martyrisé… » OK, ça expliquait, mais ça n'excusait pas celui qui te prenait pour un con, te marchait dessus, ne te respectait pas, qui se dispensait de faire les activités inscrites dans son parcours alors qu'on les avait validées ensemble. Un enfant ne se construit-il pas aussi quand on lui dit non ? Je n'étais pas pour l'autorité à tous crins, mais je la pensais nécessaire. Je croyais en une forme de contrat social.

En moi, il y avait toujours l'envie d'aider ces jeunes mais une lueur dans leur existence était de plus en plus difficile à entrevoir.

À Savigny, ils avaient des profs, on leur enseignait les maths, la géo, la mécanique, l'électricité. Mais ils n'en avaient rien à faire de leur CAP. En 1979, le courage politique avait déjà déserté les banlieues, on avait tout loupé. Les conditions de vie de ces gamins étaient catastrophiques, les parents vite dépassés, et le trafic de drogue offrait une perspective séduisante. Alors pourquoi se tuer au travail pour gagner trois cents balles quand ils pouvaient se faire beaucoup plus ?

Pour moi, il n'y avait que l'humain et le cadre qui pouvaient encore les sauver, alors c'est ce que j'ai continué à faire. Être présent à leurs côtés, dans un dialogue simple et direct, pas besoin de grands mots. « OK, mais ça va durer combien de temps, selon toi, tout ça ? » tentais-je régulièrement de leur opposer pour les bousculer un peu dans ces entêtements.

C'était la première fois que je vivais à « Paris ». Savigny, ce n'était pourtant pas Paris. D'ailleurs, la capitale, je n'y mettais jamais vraiment les pieds. Mais je les associais. Quand je redescendais à Nîmes certains week-ends, je confiais à ma mère : « Cette ville me sort par les yeux ! »

Au bout de deux ans, j'ai senti que je ne pouvais plus rester, je devais bouger. Mais c'était sans compter sur le fait que l'Éducation surveillée ne me proposait pas d'autre poste, notamment dans le Sud. J'ai donc fait une demande de mise en disponibilité qui m'a donné la possibilité de conserver mon statut durant deux ans. Je suis retourné dans le Gard et, comme j'avais toujours envie d'aider les jeunes, j'ai postulé dans la région. Rapidement, un pensionnat de Nîmes, administré par des religieuses, m'a ouvert ses portes.

L'institut Marie-Thérèse accueillait entre 150 et 170 jeunes filles, toutes placées ici par le juge des enfants. Au gré des fugues et des placements, je prenais en charge un groupe d'une dizaine voire d'une quinzaine d'entre elles, âgées de 13 à 16 ans. On les scolarisait dans des établissements extérieurs, charge à moi de les accompagner sur le plan des études, mais aussi pour les sorties, l'aspect personnel, le psychologique. En gros, de jouer le père de substitution. D'autant qu'en dehors d'un autre collègue éducateur, j'étais le seul homme de l'encadrement.

Beaucoup de ces jeunes filles étaient là après des expériences de prostitution, drogue ou les deux. Avec les mauvaises rencontres que cela pouvait engendrer. Un jour, l'une d'elles m'a appelé. Elle venait d'être placée, comme cela peut arriver, dans un studio en ville. Elle n'allait pas bien, son copain l'avait quittée, elle se sentait déprimée… Je m'y suis rendu dans l'après-midi avec mon collègue. Devant l'appartement, j'ai frappé à la porte, pas de réponse. Inquiet, j'ai insisté. Dans le couloir, j'ai vu s'avancer vers nous deux hommes. Ils tenaient des battes de base-ball. Le temps de comprendre que c'était un guet-apens, mon collègue a déguerpi et je me suis pris la rouste de ma vie.

Quand vous êtes pratiquement le seul à incarner une forme d'autorité masculine, que vous n'avez que quelques années de plus, provocation et jalousie rôdent en permanence dans les couloirs. Le seul coup de couteau que j'ai reçu de ma carrière, c'était à l'institut Marie-Thérèse, et par-derrière. La fille me l'a planté dans l'épaule. Une profonde fatigue s'est alors abattue sur moi. Les doutes ont resurgi.

Je ne ménageais pourtant pas ma peine, jonglant avec les 3-8 – de 6 heures à 14 heures, de 14 heures à 22 heures, ou encore la nuit, à partir de 22 heures. Quand la fin de semaine arrivait, il y avait les matchs, les entraînements. Le RC Nîmes venait de passer en première division, je commençais à jouer à un plus haut niveau. Progressivement, le rugby m'a attiré vers autre chose.

De cette expérience, la dernière, la plus terrible, qui s'est achevée au bout de deux ans, je n'ai voulu garder que le meilleur. Je me suis éclaté dans l'accompagnement des jeunes, je savais ce que je pouvais leur apporter. Ça n'était pas qu'altruiste, ça me valorisait aussi. Je savais également que même si j'abandonnais, je ne les lâcherais jamais, que je garderais un lien fort avec ce milieu.

2020

Recettes, dépenses... et imprévu

Les recettes

Le résultat positif potentiel de l'aventure va intégralement financer la promotion et le développement du rugby en France et dans ses territoires, point inscrit à l'article 6.1 de la convention constitutive du comité d'organisation. Les bénéfices ne servent pas des actionnaires ou ne contribuent pas à faire fonctionner une structure, ils permettront de développer des projets. 70 % du boni de liquidation sera orienté vers la FFR et ses organes déconcentrés – ligues régionales, comités départementaux, clubs amateurs et professionnels – et 30 % vers les collectivités hôtes en lien avec un club de rugby.

Le process d'attribution est rigoureux : le projet est étudié et analysé par le comité Héritage, avec un avis rendu par le comité d'éthique du GIP et enfin une validation par le conseil d'administration à la majorité des deux tiers, ce qui suppose que la FFR et l'État soient d'accord. Avec ce boni, il s'agit d'accompagner le développement de projets en faveur de la pratique du rugby : achat de matériel pour les clubs amateurs, promotion du rugby féminin, pratique en milieu scolaire, rénovation de stades, aide au handicap, création ou pérennisation d'emplois au service des clubs amateurs.

En outre, l'État, via l'Agence nationale du sport (ANS), apporte son soutien au programme « Héritage France 2023 », notamment à travers un fonds de 5 millions d'euros de crédits d'investissement et 14,4 millions d'euros de crédits d'intervention. Ces derniers contribueront à la pérennisation de 400 contrats d'apprentis, à raison de 12 000 euros par an par emploi pendant trois ans.

Mais, pour reprendre l'expression favorite de mon grand-père Marius, « il ne faut pas mettre la charrue avant les bœufs », nous allons faire en sorte de ne pas dépenser le boni de liquidation avant de l'avoir acquis. Nous construisons donc une stratégie financière particulièrement ambitieuse et pragmatique, autour de trois axes : la billetterie, le sponsoring, le programme voyage et hospitalités.

La billetterie est un droit de France 2023 et, surtout, représente sa principale source de revenus : 80 % de ses recettes. Avec un nombre total de billets à vendre de 2,5 millions. Mais le challenge ne s'arrête pas là car les recettes liées à la vente doivent être en phase avec les recettes posées dans le budget prévisionnel. Pour donner une idée de ce challenge : en Angleterre, pour la CDM 2015, le nombre total de billets à vendre était de 2,4 millions et les recettes s'étaient élevées à 260 millions d'euros. Pour cette CDM 2023, les recettes nécessaires pour équilibrer notre budget doivent être de 373 millions d'euros, avec un objectif officiel de 94 % de ventes, et tout cela, évidemment, sans que le prix facial ne constitue un obstacle à l'achat. L'équation n'est pas simple.

Dès le départ, nous avons pris le parti de développer notre propre outil de vente de billets et de gérer en direct notre plateforme de vente, hébergée en France, sans passer par un distributeur. Nous avons investi 9 millions d'euros pour créer ce système directement interfacé avec des outils gérant des bases de données. Or, selon le contrat signé entre RWCL et le

GIP, ces données sont la propriété de ce dernier, et cruciales pour augmenter cette valeur commerciale. Elles permettent de connaître ses clients et/ou prospects, également de les segmenter en créant des clusters d'audience pertinents, par habitude de consommation, par motivation pour les achats, par sexe… Détenir ces bases de données, c'est générer également de l'engagement et transformer les actions en transaction, c'est conquérir et séduire les audiences dans une expérience événementielle totale, en engageant les marques annonceurs dans la marque événement.

Nous avons ainsi constitué une base de données de 1,2 million de membres, appelée « Famille 2023 » (50 % de moins de 40 ans, 80 % d'hommes, 55 % d'acheteurs français provenant de 223 pays, 45 % d'étrangers) ; ils seront les prospects privilégiés. Parallèlement, nous avons élaboré des tarifs accessibles, moins chers que ceux de la CDM 2019 ou de l'Euro 2016 (ex : packs à 30 euros pour 2 matchs), des offres multiples (pack ville, pack équipe, billets à l'unité, etc.) et des services proposés (paiement en trois fois, paiement partagé, délai de 48 heures…)

Ces stratégies vont s'avérer payantes puisqu'elles nous permettront de battre des records de vente à chaque phase d'ouverture de la billetterie : 100 % des ventes réalisées en respectivement huit et cinq heures sur les deux premières phases, 250 000 connexions dont 150 000 à l'ouverture des ventes et des pics de vente de 4 000 billets par minute.

Pour le sponsoring, notre ambition est dès le début de construire un programme innovant par rapport aux programmes commerciaux traditionnels. Il repose sur un engagement réciproque de responsabilités et pas seulement de notoriété, les acteurs apportant une valeur ajoutée dans la livraison et la promotion de l'événement.

Nous avons réalisé des études préalables avec des agences reconnues sur le marché pour évaluer le coût de ces programmes de partenariats, des prix cohérents et conformes au marché, puis nous avons proposé une pyramide solidaire et organisée autour de partenaires majeurs, l'ensemble des partenaires ayant des droits mondiaux d'exploitation et d'activation de leur partenariat.

L'une de nos fiertés est de pouvoir s'appuyer principalement sur des sociétés françaises, avec notamment huit sponsors français au premier rang.

L'ensemble des démarches commerciales, à une ou deux exceptions près, sont conduites en interne sans faire appel à quelque agence extérieure, ce qui nous permet d'économiser les commissions habituellement versées à ces tiers.

Les recettes associées au programme de sponsoring sont de 85 millions d'euros pour un objectif prévisionnel de 65 millions d'euros et des droits d'achats de 35 millions d'euros.

Dans le cadre du dossier de candidature, nous avions pris la décision d'acheter les droits commerciaux associés au programme hospitalités et voyages pour 82 millions d'euros. Cette valeur d'achat nous avait permis notamment de faire la différence en matière de proposition financière globale par rapport à nos concurrents irlandais et sud-africains.

Pour le programme voyages, après une consultation, nous désignons un opérateur international, Couleur Voyage, qui en devient le détenteur exclusif des droits. Il verse au GIP un droit de 20 millions d'euros pour un achat de 225 000 billets et a l'obligation de faire un appel à concurrence au niveau international pour agréer des agences dans tous les pays participants ou non à la Coupe du monde. Ce sont 24 agences de voyages officielles dans le monde et plus de 40 sous-agents couvrant tous les continents et les pays de tradition rugby, et même la Chine et les États-Unis ! Au mois de juin 2021, Couleur Voyage rachètera quasiment 80 000 billets supplémentaires, portant le nombre de billets vendus par ces agences de voyages à près de 300 000.

Les hospitalités, quant à elles, sont souvent méconnues du grand public car elles sont réservées aux entreprises privées voulant profiter de la notoriété de l'événement et de son attractivité pour inviter des clients, des collaborateurs ou partenaires. Les autres clients sont les partenaires commerciaux qui vont profiter de leur association à la Coupe du monde pour valoriser leur engagement.

Ce droit permet d'acheter un billet associé à une prestation haut de gamme : voies réservées, accréditations, accès VIP, salon ou loge, accueil par des hôtes et hôtesses, places réservées, repas, cadeau… Une expérience immersive où les invités découvrent l'ambiance rugby et l'excellence culinaire française, et qui représente 300 000 billets dont 277 000 packs à commercialiser : 210 000 pour les entreprises privées, 67 000 pour les partenaires.

Pour la commercialisation du programme, nous optons pour une solution mixte en s'appuyant sur des agences spécialisées, des opérateurs des stades concernés par l'accueil des matchs et des ventes directes managées par une équipe de commerciaux internes.

Pour la production des prestations intégrées dans le programme, nous choisissons des opérateurs locaux avec un cahier des charges qui prévoit une obligation de se fournir en produits locaux et de choisir un chef cuisinier par stade.

Les dépenses

Rappelons qu'en vertu des règles posées par la fédération internationale pour notre candidature, le GIP a dû lui garantir des recettes directes de 285 millions d'euros et, selon les standards de notre contrat, la capacité à payer les frais d'organisation à hauteur de 236 millions d'euros. Autant dire, un beau chèque en blanc ! La prudence extrême dans les dépenses et la fermeté dans les négociations sont donc de mise pour s'assurer les recettes escomptées. Et, dans ce domaine-là, je ne transige pas, je peux même être jusqu'au-boutiste. Car, en face de nous, nous avons les meilleurs gâcheurs de fête qui soient. J'ai nommé : Rugby World Cup !

En 2018, le rapport de l'inspection des finances sur notre dossier de candidature pointait la tendance croissante des grandes fédérations sportives mondiales à exiger toujours plus sur le plan financier, précisant : « La fédération World Rugby n'assume aucun risque ni charge, mais est assurée de recevoir une redevance très significative pour le droit d'organiser le tournoi... »

Ceci nous amène à avoir des discussions extrêmement tendues avec RWCL tout au long du processus, la fédération internationale exigeant en permanence de la part du GIP qu'il assume toutes les dépenses, y compris celles qui ne sont pas clairement identifiées dans le contrat d'organisation ou qui relèvent d'ambitions démesurées de la part de certains de leurs directeurs exécutifs, à commencer par Alan Gilpin et son agent de liaison français, Michel Poussau. Ces demandes viennent évidemment faire porter un risque sur le résultat et je veux garder en tête la protection des intérêts du GIP. Intérêts qui seront ceux, je le rappelle, du rugby français. Je m'oppose donc régulièrement à RWCL sur des dépenses supplémentaires exigées dans une interprétation anglo-saxonne du contrat d'organisation. Le diable se cache dans l'absence de détails. Nos principaux domaines d'accrochage sont le sponsorship et autres sujets commerciaux, la billetterie et les hospitalités, les équipes et services rugby, les services du tournoi, les médias, la production TV.

Concernant cette dernière, justement. Précisons en préambule que les recettes issues de la vente des droits TV reviennent directement et en totalité à RWCL. Les coûts de production restent à la charge de RWCL mais la mise à disposition des infrastructures et les services associés doivent être assumés par France 2023, tout comme les diminutions de recettes qu'entraînent les billets invendables, du fait par exemple de la position des caméras.

Après la CDM 2019 au Japon, RWCL revient vers nous avec un plan de production TV qui prévoit plus de trente caméras sur chaque match diffusé, quel que soit le niveau sportif et attractif de la rencontre. Sur un événement comme le tournoi des Six Nations, c'est une vingtaine. On fait rapidement le calcul : l'impact de ce plan de production va diminuer les recettes de la billetterie de 6 millions d'euros !

Autre sujet de bagarre, le coût de l'hébergement exigé pour les quinze à vingt membres de leur conseil d'administration : des suites en hôtel 5 étoiles pour un séjour de 52 jours. L'addition s'élève à 300 000 euros, sans garantie qu'elles soient occupées. Ou encore les demandes irrationnelles, et irresponsables, de voitures et chauffeurs à disposition 24 h/24, 7 j/7.

Nos désaccords portent également sur les dépenses imputables à RWCL, notamment sur le choix des prestataires qui vont livrer l'événement et la priorité que je souhaite donner aux entreprises françaises. Avec le manque d'expérience de la fédération japonaise dans l'organisation de la dernière édition, les principaux cadres de RWCL en avaient profité pour prendre le pouvoir sur la livraison de l'événement et imposer des sociétés amies impliquées de longue date dans les Coupes du monde, aux quatre coins du globe : TBA pour les prestations en relations publiques, Aggreko pour les groupes électrogènes ou encore CSM pour les aménagements. J'agite devant leurs yeux le code français de la commande publique.

J'ai en face de moi une fédération internationale dont les seules visées sont de se garantir des conditions de confort optimales, de renforcer sa position et de favoriser son réseau. Pour comparaison, le budget du Japon avait atteint 494 millions de dollars pour les seuls frais d'organisation, contre environ 227 millions de dollars (210 millions d'euros) pour France 2023, comme un écho aux risques révélés par le rapport de l'inspection des finances. Et, au sein du GIP, aucun autre membre de l'équipe ne se réclame d'une expérience de Coupe de monde lui permettant de tenir tête à RWCL, notamment en matière de négociations financières.

Je ne me fais pas que des amis.

Août 2020
36 heures au 36

Ce matin-là, je pars sans rien.

Ce matin-là, je dis à ma femme : « Ne compte pas me revoir ce soir, j'y suis pour un moment. Et ne t'inquiète pas parce que là où je suis, je ne risque rien. » Je l'enlace, enfile mes boots et passe la porte.

Ce matin-là, je ne me rends pas au GIP, j'ai rendez-vous au 36 rue du Bastion, dans le 17e arrondissement de Paris.

Ce matin-là, je sais que nous serons au moins cinq : Mohed Altrad, Bernard Laporte, Serge Simon, Nicolas Hourquet et moi.

Nous sommes convoqués à 9 heures dans les bureaux de la brigade financière, dans le cadre d'une enquête préliminaire.

Selon les avocats de Bernard et Serge, ce sera un interrogatoire à la journée. Pour mon avocate, elle en est sûre, ça va être une garde à vue ; le manque d'objectivité dans la façon dont le parquet national financier enquête depuis le début le lui laisse présager. J'en ai fait part aux autres mais personne ne m'a vraiment écouté.

Alors pour ma part, ce matin-là, je choisis de me fier à mon intuition, et à mon avocate. Je fais l'impasse sur mes atours habituels : pas de bague, pas de montre, pas de ceinture, et des chaussures sans lacets.

Je joue au cow-boy, me direz-vous, du genre rodé à l'exercice ? En omettant le fait que je ne m'en mène pas large depuis deux jours pour cette première, je pourrais vous dire sur un ton désinvolte : « C'est une expérience à vivre. »

Je prends une profonde inspiration en arrivant à la porte de Clichy, une lente expiration au moment de passer les contrôles de police et j'entre.

Mon avocate m'attend dans le hall. Je la rejoins et nous patientons dans une petite salle d'attente. Mon avocate essaie de me détendre, le cœur, lui, n'y est pas.

Une femme apparaît sur le seuil, qui nous invite à la suivre. Nous entrons avec elle dans un bureau. La policière s'installe et nous désigne deux chaises face à elle. Mon regard se pose sur les notes de service collées au mur dans son dos, sur l'affiche qui prévient des conséquences d'un faux témoignage.

« Monsieur Atcher, je vous informe officiellement que nous vous plaçons en garde à vue. »

Nous y voilà ! Je confie donc tous mes objets personnels. Puis nous redescendons au rez-de-chaussée, dans une petite salle où là il n'y a plus rien aux murs. L'audition commence.

Au bout de deux heures de questions-réponses, on m'annonce qu'on va me mettre en cellule pendant une heure et que l'on reprendra après. Cellule, audition, cellule, audition. La journée se passe ainsi, rythmée par les interrogatoires en présence de mon avocate. À midi, un repas m'est servi en cellule par un passe-plat, mais ce n'est vraiment pas le jour où j'ai envie de ripailler.

Au fait, coupable de quoi ? Parce que pour la grande majorité, quand on est sous le feu de la justice, c'est qu'on est coupable, non ?

Dix-sept fois – j'ai compté – dix-sept fois j'ai posé la question : « Dites-moi, s'il vous plaît, pourquoi je suis là, dites-moi ce que vous me reprochez. À part le fait que le jour où vous avez lancé l'enquête et tapé les mots clés "Claude Atcher" dans les ordinateurs de la FFR, vous avez trouvé de nombreuses occurrences. En dehors de ça, c'est quoi le sujet, pourquoi je suis là, madame, s'il vous plaît ? » Pas de réponse.

C'est à moi de répondre aux questions, sur les dates et les lieux. Je pourrais vous dire qu'à un moment il a été question de valises de billets, celles qu'on aurait embarquées dans notre périple pour « acheter » la Coupe du monde. Les policiers font preuve de beaucoup d'imagination… Je me suis demandé s'ils n'avaient pas plutôt envie de faire une petite virée à Oulan-Bator.

La policière m'annonce une dernière série de questions qui nous mène jusque vers 19 heures.

Et maintenant ? On aimerait savoir si je peux rentrer chez moi pour la nuit. M. Atcher habite à Paris, à un quart d'heure des bureaux de la Brigade, soyez assuré qu'il peut se présenter demain matin dès 7 h 30 : c'est en substance ce que mon avocate aura fait valoir auprès du substitut du procureur.

En attendant la réponse, je suis invité à retourner en cellule. Au moment de sortir du bureau de la policière, j'aperçois Bernard dans celui d'en face. Nos regards se croisent, il sourit. L'art de détendre l'atmosphère. C'est qu'il a le cuir épais, le Bernard ! Il me fait des signes, du genre « Tout va bien, on va rentrer à la maison ».

Eh non ! Le procureur vient de transmettre sa décision : cette nuit, on dort tous en cellule. Je n'avais pourtant pas prévu de m'envoler pour Caracas !

Me voilà coupé du monde, de ma famille, de mon téléphone, étendu sur une couchette au bruyant revêtement plastique.

Je ne vous ai pas encore parlé de ma cellule ? Elle est comme dans un film, sordide et sale, avec un trou au fond de la pièce en guise de toilettes.

Longue traversée, tous feux allumés, grand moment de solitude. Et c'est sans compter sur les autres prévenus que j'entends crier, pleurer, s'engueuler. Je suis à la cour des miracles.

Eh oui, le grand gaillard que je suis se sent bien vulnérable à cet instant, plus du tout maître de ce qu'il fait, de ce qu'il est.

Je gamberge. J'essaie de comprendre les réelles motivations de la situation dans laquelle je me trouve. On est un an et demi après la première perquisition. Si jamais on avait voulu maquiller des preuves, se parler ou tourner la vérité différemment, on en avait très largement le temps. Pourquoi alors nous retrouvons-nous en garde à vue ?

Je pense à ma fille, à ma femme, l'avocate a dû l'appeler. Je souris en l'imaginant lui dire : « Ne l'attendez pas, il passe la nuit là-bas, mais ne vous en faites pas, tout se passe bien. Il est solide, il ne leur fait pas passer un bon moment… » Je pense à demain où j'aurais dû faire partie du déplacement en Corse pour l'organisation. Tout le monde va se demander où je suis. J'ai prévenu Hugues Esquerre, mon numéro deux : « Pendant deux jours, c'est toi qui vas prendre la main sur le comité. » Qu'est-ce qu'ils vont tous penser ?

À 5 heures du matin, on tape à la porte. À travers la vitre, j'aperçois trois policiers.

Ils entrent et me disent : « Vous allez nous suivre, on va vous accompagner au tribunal. » Je m'exclame : « Au tribunal ? » Et eux de me répondre : « On fait ce qu'on nous dit. »

Je sors de cellule. Dans le couloir, ils me font mettre les mains dans le dos et me menottent.

OK, ils font leur boulot. Je ne vais pas faire le malin. Mais intérieurement je bous. Qu'est-ce que j'ai fait ? Où je suis, là, où je vais ?

On entre dans l'ascenseur.

La brigade financière communique directement avec le tribunal ; pas besoin de sortir, c'est déjà ça de pris.

Deux étages plus haut, on sort de la cabine pour s'engager dans un couloir, j'avance, mains menottées, deux agents dans mon dos, le troisième devant.

On n'a pas fait une cinquantaine de mètres que le policier placé en tête de mon escorte s'immobilise et se penche sur la feuille qu'il tient dans sa main.

« Oh putain, les gars, on s'est trompés de détenu ! » annonce-t-il.

Quel choc ! Se tromper de détenu, c'est possible, ça ? Là, je viens de vivre une humiliation intégrale.

Retour en cellule.

Puis l'audition reprend. Mon avocate et moi faisons part à l'enquêtrice de ce qui vient de se produire ; elle semble sincèrement incrédule. Je demande que l'épisode soit consigné par écrit au procureur.

Bon, j'avoue… Ce que j'ai pu les emmerder avec mon histoire de médecin ! Mais que voulez-vous ? Je suis un challenger, moi, on ne se refait pas.

Je m'étais préparé à l'éventualité d'une garde à vue, j'avais donc sur moi deux comprimés de Doliprane et ceux que je prends pour mes problèmes de glycémie. Arrivé sur place, je m'entends dire : « On ne peut pas vous les laisser, on ne sait pas si c'est de la drogue. » Des cachets qui sont encore dans leur emballage ? Alors, chaque fois que j'en ai eu marre, j'ai dit : « Je ne me sens pas bien, je veux voir un docteur. » Et cette demande entraîne systématiquement une réquisition du procureur pour autoriser sa venue. Ça prend un peu de temps tout ça. OK, j'ai dû le faire quatre, allez, cinq fois. Mais c'était la seule façon de pouvoir prendre mes médicaments ! Et de ne rien lâcher, émotionnellement parlant.

Il est 18 heures quand on me notifie que l'audition touche à sa fin et que je vais pouvoir rentrer chez moi.

Mais une dizaine de caméramen font le piquet devant la brigade financière. Il y a mieux comme sortie discrète !

Les policiers nous proposent de passer par un parking souterrain qui atterrit dans une rue à l'arrière du bâtiment.

Le taxi nous y attend, je m'engouffre dans le véhicule avec mon avocate, veste sur la tête. Un film, je vous dis !

Ensuite, je suis censé retrouver une vie normale, mes fonctions de directeur du GIP. « Attends, 36 heures en garde en vue, il a dû forcément faire des conneries… »

« Bernie »

Je ne renierai rien de mes relations avec lui.

Avec sa petite tête, ses lunettes rondes et ses yeux malicieux, on croirait un personnage tout droit sorti d'une bande dessinée de Hergé. Mâtiné de Michel Audiard dans sa façon de parler, ses expressions populaires, sa gouaille bien trempée, ses coups de gueule. Avec lui, pas de faux-semblants, il est franc et nature. Bernard Laporte, on l'aime ou on le déteste.

J'ai une trop grande estime de ce que peut être l'amitié pour le considérer comme un ami, mais j'ai un profond respect pour lui.

Bernard est avant tout un amoureux du rugby qui consacre sa vie à cette passion. Un homme de terrain qui connaît la nature du jeu sur le plan sportif et son évolution mieux que personne. Il a été champion de France en 1991, puis entraîneur et sélectionneur avec à son actif de belles victoires, avec un charisme certain aussi, capable de manager des joueurs, de gérer à la fois les ego, les blessures, les remplaçants. C'est un empirique qui parfois a du mal à conceptualiser ses idées et à les mettre en mots mais qui, lorsqu'il entre dans une salle, capte immédiatement l'attention avec un discours souvent spontané, voire provocateur.

Et j'ai été là pour l'aider à structurer cette vision, à la projeter dans des ambitions politiques, que ce soit pour la FFR ou plus tard pour World Rugby. C'est le rôle que j'ai joué auprès de lui. Ni plus ni moins.

Avant 2015, on ne fait que se croiser ou se saluer, pas de discussion approfondie. Je ne le connaissais pas encore que je voulais déjà lui casser la gueule. Façon de parler, hein ? Mais j'étais très remonté contre lui depuis le 7 septembre 2007 : il nous avait foutu la Coupe du monde en l'air !

À l'époque, je suis directeur de tournoi pour la Coupe du monde 2007, aux côtés d'Étienne Thobois et de Bernard Lapasset, et lui, le sélectionneur du XV de France. Il se prépare également à être nommé ministre par Nicolas Sarkozy. Et pour marcher dans les pas de son mentor, lui prend l'idée de motiver ses joueurs, en leur lisant la lettre de Guy Môquet. Les Bleus s'apprêtent à entrer dans la compétition, c'est l'ouverture de la Coupe du monde, une confrontation cruciale contre l'Argentine. Bernard les rassemble donc à l'hôtel avant de se rendre au stade et leur déclame la lettre que ce jeune garçon de 17 ans a adressée à ses parents en octobre 1941, alors qu'il s'apprête à être fusillé. La pire idée, oui ! Plutôt que de les embarquer, ça les mortifie. L'arrière Clément Poitreneaud se met à pleurer. La France perd son premier match. À trois heures du matin, cette nuit-là, je suis encore au Stade de France avec Bernard Lapasset et lui lance : « Il nous a flingué la Coupe du monde ! Si je le croise... »

Bon, il s'avère que c'est faux, parce que dès le lendemain, à Marseille, je prends toute la mesure de l'engouement que génère cette Coupe du monde, je sais qu'elle vivra sans l'équipe de France, s'il le faut. Mais le premier match du pays organisateur, quand même...

Fin 2015, c'est Serge Simon qui m'amène à lui.

Serge est un ancien joueur de rugby, et un brillant médecin généraliste qui s'est beaucoup investi dans la création d'un service dédié au suivi des sportifs en phase de reconversion. Nous nous retrouvons chaque mois pour un repas à l'Hippopotamus de l'Arc de Triomphe. L'occasion « thérapeutique » de parler avec un ami, en toute sincérité, de nos vies de couple, de nos enfants, de nos problématiques de travail. Nous évoquons parfois notre regret de ne pouvoir s'engager plus dans le rugby français, nous nourrissons les mêmes visions et ambitions pour ce sport, nous sommes inquiets de constater que la fédération fait face à une certaine déroute sous la présidence de Pierre Camou.

Ce jour-là, Serge me confie qu'il a décidé de s'engager aux côtés de Bernard Laporte dans la campagne à la présidence de la FFR. Pour lui, le rugby va dans le mur et Bernard est la seule réponse pour redresser la situation. Avec Michel Tachdjian, il est convaincu que je suis la personne qui pourrait contribuer à le faire élire, notamment par mes qualités relationnelles et ma connaissance des clubs. J'accepte de rencontrer Bernard à Carqueiranne, près de Toulon, à l'occasion d'un déjeuner qui se fera en présence de Serge et de Henri Mondino, président du comité Côte d'Azur. Je m'en souviens comme si c'était hier, c'était un jour de tempête. Je ne sais si cette météo était annonciatrice des temps qui suivraient cette rencontre...

Mon courroux pour 2007, il n'y coupe pas ! Une fois ça exprimé, le repas se déroule dans un échange de franche camaraderie : l'esprit rugby, encore et toujours. Il me fait part de ses projets et de sa vision que je découvre en accord avec les valeurs que je défends.

À l'époque, je suis installé en Asie. Je vais devoir sauter d'avion en avion pour concilier mes activités à Singapour, la préparation de la CDM au Japon et celle de cette élection… Néanmoins, j'accepte de l'accompagner.

À la question simple de Bernard, « Comment on va s'y prendre ? », je réponds avec la même simplicité : « On va tout reprendre de zéro. » Réflexion, bon sens et travail.

De longues heures sont consacrées à analyser les enjeux et à identifier les éléments qui pourraient nous mener à la victoire. La tâche devant nous est monumentale, avec deux défis à relever. Le premier est d'aller à la rencontre des clubs pour entendre leurs préoccupations. Le second est de convaincre ces 1 900 potentiels votants de se libérer du joug du système des prédécesseurs, peu démocratique et verrouillé, sur fond de copinage et de magouilles, et d'aller exercer pleinement leur droit de vote quand leur état d'esprit est plutôt à la résignation.

Bernard se lance dans une opération de porte-à-porte, n'organisant pas moins de cent vingt réunions avec les clubs. En parallèle, nous mettons en place des référents dans chaque club. Je passe des mois, jour et nuit, à recruter des gens fiables pour nous faire remonter les tendances par le biais de sondages et nous constituer ainsi des bases de données précieuses. Les outils de la société Spallian qui analysent les résultats nous donnent de premiers repères (« favorable », « défavorable », « neutre ») et une excellente connaissance de l'écosystème. Nous découvrons à cette occasion que l'insatisfaction des clubs vis-à-vis de la gouvernance en place est de l'ordre de 80 %.

En tête du mécontentement, le projet démesuré de Grand Stade dont la construction est prévue à Évry, dans le sud de la région parisienne. Une installation dédiée certes au rugby mais à quarante kilomètres de la capitale, sans parler des parkings envisagés à plus d'un kilomètre du stade parce que le site, un ancien hippodrome, est une zone protégée. Un projet qui bénéficie du soutien de Manuel Valls, maire de la ville et Premier ministre à l'époque, mais que la Cour des comptes dézingue dans son rapport, alertant sur son manque de rentabilité. Bref, un investissement financier de 600 millions d'euros, en passe de finir à 750 millions et de mettre la FFR sur la paille. Les clubs sont affolés des conséquences désastreuses pour le rugby amateur. Pas question de laisser faire. Notre première mission est de les rasséréner en leur promettant un changement et des solutions à venir.

Faisant fi des études qui démontrent qu'une prise de pouvoir sur la gouvernance en place est quasi impossible, nous établissons donc un programme de 32 réformes au plus près des problématiques quotidiennes des clubs dans leur gestion, qu'elles soient d'ordre financier, structurel, opérationnel ou juridique. Tous les domaines sont concernés : le rugby amateur, l'équipe de France, le pôle Espoirs. Pour ce dernier, l'idée de la FFR avait été en effet de rassembler à Marcoussis les meilleurs jeunes joueurs, ceux en devenir. Ils se retrouvaient ainsi pensionnaires toute l'année au Centre national de rugby, y faisant leurs études tout en bénéficiant d'une préparation physique et d'entraînements. Le vendredi, ils redescendaient chez eux pour jouer dans leurs clubs. Ça n'a jamais marché : aucun joueur de très haut niveau n'est sorti de ce pôle Espoirs. Pour Bernard, c'est une connerie.

Tous les coups sont permis dans cette campagne, une vraie démonstration de muscles, où les candidats se lancent piques et attaques. Personne ne se rate.

La veille du vote, le président Camou rassemble les présidents des comités régionaux à Marcoussis dans une réunion orchestrée par son soutien, Florian Grill. Ils comptent les voix et les procurations en leur possession. Dans le plus grand déni, ils s'annoncent vainqueurs avec 57 %.

Contre toute attente, la liste de Bernard l'emporte le 3 décembre 2016 avec 52 % des voix. Fini le projet du Grand Stade !

Et fini le pôle Espoirs. Dès son arrivée à la présidence, il est supprimé. Les jeunes retournent dans leur région respective, auprès de leur famille et de leur club, les entraîneurs sont alors plus enclins à les laisser disputer des matchs, leur permettant de côtoyer des joueurs de haut niveau et donc de vraiment progresser… Et l'intuition du nouveau président est la bonne : la France se retrouvera championne du monde des moins de 20 ans, trois fois de suite.

La progression du rugby français, on la lui doit, hissant notre sport au niveau de celui des plus grandes nations. Durant son mandat, son soutien aux clubs amateurs sera sans faille, partant tous les week-ends à leur rencontre, leur permettant de se développer financièrement et sportivement. Il portera également une attention particulière à la formation des jeunes joueurs en créant des écoles de rugby partout en France. Son engagement a d'ailleurs porté ses fruits puisque le nombre de licenciés n'a cessé d'augmenter, dépassant même les 300 000 en 2020. Il veillera aussi à renforcer les liens avec les autres fédérations à travers le monde. Et son implication dans l'organisation de la Coupe du monde 2023 sera totale, veillant à la mise en place des meilleures infrastructures, à la sécurité des joueurs et des spectateurs, promouvant la compétition à l'international, insufflant une nouvelle dynamique à ce sport qui lui tient tant à cœur, et ce malgré les critiques dont il aura été la cible.

Et moi, le 4 décembre 2016, j'ai prévu de rentrer à Singapour. Mais c'est sans compter sur l'annonce choc de Bernard de me nommer pilote de la candidature de la France à l'accueil de la Coupe du monde !

Dans une forme de loyauté et avec une certaine affection pour le personnage, j'accepte donc de le suivre dans cette nouvelle mission, sans concertation mais non sans être flatté.

Ça aura un prix. Outre la préparation de la CDM du Japon prévue en 2019, j'avais acheté un événement du circuit international, le HSBC Singapore Rugby Seven, avec une étape de ce tournoi à livrer en mars 2017, parallèlement au pilotage de la candidature de la France. Je livre à Singapour au prix d'incessants allers-retours entre les deux continents et d'une gymnastique épuisante (journées à rallonge, distance, décalage horaire…). Il faut préciser ici que le gouvernement singapourien impose d'être actionnaire d'un tournoi – je l'étais à 60 % – pour en être le directeur, fonction qui s'avère de plus en plus incompatible avec la mission que vient de me confier Bernard. Je suis obligé de faire un choix : je revends donc en urgence ma participation au Rugby Seven, autant dire pour trois fois rien, afin de me consacrer pleinement au dossier de candidature de la France. J'y perds beaucoup d'argent et impose à ma famille un nouveau changement de vie.

Bernard est un homme de terrain, la paperasse c'est moins son truc, donc il me fait toute confiance pour le pilotage de la candidature de la France, notamment sur les volets technique et financier. Je monte alors une équipe et je peux dire qu'il ne met pas le nez dans le dossier avant son impression… Sur la garantie et la proposition financière, en revanche, on se partage la tâche. Il se charge de présenter et défendre notre dossier auprès du comité directeur de la FFR pour le faire valider et, pour la garantie de l'État, on part tous les deux à la bagarre avec la Banque de France, la Caisse des dépôts et consignations et la Société Générale. Et nous validons ensemble tous les documents. Pour la partie lobbying, Bernard me suit dans le choix des pays que je lui propose de rencontrer et de convaincre, et ce tour du monde, nous le faisons aussi ensemble, avec sa façon tout à lui de s'impliquer. À l'image de cette étape à Medellín, où nous sommes reçus dans le contexte de l'année de l'amitié franco-colombienne. Passion en poche et contre l'avis des autorités, qui finissent par accepter de nous escorter dans les hauteurs de la ville, il entreprend une séance d'entraînement avec une dizaine de jeunes sur le terrain vague d'une favela, puis anime le lendemain une rencontre avec les éducateurs de la fédération colombienne !

En août 2017, nous sommes à Miami, au beau milieu de ce tour des fédérations, quand le *JDD* publie ses révélations. Notamment celle que Bernard Laporte a signé avec Mohed Altrad un contrat, à titre personnel, d'une valeur de 150 000 euros pour participer à des séminaires et céder son image. Je n'étais pas au courant et c'est le début d'un calvaire qui va durer quatre ans et demi. L'affaire Altrad-Laporte devient l'affaire de la Coupe du monde, et me voilà embarqué dans cette histoire.

À l'issue du procès qui se déroulera du 7 au 22 septembre 2022, je suis relaxé mais, dans l'intervalle, je vis deux perquisitions, une garde à vue, et quatre ans et demi d'attaques médiatiques.

De cette période qui court de 2017 à 2022, je n'ai rien à cacher de mes relations avec Bernard, elles sont essentiellement professionnelles, et on est loin de limiter nos échanges. Nous discutons beaucoup de la préparation de la CDM, de ses enjeux. Nos conversations tournent aussi autour du fonctionnement de la fédération, de l'impact de l'événement sur elle, souvent du rugby sur le plan international puisque je l'aide dans sa campagne à la présidence des Six Nations, puis à la vice-présidence de World Rugby. Nos sujets les plus « privés », l'équipe de France et les joueurs, relèvent en bref de notre monde commun. Et nous n'évoquons pas ses relations avec Altrad, ça le regarde, il a fait une connerie, il le sait, je le lui ai dit et je ne vais pas le lui répéter vingt fois, c'est un grand garçon.

Bernard est informé de tout ce qui se passe au comité d'organisation et siège au conseil d'administration. Je sollicite régulièrement sa présence, son soutien lors de réunions, notamment avec les sponsors. Il se rend au GIP une à deux fois par semaine, saluant employés et directeurs fonctionnels ; il est certainement celui de la FFR qui a le plus de relations avec mes collaborateurs.

Aussi, quand paraît l'article de *L'Équipe* le 22 juin 2022, est-il comme moi estomaqué par la violence de l'attaque et des faits qui y sont décrits.

Entre le 22 juin et le mois d'août, période où les articles ne cessent de tomber, je continue d'exercer mon mandat sans qu'il y ait remise en cause de ma position. Puis survient l'attaque directe du ministère en août, et cette volonté de me mettre à l'écart, le temps du procès Altrad-Laporte qui aura lieu en septembre. Je demande à être reçu par Amélie Oudéa-Castéra, la nouvelle ministre des Sports, mais elle refuse. Durant les négociations de mes avocats concernant l'avenant suspensif à mon contrat de travail que la ministre veut me faire signer, je discute avec Bernard de la façon dont on peut sortir de cette situation. Je le sens décidé à ne pas laisser Oudéa-Castéra déstabiliser le GIP, à rappeler que la FFR en est l'actionnaire majoritaire.

Le 29 août, la ministre a le rapport du comité d'éthique entre les mains depuis quinze jours et réunit dans ses locaux Bernard Laporte, le préfet Michel Cadot, Jacques Rivoal, président du GIP, et Didier Seminet comme représentant du Comité national olympique et sportif français. Le soir même, je suis mis à pied à titre conservatoire.

Que s'est-il passé pour que la position de Bernard se soit considérablement affaiblie vis-à-vis de celle de la ministre, quand dix jours auparavant il était prêt à convoquer un comité directeur de la fédération pour voter une motion de confiance à mon égard ?

Serait-ce l'approche du procès ? Inquiet et stressé par son issue, Bernard aurait cédé à la pression, choisissant de ne pas s'opposer à la ministre, tout au moins de laisser faire ? Plus on tape sur moi, plus je suis exposé dans les médias, moins il est dans la lumière et plus il a de chances de passer au travers. La nature humaine peut parfois être cynique. C'est sans compter qu'en validant mon éviction, il signe en fait la première étape de sa propre « mise à mort ».

2021

La vie à la Mutualité

La phase de planification stratégique a duré entre six et huit mois, période durant laquelle nous avons posé tous les enjeux et la vision. Nous sommes entrés dans la planification fonctionnelle, étape de la préparation où, dans chaque domaine, nous devons identifier les projets, les sous-projets, les tâches et les mettre en face de chaque échéance.

La trentaine de collaborateurs qui me suit jusque-là commence à recruter les forces vives qui vont venir gonfler chacune des directions fonctionnelles.

Nous troquons notre bureau de l'avenue du Coq, dans le 9e arrondissement de Paris, pour deux étages à la Maison de la Mutualité, en plein cœur du Quartier latin. Derrière la façade art déco, murs blancs et moquette rase... Une décoration de bureau somme toute très classique. En sortant de l'ascenseur, après un petit sas où trônent deux fauteuils, on entre dans notre open space de 300 m², autour d'un patio. Les grandes baies nous offrent une vue de Paris à 360°. Pas d'odeur particulière, sinon celle du café.

L'open space, ce n'est pas idéal pour la confidentialité et la discrétion, mais ce choix de lieu n'en était pas un. Une opportunité s'est présentée, nous l'avons saisie.

Au plus fort des effectifs, en avril-mai 2022, nous serons entre 40 et 45 par étage. Le sixième héberge, d'un côté, la partie IT & télécoms, les serveurs informatiques, l'équipe de sécurité, la direction fonctionnelle des relations aux équipes et des opérations, de l'autre, toute l'équipe billetterie. Au fond, le GIE en charge des hospitalités et une grande salle de réunion. Au huitième, se trouvent la direction Campus 2023, les ressources humaines, l'administration, les finances, les moyens généraux, la RSE, la communication, mon cabinet. Dans le coin sud-est, le bureau du directeur général, le seul, je l'avoue, à bénéficier d'un espace fermé et d'une vue sur le Panthéon ! Une petite cuisine à chaque étage qui sert surtout pour les pauses café.

Le quartier offre une multitude de petits restaurants. Mon directeur général adjoint, Hugues Esquerre, s'est chargé de passer un accord avec l'un des restaurateurs. Moyennant un loyer mensuel de 2 500 euros, il nous réserve l'étage complet de son établissement pour permettre aux salariés soit d'y manger le plat du jour, soit de rapporter leur propre déjeuner. Malgré l'interdiction de manger dans les bureaux, il n'est pas rare que j'en retrouve attablés à leur bureau. Ça fait l'objet de plaisanteries entre nous. Moi : « On a fait voter des trucs pour ne pas manger au bureau, et en fait, tout le monde mange au bureau ! » Eux de répondre : « Non mais, Claude, tu comprends, je suis en retard… » Et finalement on se retrouve à quatre ou cinq à engloutir sandwich ou salade sur ma table de réunion. C'est l'occasion de parler sport, rugby, équipe de France, un peu de faits de société… On aborde quand même beaucoup le boulot. Ça tourne autour de l'événement qu'on prépare, de la vision, de là où on veut aller. Je les sens aussi plutôt demandeurs d'entendre mon histoire, notamment en tant que joueur.

En dehors de ces impromptus, j'ai commencé à mettre en place des déjeuners mensuels dans un restaurant du quartier, auxquels je convie à chaque fois dix collaborateurs que ma cheffe de cabinet, Marie Houzot, se charge de contacter dans tous les services. On commence par faire un tour de table où chacun se présente, s'ensuit une discussion libre pour que tous puissent poser des questions sur la direction, le management, les orientations, la stratégie. Je les sens ravis.

À la Mutualité, on ne porte pas la cravate, tout le monde est en jean. Si je ne suis pas en représentation ou qu'un rendez-vous extérieur n'est pas au programme, je fais comme tout le monde. Lorsque j'arrive au bureau, je me fais un principe de les saluer tous et d'en faire de même le soir. Pour parfaire cette ambiance « sport », il y a toujours un ballon de rugby qui circule au milieu.

Il arrive que ma femme passe nous voir au bureau, accompagnée de notre petite tornade. Notre fille de 6 ans est devenue la mascotte, courant de bureau en bureau, saluant chacun : « Bonjour ! Moi, c'est L. Il est où le bureau de mon papa ? » Et elle sait qu'avant d'entrer dans le « bureau de son papa », Marie Houzot a toujours des bonbons dans son placard.

Pas de pointeuse. Les arrivées s'échelonnent entre 8 heures et 10 heures et les salariés quittent le bureau entre 18 h 30 et 20 heures, parfois 21 heures. Le fonctionnement est assez souple, je ne contrôle jamais les heures de travail. À partir du moment où j'ai la garantie que les échéances, la qualité du travail, les objectifs et les consignes des directeurs sont respectés, je laisse chacun s'organiser comme il l'entend.

Pour ma part, je suis un gros travailleur, c'est dans mon ADN. Si je n'ai pas de déplacement en province, ce qui m'arrive fréquemment avec la création de nos antennes dans chaque ville d'accueil, je suis à la Mutualité dès 7 heures. Certains collaborateurs ont pris l'habitude d'être au bureau à cette heure-là aussi, pour profiter de ces moments essentiels de calme et de réflexion sur un certain nombre de sujets.

J'ai conscience d'embarquer indéniablement des gens avec moi dans une forme importante d'engagement.

J'ai en tête 2007, le même événement, le même pays, quatorze ans auparavant. Les collaborateurs étaient sortis de cette aventure avec des étoiles dans les yeux. On avait construit un grand rendez-vous.

On part de zéro pour livrer une Coupe du monde qui sera regardée par 2 milliards de téléspectateurs et 2,5 millions de spectateurs. C'est unique en termes de construction, d'enjeu, d'environnement et d'aventure humaine, des liens très forts se nouent avec chacun. Viendra le moment où nous serons tous débordés, où il faudra que tout le monde mette la main à la pâte, où l'on y passera parfois des soirées, des nuits, avec commande générale de pizzas ! Solidarité. Et ça marche.

Je dis toujours aux équipes, lorsqu'un nouveau projet commence : « Ce sera l'une de vos plus belles aventures professionnelles, profitez-en chaque jour, parce que le jour où l'événement démarre, c'est déjà fini. Et vous aurez très peu d'occasions de vivre ce genre d'aventure ailleurs que dans la préparation de grands événements. »

Il est vrai que le Covid est passé par là, le télétravail est entré dans notre quotidien, les bureaux ont été désertés un temps ; pour certains collaborateurs ça a été plus compliqué de revenir, surtout pour la nouvelle génération. Certains ont vécu les premiers confinements dans 20 m². Ils ont ensuite connu de meilleures conditions de vie en retournant dans leur famille, souvent en province, bénéficiant de plus grands espaces, et ça a conduit à modifier leur rapport au travail ; je les sens parfois moins enclins à remettre les pieds au bureau. Avec le recul, je crois que le confinement et la pandémie ont eu une incidence sur l'état d'esprit et l'optimisme des collaborateurs, mais notre métier et nos objectifs ne souffraient pas de doutes.

Dans l'organisation d'un grand événement sportif, on a besoin d'interagir, de se parler dans une forme d'immédiateté. Il n'y a pas une seule pièce de ce puzzle qui ne soit pas liée aux autres. Faire équipe physiquement dans un même lieu permet un partage d'information spontané et précieux. S'en priver peut même être préjudiciable dans cette course contre la montre. Je m'aperçois que le télétravail défait cette cohésion, complique tout.

Parmi les objectifs personnels que je me suis fixés, il y a assurément celui de transmettre. Avec trente-cinq ans de métier, une carrière qui m'a emmené dans des pays parfois très différents, j'ai envie de livrer à mes collaborateurs un maximum de clés et d'outils qui leur permettront, s'ils le souhaitent, de pouvoir se construire un savoir-faire, une expérience de ce métier. J'ai donc choisi d'embaucher une majorité de jeunes.

Il y a des jours où je me dis qu'il me manquerait trois ou quatre *middle managers*, pour le pilotage, la communication. Mais, entre nos grilles de rémunérations et ceux qui ont de l'expérience et souhaitent 15 000 euros par mois, l'équation n'est pas simple.

Au fur et à mesure de cette construction dont je suis garant de la vision globale, je forme et donne les instructions à mes équipes. La première : pas une seule discussion bilatérale entre les gens RWCL et nous sans que je sois au courant. Ça peut paraître « ayatollah » sauf que je les connais par cœur ; ils embrouillent tout le monde pour tirer des accords à leur bénéfice et au détriment du comité d'organisation.

La huitième semaine supplémentaire de compétition a été convenue de concert avec eux. Caser 48 matchs dans sept semaines, voilà un véritable casse-tête ! Mais j'adore l'exercice. On doit établir un calendrier équilibré et bien accepté en tenant compte de critères essentiels : les déplacements des équipes, les temps de repos entre chaque match, la qualité du calendrier dans chaque ville. Sauf que dès qu'on bouge une case, tout est à refaire. On collabore avec RWCL dans cette construction, avec l'assistance d'une société canadienne et de son logiciel. J'interviens beaucoup, je dois me bagarrer avec RWCL parce que je tiens à ce que les grandes équipes – la France, la Nouvelle-Zélande, l'Australie, l'Afrique du Sud – se déplacent, que chaque ville d'accueil puisse être satisfaite de ses affiches. On identifie les enjeux, on bouge les dates, les équipes… Et d'un coup, ça y est, on a trouvé la bonne combinaison ! On soumet à RWCL qui trouve à redire et on recommence tout, ça dure des mois.

Mais à la fin nous parvenons à un calendrier qui offre à chaque ville un voire deux matchs de qualité. Je suis tellement fier que je fais le déplacement dans chacune d'entre elles pour leur annoncer le programme. Pas une ville qui ne nous félicite pas.

À l'image de Nice et de la confrontation Angleterre-Japon, match qualificatif de la poule au plus gros enjeu. Avec le débarquement assuré d'une colonie de supporters anglais. À Paris, nous pourrions vendre 80 000 billets alors qu'à Nice la capacité du stade n'est que de 36 000. Ça m'a valu quelques accrochages avec mon responsable billetterie qui me prenait pour un fou. Mais c'est pourtant la seule ville où les acheteurs de billets étrangers auront été plus nombreux que les acheteurs français. Un Français se déplace en moyenne 1,5 jour par match quand un étranger passe trois ou quatre jours sur place. Valoriser le calendrier de Nice a un impact économique direct pour la collectivité : hôtellerie, restauration, musées… Sans parler que les Anglais viennent souvent à dix. Idem pour les All Blacks et leur match à Toulouse. Avec cette équipe, nous sommes assurés de remplir le stade. Il n'est certes que de 32 000 places mais cela dynamise le calendrier de la ville avec des effets collatéraux positifs, parfois supérieurs à ceux du Stade de France.

Une rencontre en particulier mobilise l'attention des médias, le premier match de la compétition, celui d'ouverture. Au tirage au sort, la Nouvelle-Zélande est dans la poule de la France. Mon réflexe est de dire : « Le premier match de la Coupe du monde, c'est France-Nouvelle-Zélande ! » Nouveaux accrochages avec mon responsable billetterie – mais on se connaît depuis 2007, il a l'habitude de nos désaccords. « Claude, tu déconnes complètement ! » Pour lui, avec la cérémonie d'ouverture et la France qui joue, ça suffit à remplir le Stade, quelle que soit l'équipe qui joue en face. Pourtant, une affiche comme celle-là... Le match le plus prestigieux si ce n'est la finale. Ça lance la Coupe du monde, ça marque les esprits et ça ruisselle ensuite sur toute la compétition. On se fâche sévère parce que je n'en démords pas.

La culture rugby est certes plus grande en France qu'au Japon mais, lorsque j'y étais pour l'organisation de la CDM 2019, le premier match de la compétition était Japon-Russie. Dans un stade qui faisait 65 000 places, il n'y avait que 40 000 spectateurs. Je ne peux pas nous imaginer commencer la Coupe du monde avec un stade qui n'est pas plein. À l'heure où je rédige ces lignes, je sais que l'impact du match d'ouverture a été colossal. Avec 17 millions de téléspectateurs.

J'ai des partis pris et je passe du temps à expliquer mes décisions. Je suis direct dans la parole et, je ne le cache pas, je parle fort. Certains moments sont délicats, on peut ne pas être d'accord, mais à la fin c'est moi qui tranche.

Parce que j'ai eu la chance de livrer une Coupe du monde quelques années auparavant, je n'hésite pas à leur dire quand je sais que ça ne part pas dans la bonne direction : « Attention, les gars, je sais ce qu'il faut faire. » Je ne dis pas ça pour faire le malin mais pour leur faire gagner du temps, et en faire gagner au GIP.

En réunion, il m'arrive d'avoir des attitudes théâtrales parce que c'est aussi de la négo, ça fait partie du métier, oui, j'ai pu bluffer aussi dans certaines circonstances. C'est un des outils à disposition pour avoir des résultats.

Dieu sait comme j'ai pu ronger mon frein au Japon, plus d'une fois parce que je ne comprenais pas leur façon de travailler et que je n'acceptais pas le fait qu'ils n'adhèrent pas à ce que je leur proposais. Mais j'ai appris la patience avec eux. En Tunisie ou en Italie, les règles étaient loin d'être aussi rigoureuses, mais j'ai toujours su mettre de l'eau dans mon vin.

Sans compter que, régulièrement, on me rappelle : « Attention, M. Atcher, c'est l'image de la France, vous tenez entre vos mains un événement qui va impacter l'image du pays. »

Nouvel imprévu

Hugues Esquerre occupe au sein du GIP le poste de directeur fonctionnel des ressources humaines, des finances, du juridique et de l'administration. Il se montre un collaborateur pertinent et performant, j'apprécie sa rigueur et sa capacité de travail. Précédemment au poste d'inspecteur général des finances et détaché au comité d'organisation, l'homme connaît parfaitement les rouages de l'État que pour ma part je redécouvre, mes quinze années de missions à l'étranger m'en ayant quelque peu éloigné. En outre, pour 2007, j'étais administrateur du tournoi, j'avais en charge toute la partie livraison de la CDM et j'avais un directeur général en la personne d'Étienne Thobois qui assurait ce genre de relations. Pour 2023, ma place dans l'échiquier a changé, je délègue donc à Hugues un ensemble de responsabilités. En somme, c'est un bras droit sur lequel je peux m'appuyer.

Fin 2021, ma cheffe de cabinet m'alerte. Une jeune femme du service juridique vient de lui confier qu'elle est victime de harcèlement sexuel de la part de Hugues Esquerre.

Ces allégations portées à ma connaissance, je lui demande immédiatement de contacter les référents internes en charge de la lutte contre les discriminations et le harcèlement. Pour ma part, je transmets les documents pertinents (SMS et e-mails) et une note personnelle de description des faits à deux avocats sélectionnés par le GIP, spécialisés en droit pénal et droit social, pour qu'ils qualifient les faits. Leur retour est sans appel.

Voici quelques extraits du témoignage rédigé par la victime qui, maman d'une fillette et en plein divorce, s'est tue pendant des mois par peur de perdre son emploi :

« Je dois me montrer extrêmement ferme pour qu'il ne le fasse pas. Il recommence les caresses dans le dos, me prend la main, j'ai envie de le gifler. Il le sent et me dit que j'ai intérêt à être gentille et sous-entend toujours que c'est lui qui décidera de mon avenir au sein du GIP et qu'il est le seul à pouvoir décider de mon augmentation. »

« Il me dit des trucs horribles sur des filles du boulot mais je ne peux pas le froisser alors je ne dis rien. Il me dit que C. a une petite jupe et qu'elle doit être bonne au pieu. Il me dit que Ca. a mis sa tenue avec pancarte "défonce-moi" alors qu'elle avait juste un jean noir près du corps. Que N. a de gros atouts. »

« Il fait des commentaires sur toutes les filles du GIP, particulièrement Cb., Cd., N., Cc... Il me dit que C. est "sexuelle", qu'elle le "met dans tous ses états", que moi par contre je n'attire pas les mecs. Je n'ai pas le physique d'une fille qu'on a envie de baiser... j'ai envie de le gifler. »

« Et puis un soir il me menace en me disant que là j'ai la garde de ma fille mais que ça pourrait ne pas durer, qu'il connaît du monde et que la situation pourra vite se retourner. »

« En plus, je ne peux rien dire car Claude a été tellement compréhensif, j'ai quitté Paris du jour au lendemain et je n'ai pas

mis les pieds au bureau du 12 mai au 21 juin, mais il m'a gardée et soutenue, si on parle on va dire que j'attire les emmerdes. »

« Je ne dis rien. J'ai trop besoin de mon boulot, je ne peux pas prendre de risque. Et il le sait. »

Il m'avait été rapporté des propos qu'il pouvait tenir, que l'on pourrait qualifier de racistes ou d'homophobes. Dans des discussions informelles, le soir, autour d'un verre, je l'avais alerté : « Hugues, fais attention, tu ne peux pas dire ça ». Sans que j'en sois témoin, son attitude avec les femmes pouvait être équivoque. Mais ces agissements-là, je ne les ai pas vus.

Père de quatre enfants, l'homme ne m'apparaissait pas comme un coureur de jupons. À tort. En dehors de réflexions « de comptoir », je n'identifiais pas chez lui ce comportement qu'on me décrivait.

Parallèlement au retour sans ambiguïté des avocats, les deux référents reviennent pour m'alerter sur le fait qu'elle est très perturbée et qu'elle a peur.

Nous sommes vendredi et je décide de convoquer Hugues Esquerre dès le lundi suivant. Je sollicite en tant que témoin et assermenté la présence du directeur de la sécurité et commissaire divisionnaire. Nous le recevons tous deux le lundi, dans la matinée.

Au début, il avance : « Non, mais c'est une amourette, Claude, c'est pas grave, c'est consenti entre deux personnes ! »

Je lui rétorque qu'avec les éléments en ma possession je ne peux pas imaginer que ce soit consenti, et lui fais part du fait que je suis très ennuyé parce que je considère que c'est du harcèlement sexuel.

Réponse de l'intéressé : « Mais non, ce n'est pas du harcèlement, on ne va pas en faire toute une histoire... »

Et moi : « Écoute, ma philosophie, ma culture, mon histoire font que je ne peux pas laisser passer ça. »

Et il continue, suggérant qu'on mette ça sous le tapis et qu'on n'en parle plus.

À ce moment-là, le directeur de la sécurité intervient : « Écoute-moi. J'ai vu tous les éléments et lu tous les documents. Je suis policier. Si elle porte plainte, dans quatre heures tu es en garde à vue et potentiellement, dans vingt-quatre heures, on te met sous les écrous. C'est moi qui te le dis. »

Le masque finit par tomber : « OK, j'ai compris... Je ne veux pas de scandale, pas d'esclandre. On est lundi matin. D'ici ce soir, je propose un avenant pour mettre un terme à mon contrat de travail et à mon détachement. »

Je réfléchis.

Je pourrais le licencier pour faute grave et du coup porter le sujet publiquement, tout au moins en interne.

Mais je ne vais pas le faire, pour deux raisons.

Un, pour protéger cette jeune femme qui m'avait confié être dans un divorce très compliqué, avec un mari en prise avec la justice et une enquête des services sociaux et du juge aux affaires familiales. « Claude, surtout, qu'il n'y ait pas de vagues parce que je sais que mon mari va s'en servir pour essayer de me nuire et m'empêcher d'avoir la garde totale de ma fille. »

Deux, pour qu'il y ait le moins d'écho possible en interne. Dans le cas d'un licenciement pour faute grave, il y aurait enquête, tout le monde serait interrogé, cela risquerait de perturber le fonctionnement du GIP.

Je réponds à Hugues : « OK. Mais je ne veux pas que tu restes au bureau. »

Je le mets donc à pied, on se revoit le soir pour mettre fin à son contrat du travail, il quitte définitivement l'entreprise.

Malgré ce départ discret, certaines collaboratrices viennent me voir : « Merci, c'est la preuve qu'on est protégées. »

Nous sommes en novembre 2021, je me retrouve du jour au lendemain en prise directe avec tous ses interlocuteurs : directeur financier, directrice RH, directeur juridique. Je dois piloter les trois sans l'autorité hiérarchique qui centralisait ces sujets pour moi. Nous nous apprêtons à entrer dans la troisième phase de planification opérationnelle, la gestion de la compétition dans les différents stades et une montée toujours plus forte des effectifs. Dans cette course contre la montre, je dois absolument trouver un remplaçant.

J'identifie rapidement une hypothèse de recrutement : un jeune homme qui occupe depuis trois ans un poste de directeur délégué en charge du développement des revenus et des compétences au sein de la direction générale de la FFR. Il connaît donc le monde du rugby et la fédération, il est en relation avec nous dans le cadre de l'organisation de la Coupe du monde… On va donc gagner du temps en l'intégrant à ce poste !

Ce n'est que le début des emmerdes.

Boussole

Au cœur du parc naturel des Grands Causses, le village aveyronnais de Sauclières est construit à flanc de colline. Lorsque l'on s'éloigne un peu de son église, de sa fontaine et de sa vieille halle, l'on trouve tout autour plusieurs hameaux où vivent des familles installées depuis des décennies.

Tout près de là, le paisible lieu-dit de La Combe est en ébullition.

En ce jour de décembre 1955, un enfant du pays vient à naître. Sur la table de la ferme familiale, dans l'odeur mêlée de foin et de brebis, il donne bien du mal à sa mère. Il est déjà costaud ! Lorsqu'il sort enfin, il ne pleure pas, il ne crie pas. Tout le monde est inquiet. Alors la grand-mère s'approche. Elle en impose, Augustine, elle sait ce qu'il faut faire. Une goutte de rhum et hop ! l'enfant se met enfin à pleurer. Et il vient de faire connaissance avec sa marraine.

Pour l'occasion, Marius est venu de Saint-Jean-du-Bruel, à six kilomètres au nord. Il félicite sa fille qui vient de donner naissance à son premier petit-fils. Et l'enfant rencontre son parrain.

On ne lui présente pas tout de suite son père, il est en route. Après avoir passé le concours des PTT, il travaille dorénavant à Lyon. C'est un crève-cœur pour lui de vivre si loin de cette terre à laquelle il est tant attaché. Bientôt, dans un an et demi, sa femme et son fils le rejoindront enfin.

***

Des paysages cévenols de mon enfance je retiens la nature à perte de vue, vallonnée de petites et moyennes montagnes sous un ciel méditerranéen. Une terre un peu sauvage et austère, où les paysages automnaux, quelquefois rigoureux, entre chênes verts et châtaigniers, nous rappellent que seule la nature peut dicter et imposer sa loi. Un pays rude où l'on travaille le lait de brebis, le roquefort, la pierre, et où l'on ne se plaint jamais.

C'est aussi le berceau de nombreux combattants où se sont jouées par le passé des guerres sans merci, entre Massif central et mont Lozère ! Là, au XVIIIe siècle, des paysans et artisans cévenols, sans aucune formation militaire, ont mis en échec les troupes de Louis XIV, l'une des meilleures armées d'Europe ! Ici on résiste, on se bat depuis toujours pour ses droits. Pays du schiste, du camisard, il a abrité de nombreux résistants lors des deux dernières guerres.

Et c'est un peu devenu le village Atcher ! Du maire aux conseillers municipaux en passant par le propriétaire du bar ou celui de la carrière, tous sont des cousins ou des membres de la famille.

Ma vie a commencé ici, dans la région de mes ancêtres, à cheval entre deux cultures : les Cévennes à l'est, le Larzac à l'ouest. Je suis d'une famille de paysans chez qui le travail de la terre fertilise le cœur et l'esprit. Un environnement qui m'a construit, même lorsque mon père, aîné d'une fratrie de sept enfants, a dû se résoudre à quitter la ferme dont les revenus ne permettaient plus de nourrir tout ce petit monde.

Lorsque ma mère et moi l'avons rejoint à Lyon, je n'avais pas deux ans. La crise immobilière sévissant, la communauté Emmaüs s'était chargée de nous y trouver un logement. Puis, rapidement, la mutation de mon père à Nîmes nous a rapprochés des Cévennes, nous permettant d'y retourner pendant les vacances et les week-ends, et moi de retrouver ainsi mes repères fondateurs. À commencer par mon grand-père maternel, Marius, celui que l'on surnommait « le sage des Cévennes ».

Ce petit homme, béret vissé sur la tête, qui avait eu une vie de besogne à casser du caillou sur les routes, m'a tout de suite pris sous son aile. J'étais son premier petit-fils et il avait eu deux filles.

Lors de nos interminables balades autour de son village, Saint-Jean-du-Bruel, je lui demandais de me faire le récit de ses exploits pendant la Première Guerre mondiale, comme sa remontée du Chemin des Dames à cheval. Il me transmettait l'envie de toujours se battre pour ce qui tient à cœur. Je buvais ses paroles, d'autant qu'elles pouvaient être rares.

Marius m'embarquait aussi pour ses parties de chasse dans les montagnes. Il ne chassait que le lièvre, pas plus de deux ou trois par saison. Avec ses chiens, nous partions de la maison dès 4 heures du matin pour être sur les cimes au lever du soleil. Nous prenions notre petit déjeuner une fois arrivés au sommet, face à l'immensité des paysages environnants.

Le reste du temps, mon grand-père le passait à travailler ses arpents de vigne, arracher les mauvaises herbes. Il me montrait comment faire, je l'accompagnais le temps de quelques coups de pioche, puis je m'asseyais à côté de lui et l'observais ainsi pendant des heures. Il parlait peu. Jusqu'à ce que la cloche sonne midi, qu'il sorte de son silence pour lancer invariablement : « Ça y est, c'est l'heure de manger la soupe ! » Parfois la seule phrase de la matinée.

Il avait pourtant beaucoup d'anecdotes à raconter. Il connaissait la nature, les chemins, les champignons à cueillir ou pas, le bon moment pour planter… On le respectait beaucoup pour son savoir ; les gens venaient chercher ses sages conseils. Et ça me rendait fier. Au contact de cet homme d'une grande modestie, toujours avenant et heureux d'aider les autres, je découvrais des valeurs telles que la générosité et la bienveillance. Savoir écouter, parlementer, négocier, surtout aller au bout de ses croyances et tenir parole.

Le soir, nous nous retrouvions devant la cheminée pour ouvrir les châtaignes avant de les griller au feu de bois.

Du côté de Sauclières et de mes grands-parents paternels, chacun et chacune travaillaient à faire fonctionner la ferme. On produisait quelques céréales, élevait les brebis dont le lait serait récolté par la coopérative de Roquefort. Comme des dizaines d'agriculteurs autour, c'était l'activité principale. On vivait très simplement, parfois dans un certain dénuement. Jeune mariée installée dans sa belle-famille, ma mère se consacrait aussi à des travaux de couture pour compléter les revenus. Proche, la ville de Millau était l'un des fleurons de la fabrication des gants en cuir, ses manufactures sous-traitaient régulièrement les tâches auprès des familles d'agriculteurs de la région. Les gants cousus étaient ensuite renvoyés à l'usine pour leur finition. Ma grand-mère Augustine faisait tourner la maison d'une main de fer. Une référence en matière de respect et d'autorité. Grande taille, fort caractère… Je dois tenir d'elle !

Puis est arrivé le moment où, malgré l'ardeur que tous mettaient à subvenir aux besoins de cette grande famille, cela n'a plus suffi. Poussé par cette nécessité, mon père a passé le concours des PTT et pris son premier poste de facteur à Lyon. Les racines sont un socle dont il est difficile de s'extraire. Il l'a vécu comme un déchirement dont je n'ai pris conscience que bien plus tard – jamais il ne s'est plaint. Et ce fut pour lui comme un soulagement d'obtenir sa mutation à Nîmes. Nous pouvions ainsi rejoindre cette terre d'attachement plus fréquemment. Pas forcément plus facilement : dans les premiers temps de leur mariage, mon père ne possédait pas encore de voiture, nous prenions le train de Nîmes jusqu'au Vigan, de là un bus jusqu'à Saint-Jean-de-Bruel, puis Sauclières... Toute une épopée !

Quelques années après notre départ, la ferme devra être quand même vendue, les frères et sœurs de mon père trouvant d'autres terres à cultiver ou choisissant la bergerie, l'une devenant institutrice, un autre passant le concours des impôts... Beaucoup n'ont pas quitté la région.

Des sacrifices qu'exige une vie de paysan, mon père a tiré une phénoménale propension à l'effort. Il ne pouvait pas ne pas travailler. Le matin, il partait de la maison dès 5 heures pour sa levée de 6 heures. De retour en début d'après-midi, il filait rejoindre le jardin ouvrier pour, tel un retour aux sources, cultiver son potager jusqu'à 9 heures du soir. Le week-end, il enchaînait avec la distribution de prospectus publicitaires pour compléter nos revenus. Sans compter son investissement dans le syndicalisme et la lutte contre les injustices qu'il y a menée. Cet homme qui est resté ouvrier toute sa vie respectait profondément les valeurs de la république et m'aura laissé en héritage un enseignement : la demi-mesure n'a pas sa place dans l'existence.

À ses côtés, il y avait ma mère qui toute sa vie s'est occupée de ma sœur et de moi. Un schéma certes traditionnel mais c'était une femme de caractère, travailleuse, très aimante avec nous, attachée à se cultiver et à nous accompagner sur ce chemin.

Aujourd'hui, Marius et Augustine nous ont quittés, mes parents aussi. J'aurais aimé que dans ces derniers instants ma mère n'ait pas à s'inquiéter de ce que j'aille en prison comme les journaux le lui laissaient croire. Il me reste de chacun des images d'une grande simplicité, celles qui ont bercé mes jeunes années, et leurs valeurs : travail, honnêteté, rigueur, mais aussi bienveillance, écoute, respect, entraide. Elles sont gravées en moi et me montrent le chemin telle une boussole.

2022

« Anatomie d'une chute »

Janvier 2022

L'année commence par une douloureuse épreuve. Mon papa décède le 8 janvier. Il était fatigué et malade, mais sa mort est brutale. Y précèdent et s'ensuivent de nombreux allers-retours à Nîmes, pour prendre le temps de m'occuper de ma mère qui se retrouve subitement seule.

Cet événement m'ébranle profondément à un moment où, sur le plan professionnel, je me sens déjà déstabilisé par le départ précipité en novembre dernier de mon directeur général adjoint, la charge supplémentaire de travail que cela entraîne et l'urgence de trouver quelqu'un pour le remplacer.

Le candidat pressenti, venu de la FFR, a fait ses premiers pas sur la moquette rase de la Mutualité le 3 janvier. Nous sommes maintenant en ordre de marche avec un effectif de près de deux cents salariés, Julien Collette doit être opérationnel le plus rapidement possible.

Sonne pour nous un nouveau changement d'organisation, le lancement de la troisième phase de préparation de la Coupe du monde, dite de planification opérationnelle. Durant la phase fonctionnelle que nous avons bouclée à 85 % en décembre, nous avons identifié les besoins et missions, par projets, pour livrer cette CDM. C'est dorénavant la période de livraison de la compétition dans les différents stades. Au fur et à mesure que nous allons avancer dans les sept cycles qui composent cette étape, nous aurons une meilleure visibilité sur les budgets à mettre à disposition des directeurs de site. Les acteurs restent les mêmes mais avec une méthodologie différente ; le mode de fonctionnement change et les responsabilités de chacun des directeurs de site aussi.

Nous allons identifier tous les besoins pour chaque site par rapport au programme mis en place dans la phase précédente : ce sera, dans le cycle 1, le nombre de chaises, de tables, de cloisons, etc. Puis, lors du cycle 2, le nombre de ressources humaines nécessaires. Ensuite, le cycle 3 se consacrera à la partie informatique/technologie, le suivant à la communication, et ainsi de suite. Jusqu'à nous mener en mai-juin 2023 pour la phase de déploiement. Chacun des directeurs aura fait une analyse précise, challengée et validée de ses besoins.

***

La pandémie commence à être derrière nous et la mesure qui rendait le télétravail obligatoire s'apprête à être levée par le gouvernement, le 2 février.

Ce qui est plutôt pour me rassurer à pratiquement dix-huit mois de l'événement ; j'ai vraiment besoin que tout le monde soit là. Nous revenons alors à la charte de télétravail qui avait été mise en place en 2019, juste avant le Covid.

Ce changement de règles s'accompagne d'un dialogue avec les délégués du personnel qui se passe plus ou moins bien, une partie des salariés, notamment les 20-25 ans, revendiquant le télétravail comme un droit. Mon analyse, comme je l'ai évoqué précédemment, est que ce n'est ni efficace ni probant dans le cadre de notre mission, la proximité et les interactions entre les directions fonctionnelles étant primordiales. Je maintiens donc ma décision non sans quelques crispations.

Février 2022

Nous apprenons que Bernard Laporte est renvoyé au tribunal correctionnel. Tout comme Mohed Altrad et Serge Simon. Moi, non.

Nouvelle perturbation néanmoins puisque la presse se saisit du sujet. C'est devenu systématique : quand elle parle de Laporte, elle parle d'Atcher. Pour *L'Équipe*, je suis dorénavant le meilleur compagnon de Bernard pour faire feu de tout bois.

Fin décembre 2021, le procureur avait pourtant rendu un rapport dans lequel il disait que Claude Atcher n'avait rien à voir dans l'affaire Altrad-Laporte. Je suis donc, à ce moment-là, plutôt serein quant à mon implication dans ce procès.

Mais le procureur revient vers mon avocate avec l'intention de peut-être finalement m'emmener au procès. Selon lui, il y a des sujets sur lesquels il peut y avoir suspicion d'infractions. Les soupçons portent sur abus de bien social, abus de confiance et travail dissimulé.

J'ai plutôt une forte capacité à supporter la pression mais là, ça vient un peu plus me perturber et me fragiliser. Je vais passer beaucoup de temps durant ce mois de février, puis mars, puis avril, à rassembler avec mon avocate des dizaines de documents qui concernent la gestion de la société de marketing sportif Score XV, dont je n'étais même pas le gérant.

Avec une inquiétude sourde : celle d'être renvoyé au tribunal correctionnel. D'aucuns, qui connaissent mieux que moi le fonctionnement la justice, m'expliquent que le procureur cherche certainement à faire un procès médiatique ;

me renvoyer pourrait être une façon pour lui de mobiliser l'attention des médias.

Pendant ce temps, au GIP, je signe une convention avec le Premier ministre sur le schéma directeur de la sécurité, pour le compte de Gérald Darmanin et du ministère de l'Intérieur.

Mars 2022

Un fait notable au sein du GIP, dont je situe le début en janvier ou février 2022. La directrice des ressources humaines, Sophie Coste, et Julien Collette m'informent que la jeune femme qui nous avait alertés sur des faits de harcèlement ne veut pas signer son nouveau contrat. Elle vient en effet d'intégrer la direction des affaires juridiques après une première expérience au sein de la planification, mais refuse de signer son avenant avec revalorisation de salaire et un titre spécifique de responsable au sein de l'équipe juridique.

Je décide de la recevoir et elle m'en explique la raison : Hugues lui avait fait miroiter le poste de directrice juridique. Je suis quelque peu étonné et lui dis : « Mais tu n'as pas l'impression que tout ça, cette promesse, c'est un peu faussé dans vos rapports… Tu nous as écrit que tu avais peur, que tu étais scandalisée, outrée, choquée parce qu'il te menaçait de ne pas te donner ta prime variable si tu n'étais pas gentille avec lui. Tu as quand même conscience que lorsqu'il t'agite cette promotion, ça a un but, non ? » Elle n'en démord pas, c'était une promesse. Nous avons déjà un directeur juridique, pour moi la question n'est pas du tout à l'ordre du jour. Elle maintient qu'elle ne signera pas l'avenant à son contrat de travail.

Je me tourne alors vers la directrice des RH et le directeur général adjoint qui m'expliquent que nous n'avons, dans ce cas, pas d'autre choix que de la licencier pour non-respect des termes de son contrat de travail et refus de signer son avenant, sinon c'est nous qui serions dans l'illégalité puisqu'elle occupe un poste qui n'est pas inscrit dans son contrat de travail. Dont acte, au mois de mars. Je souhaite quand même la revoir pour m'assurer que sa décision est ferme et définitive. « C'était une promesse... », répète-t-elle. Sur la recommandation de Julien Collette, cela se solde par un licenciement pour faute grave.

Quinze jours après son départ, elle nous adresse un courrier recommandé pour nous faire part du fait qu'elle conteste la décision aux prud'hommes, ce qui est son droit. L'épilogue sera pour plus tard.

***

Passons au non-sujet, à l'affaire dans l'affaire, celle du 22 mars.

À la Maison de la Mutualité, le poste de travail de Nicolas Hourquet se situe juste à côté du mien. Nicolas est notre directeur en charge des relations internationales. Il fait partie de ceux qui arrivent souvent à 7 heures le matin, quittant ainsi plus tôt le soir pour s'occuper de ses filles.

Nicolas, je l'ai pris sous mon aile juste après l'élection de Bernard Laporte en 2016, au moment où j'ai débarqué à la FFR pour récupérer le très peu fourni dossier de candidature de l'équipe précédente. Ce jour-là, quand j'entre dans le bureau de Jean-Louis Barthès, directeur général de la FFR, le jeune homme est persuadé que je suis là pour le licencier.

Son père, René Hourquet, dirigeant de la FFR à la très forte – voire clivante – personnalité, avait quitté la fédération un an auparavant après s'être fâché avec Pierre Camou, le président sortant de 2016. Et Nicolas, qui s'y était fait embaucher du temps de son père, ne vivait pas très bien l'après-René. De « protégé », il était passé à des tâches peu valorisantes, porter des cartons, faire quelques traductions… Et aussi, il s'était très bien occupé de toute l'organisation des élections sur le plan logistique (location du chapiteau, urnes pour le vote, etc.). À l'arrivée de la nouvelle équipe dirigeante, celle de Bernard Laporte, il est persuadé que je suis chargé de venir lui dire qu'on ne le garde pas.

Nous nous retrouvons à discuter et je découvre un jeune homme d'une trentaine d'années, manifestement un peu perdu et mal dans sa peau. Ça me touche. Il parle bien anglais et il a une très bonne connaissance des dossiers. Je me dis pourquoi pas, essayons. Donc non seulement je ne le vire pas mais je lui propose de me rejoindre dans la construction du dossier de candidature.

Il s'avère qu'il travaille bien ; il me fait des notes sur chaque fédération, les influences, les voix, etc. Et je l'embarque avec moi sur la deuxième partie de mon tour du monde des fédérations. Je le sens impliqué, investi, travailleur. Entre avions, hôtels, on prend le temps de faire connaissance et une vraie relation de proximité se crée entre nous, presque filiale. Le jour de l'attribution de la Coupe du monde, il est à côté de moi et pleure dans mes bras à l'annonce de la France comme pays d'accueil. Naturellement, je l'embauche dans la suite de l'aventure, celle du GIP. Je lui propose de nous rejoindre comme détaché, pour ne pas qu'il perde son emploi à la FFR, et lui confie la partie internationale, directement rattaché à la direction générale. Une fois Bernard Laporte élu à la vice-présidence de World Rugby en 2020, je mets Nicolas en accompagnement de Bernard sur la préparation des réunions internationales.

Depuis septembre 2021, je sens Nicolas plus tendu, sur les nerfs. Sa femme s'absente dix jours par mois pour raisons professionnelles, il se retrouve à gérer seul leurs deux petites filles, son investissement dans le travail devient plus compliqué alors que notre calendrier s'intensifie. À trois ou quatre reprises, nous nous accrochons de façon significative. Il peut se passer 24 heures avant qu'on ne reparle de notre dissension, surtout si je suis amené à effectuer un déplacement ensuite. Il finit toujours par entrer dans mon bureau et me demander de lui faire un câlin, avant de repartir avec le sourire.

Fin 2021, au cours de son entretien individuel, je lui fais part de quelques points à faire évoluer dans son mode de fonctionnement, qu'il accepte, et on pose sa feuille de route pour 2022, qu'il accepte également.

L'avant-veille de ce 22 mars, il m'envoie un message pour me dire que ces deux filles ont le Covid et me demande s'il peut télétravailler. Évidemment, aucun problème pour satisfaire sa requête.

La veille au soir, il m'envoie le montage financier du match des Barbarians, que le GIP doit organiser à Lille quelque temps plus tard, pour que je puisse l'amender si nécessaire.

Le lendemain, à 7 heures, le matin de ce 22 mars, je lui réponds par mail que je ne valide pas un modèle d'organisation où les Barbarians perdent de l'argent et que nous en reparlerons à son retour.

Quand j'arrive à la Mutualité vers 8 h 30, il est à son poste, ayant finalement trouvé une nounou pour garder ses filles malades. À cette heure matinale, sont présentes à proximité dans l'open space : Marie Houzot, ma cheffe de cabinet, et Carina Orru, directrice RSE, deux proches collaboratrices. Je passe devant son bureau pour accéder au mien. Il m'interpelle :

« Tu peux m'expliquer pourquoi t'es pas d'accord ?

— Nicolas, c'est la troisième fois que tu me présentes un projet déficitaire. Je ne peux pas l'accepter, les Barbarians perdent de l'argent !

— Oui, mais tu comprends, le propriétaire du stade ne veut pas baisser son prix.

— Nicolas, soit tu me trouves une solution, soit on ne le fait pas, ce match. On ne va pas perdre de l'argent. Si le propriétaire du stade ne veut rien entendre, dans ce cas on ne fait pas le match. Et si toi, à un moment donné, tu ne t'en sens pas capable, tu me le dis et je vais m'en occuper ou faire différemment. »

Il est certain que savoir dire non, sur le moment, c'est moins valorisant, c'est difficile, ce n'est pas naturel. C'est plus facile de discuter avec un propriétaire de stade qui gagne de l'argent sur le match quand toi, tu en perds… Là, je lui demande d'aller au combat.

Je coupe court à la conversation et entre dans mon bureau, Arnaud Breton me rejoint pour une réunion sur la planification.

Cinq minutes plus tard, Marie Houzot vient me voir, affolée : Nicolas a pété un plomb. Après avoir jeté sa cigarette électronique, son téléphone et ses lunettes à travers la pièce, il a foncé vers l'ascenseur, Marie l'a suivie. Il s'est laissé glisser au sol dans la cabine et s'est mis à pleurer. Marie l'a accompagné jusqu'en bas, ils ont marché un peu, elle lui a dit de ne pas se rendre malade, qu'il fallait qu'il dorme… Marie me demande de descendre le voir.

Je le trouve assis au pied du bâtiment, sur les marches de l'entrée.

« Claude, j'ai honte, je t'ai déçu, je ne suis pas digne de ta confiance, j'ai trop honte de moi.

— Écoute, Nicolas, c'est pas le moment de s'occuper de ça. Là, tu es dans un état de fatigue, dans un état d'émotion trop fort. Tu vas rentrer chez toi, te reposer, récupérer. Et on en reparle dès que t'es reposé. »

Cela dure une bonne dizaine de minutes. Quelques collaborateurs commencent à se rassembler, alors les pompiers en charge de la sécurité incendie de l'immeuble de la Mutualité interviennent. Je m'adresse à l'un d'entre eux, que je connais bien, c'est un ancien joueur de rugby, nous discutons régulièrement. Le pompier le prend en charge tout de suite, lui met une couverture de survie sur les épaules et nous demande de ne pas rester.

Je lance alors aux différents salariés rassemblés : « Ce n'est pas un spectacle, circulez, y a rien à voir ! » Je demande au pompier de prendre soin de lui. Tout le monde remonte au bureau, Nicolas rentre chez lui.

J'apprends à ce moment-là qu'il a envoyé un SMS à ma cheffe de cabinet, quelques jours auparavant : « Coucou je ne me sens pas bien en ce moment, je me pose plein de questions, je dors très mal et je doute beaucoup de moi, de ma volonté. Je te dis ça parce que je voudrais prendre le temps de t'en parler de vive voix dans le train. Évidemment personne n'est au courant, je sais que beaucoup de gens comptent sur moi et s'appuient sur moi mais je commence à avoir de moins en moins de force. Je te rassure je ne veux pas partir mais j'ai besoin de retrouver de l'énergie. Je t'embrasse ma Marie. »

Je suis surpris qu'il ne m'en ait jamais fait part quand quelques jours avant nous dînions ensemble. Ce 22 mars, je m'en veux de ne pas avoir vu qu'il avait les nerfs à vif et qu'il était au bord de l'implosion.

Je le rappelle peu de temps après pour prendre de ses nouvelles, ma femme à son tour. À notre deuxième échange, il me confie : « Ça me fait du bien, c'est difficile, mais je récupère. » Au troisième, il me demande de ne plus l'appeler. Il a besoin de prendre du recul, de savoir où il en est, etc. Il me dit ça très posément, m'expliquant qu'il est suivi par un psychologue, qu'il a besoin de réfléchir à sa situation, à ce qu'il vit, à son investissement professionnel.

Je respecte sa demande et ne le rappelle donc plus. Ma femme et lui s'apprécient, alors elle lui téléphone encore et ils se parlent.

Il renouvelle son arrêt maladie plusieurs fois, par tranche de quinze jours.

Mai 2022

Pas de séminaire en 2020, pas de séminaire en 2021. Avec les confinements, le télétravail, les distances à respecter, rares ont été les occasions jusqu'à présent de pouvoir nous retrouver dans ce genre de cadre.

Le séminaire que j'organise en mai se déroule sur une journée et demie au Centre national de rugby, à Marcoussis. Cent cinquante salariés répondent présents sur près de deux cents.

Durant la première après-midi, je propose à l'ensemble des directeurs fonctionnels un comité de direction exceptionnel, l'occasion de faire un bilan sous la conduite d'un modérateur extérieur. Je décide en effet de ne pas y participer pour leur laisser la parole libre.

Le soir, nous nous retrouvons tous pour dîner dans la grande salle réservée pour l'occasion. Au programme des festivités : karaoké, danse, paquito improvisé... Une joyeuse soirée qui se finit tard. Les assistants directeurs du site de Lille ont même concocté un rap intitulé *Trois ans avant on est déjà prêts*, qu'ils entonnent :

On a cinq matchs ouais on est prêt
Mais faut bosser

[...]

Le téléphone bipe (brrrrrr)
J'crois c'est Claude Atcher
J'sais pas trop quoi dire en vrai
J'suis impressionné

Wesh alors le boss
Tranquille ou quoi ?
J'commande deux, trois chopes
Il les finit en 2 secondes 3
Carbonisé (ohhh)
Troisième mi-temps (ehhhhh)
À Lille j't'assure qu'on
Va te faire kiffer

[...]

On va l'organiser
Coupe du monde dans le viseur le rugby c'est fédérateur et ça correspond aux gens du Nord

[...]

C'est en 2023 qu'on prépare un truc de malade
En tribune ou fanzone ça va être un gros dawa
Hello Lille et dans la boucle on va faire rayonner ça...

Le lendemain matin, nous sommes réunis autour de quatre intervenants : le président de la SNCF, Jean-Pierre Farandou, le manager de l'équipe de France, Raphaël Ibanez, le directeur général de la FFR, Laurent Gabbanini, et l'un des patrons du Raid. Nous avons également la présence de deux des managers de la CDM 2007, Martine Nemecek et Matthieu Blondeaut, qui racontent leur expérience. L'après-midi, tournoi de rugby pour tous ! Un rugby « aménagé » vu le nombre que nous sommes, mais tout le monde joue.

L'ambiance est vraiment bonne. Beaucoup sont heureux d'avoir pu enfin se rencontrer alors que nous avons des équipes aussi bien à Lille et à Marseille et que les directions de site ont été mises en place entre décembre 2019 et janvier 2020, juste avant la pandémie et les confinements. Mon ressenti est confirmé par les nombreux retours qui me sont faits.

L'exercice de parole libre est positif et constructif puisque la réunion des directeurs fonctionnels fait émaner des critiques sur l'organisation, la direction générale, le fonctionnement, ma personnalité et la façon dont je pilote tout ça. Parmi les critiques qui me concernent : je ne délègue pas assez, je suis trop porté sur l'opérationnel, ils ne ressentent pas de ma part une confiance absolue, ils manquent d'autonomie. Pour moi, c'est parfaitement recevable, néanmoins le GIP a été créé de telle manière qu'il laisse peu de place aux prises de responsabilité, notamment financières.

Nous traitons ces sujets au cours d'un comité de direction qui se tient quinze jours plus tard en vue de mettre en place des mesures correctives, et je lance un audit externe sur le fonctionnement de la direction générale.

Les directeurs fonctionnels reprochent par exemple de ne pas avoir suffisamment d'effectifs pour assurer la mission qui leur est confiée. Je leur propose alors de communiquer sous quinze jours à la DRH tous leurs besoins en matière de recrutement. Sur quatorze directions, seules trois expriment de besoins complémentaires. Bon… Soit ils ne prennent pas ça au sérieux, soit ils sont suffisamment équipés et des voix plus fortes ne représentant pas la majorité se seront exprimées lors de ce séminaire. En tout état de cause, Julien Collette ne me fait remonter aucune difficulté ; selon ses dires, les besoins ont été satisfaits.

***

En ce mois de mai, Nicolas Hourquet est toujours en arrêt maladie et, puisqu'il ne souhaite plus échanger avec moi, je demande à Julien Collette de le joindre pour connaître ses intentions. Mon bras droit me rapporte ses propos : il ne veut plus revenir.

Cela signifie quoi ? Qu'il veut démissionner ?

Julien reprend contact pour lui faire préciser ses intentions.

Par l'intermédiaire de son avocat, Nicolas fait valoir un « départ forcé » qu'il veut négocier. Il réclame l'équivalent de la totalité de son salaire jusqu'à la fin de son contrat de travail.

Je suis très surpris par sa demande de départ, de surcroît par avocat interposé. Je tente de refaire le film, de comprendre. Je finis par me sentir coupable, je me demande où j'ai faux. Est-ce qu'il aurait fallu que je me rende chez lui malgré son refus de me parler ou que j'appelle sa femme ?

À première vue, ça me paraît beaucoup d'argent. Nous interrogeons alors la contrôleuse générale économique et financière du gouvernement. Elle nous renvoie au barème « Macron » concernant les ruptures conventionnelles et nous dit que le maximum, c'est trois mois de salaire. Je répercute à notre avocat qui lui-même relaie au conseil de Nicolas.

Quelque temps plus tard, réponse de l'intéressé : « Je n'accepte pas, je prendrai mes responsabilités. »

Nous nous attendons donc à ce qu'il poursuive le GIP aux prud'hommes.

Juin 2022

Les 2 et 3 juin, j'apprends, comme l'ensemble des Français, par deux articles du journal *L'Équipe*, ma comparution devant le tribunal correctionnel dans le cadre du procès Altrad-Laporte. Citation à comparaître que je ne recevrai que le 10 juin...

D'après ce même journal, je serais complice et accusé d'abus de bien social, de recel d'abus de confiance et de travail dissimulé. L'audience aura lieu entre le 7 et 22 septembre, dates qui coïncident étonnamment avec le J–365, temps fort politique et médiatique du lancement de la Coupe du monde.

Dans ces articles, les mots sont judicieusement choisis pour semer le doute sur ma capacité à assurer la gestion du GIP et préparer l'opinion à une condamnation que les médias ont déjà actée sans aucune précaution sur la présomption d'innocence.

« Le mode de gestion particulier de M. Atcher ne manquera pas d'interpeller s'agissant du directeur général de France 2023. »

« Étant donné la nature des infractions présumées, il n'est pas impossible que soit demandée par le procureur une interdiction de gestion, dont l'exécution pourrait ne pas être suspensive en cas d'appel. »

« Dans un scénario pareil, on se retrouverait sans pilote à moins d'un an de la Coupe du monde. »

« Nul doute que l'ancienne présidente[3] *de l'association Rénovons le sport français, qui milite pour une gouvernance plus moderne et plus éthique du sport français, et qui soutient ouvertement l'opposant de Bernard Laporte aux élections de la FFR, s'intéressera de près au cours de cette audience. »*

En dessinant d'ores et déjà mon éviction, l'objectif est très clairement de me déstabiliser.

Deux articles suivent, courant juin, l'un dans *Le Canard enchaîné*, l'autre dans *Le Parisien*.

L'article « De plus en plus près de Laporte » du *Canard enchaîné*, où je suis comparé à un parrain de la mafia, surnommé « l'âme damnée de Bernie le dingue », fait état de ma convocation et surtout consacre la moitié de l'article à

3. Amélie Oudéa-Castéra.

un supposé caractère violent, appuyé par le témoignage de Florian Grill. Celui-ci évoque des menaces de ma part lors d'un comité directeur en 2017 : « Si tu me cherches, tu vas me trouver. » Je cherche les circonstances de l'incident dans mes souvenirs, en vain.

Quant au *Parisien*, dont les journalistes sont des transfuges de *L'Équipe*, il fait état d'un passé sulfureux sans que l'article puisse citer quelques faits ou preuves avérés sur le sujet. Il titre « Claude Atcher, itinéraire du sulfureux patron de la Coupe du monde de rugby » et déclare :

« Claude Atcher, le directeur général de la Coupe du monde de rugby doit comparaître devant le tribunal correctionnel de Paris en septembre, la dernière étape d'un parcours cabossé. »

« Au sein du comité d'organisation France 2023, Claude Atcher est redouté pour ses colères et coups de pression sur les équipes. »

Pour appuyer son portrait, le quotidien reprend, sorti de son contexte, un commentaire d'Éric Blanc, l'un de mes ex-coéquipiers du Racing Club, devenu chroniqueur de la chaîne télé L'équipe 21 : « C'était un troisième ligne, rugueux, à l'ancienne. Un combattant, un méchant capable de se battre n'importe où et contre n'importe qui. Il n'avait peur de rien... »

L'article cite un rapport de l'inspection générale de la jeunesse qui, en 1995, « épingle le mélange, voire la confusion des genres », sans que la justice qualifie ces premières analyses, alors que ce n'était qu'une recommandation pour la FFR, au président Bernard Lapasset, de clarifier ma position au sein de l'entité. Les lignes qui suivent font également état d'un procès en appel au tribunal de commerce de la société dont j'étais le gérant pour 3 000 francs de l'époque – soit 600 euros – de billets sportifs vendus à des entreprises sans avoir l'agrément pour le faire. Nous étions en 1992 et je n'ai jamais eu de condamnation judiciaire ! Mon casier est vierge, mais ces précisions-là ne figurent pas dans l'article.

Tout ceci finit par ressembler à une mise en condition psychologique, un vulgaire teasing, dans le but de conforter mon caractère violent et mon manque de probité aux yeux de l'opinion publique, et préparer la légitimité de mon éviction.

***

Pourtant, après avoir encaissé les trois premières phases de vente de billets, nous avons soldé l'ensemble de nos prêts : nous n'avons plus de dettes. La qualité du travail réalisé par l'équipe du GIP a permis de présenter une revue budgétaire en conseil d'administration le 16 juin 2022, approuvée à l'unanimité, qui affiche un résultat bénéficiaire d'environ 68 millions d'euros.

Les résultats financiers des grands événements sportifs démontrent souvent que les dépenses prévues dans les budgets prévisionnels explosent soit parce qu'elles n'avaient pas été bien évaluées, soit qu'elles n'ont pas résisté à la réalité des négociations avec les fournisseurs, soit encore que la situation économique a changé et que le coût de la vie a augmenté.

Dès le début, j'ai souhaité mettre en place en collaboration avec l'État un contrôle des dépenses extrêmement rigoureux. Ce contrôle des engagements financiers s'articule autour de documents d'engagement de dépenses validées par le directeur général, des revues budgétaires annuelles conduites entre la direction financière et un arbitrage final avec la direction générale.

Même si ce mode de gestion peut faire l'objet de critiques, notamment en matière de concentration des pouvoirs ou de marge de manœuvre laissée aux directeurs fonctionnels, le résultat prouve que sur les quatre derniers exercices j'ai fait économiser 2,5 millions d'euros pour le budget prévisionnel des dépenses. Une somme disponible pour des dépenses éventuelles non prévues dans la livraison ou une amélioration des conditions de confort dans la livraison. J'étais loin de me douter que ces économies allaient rémunérer l'intervention d'une société privée qui serait chargée de livrer la Coupe du monde à la place du GIP !

***

Dans un contexte de charge de travail qui ne fait que s'amplifier, je décide de recruter un directeur de la performance pour améliorer notre organisation et l'efficacité des équipes.

Après consultation du préfet et délégué interministériel Michel Cadot, je prends contact avec Ottman Zaïr, directeur de cabinet du préfet de La Réunion. Nous échangeons au téléphone, il vient à Paris, c'est l'occasion de le rencontrer pour un entretien. Le jeune me fait bonne impression et son profil me semble intéressant.

Je lui confirme son embauche le 20 juin. Il rejoindra les équipes le 4 août.

***

La curiosité a été attisée par les dernières parutions dans la presse, les regards sont dorénavant braqués sur moi, *L'Équipe* peut donc lancer un nouvel article et enfoncer le clou en titrant le 22 juin : « Enquête sur le climat de "terreur" dans les bureaux de France 2023 ».

Mon engueulade avec Nicolas est devenue de la téléréalité. Les pompiers ont dû être dépêchés sur place pour intervenir,

Nicolas est dorénavant le jeune homme qui a dû finir sous une couverture de survie…

L'histoire est réécrite et contribue à accentuer mon image de manager violent quand la réalité a été beaucoup moins spectaculaire. Mes mots « Circulez, y'a rien à voir » sont réinterprétés alors qu'ils avaient été prononcés uniquement dans le but d'éviter à Nicolas une situation embarrassante et dévalorisante.

Je suis horrifié, choqué, dévasté de lire « On a été insultés », « Je me suis fait pipi dessus »… D'ici qu'on découvre un cadavre dans mon placard !

Humour mis à part – que je n'ai pas du tout à ce moment-là –, comment ai-je pu passer à côté de ça ? Qu'est-ce que je n'ai pas vu ? Quand ai-je pu insulter ? Je ne comprends pas.

Le lendemain, soit le 23 juin, je convoque les délégués du personnel pour une réunion extraordinaire. Nous prenons immédiatement des mesures : mise en place d'une cellule psychologique, lancement d'un audit externe, accompagnement par la société Topics, spécialiste en problématique RH, cours de management pour les directeurs fonctionnels, y compris pour moi, etc.

À ce moment-là, je me remets très sérieusement en question, me demandant ce que j'ai mal fait. J'en viens même à me dire que si je rends les gens si malheureux, il ne faut pas que je continue. Cela fait quarante ans que je fais ce métier, ai-je vraiment attendu l'âge que j'ai pour devenir un « dictateur » ? Il va me falloir beaucoup de temps pour digérer l'article et essayer de comprendre.

Article qui déclenche dans la foulée – c'est-à-dire le soir même – à la demande d'Amélie Oudéa-Castéra, ministre des Sports, une enquête du comité d'éthique du GIP et une autre de l'inspection du travail.

L'enquête du comité d'éthique va être menée par son président, renouvelé depuis quelques jours. Ce même comité d'éthique qui, sous la présidence précédente, lors de son rapport annuel en date du 16 juin, ne faisait état d'aucun souci de management, ni de non-respect de la charte éthique.

L'inspection du travail se rend dans les locaux du GIP dès le 24 juin pour rencontrer certains salariés.

Juillet 2022

Le 6 juillet, j'adresse une demande à l'inspection du travail pour être entendu. Cette demande restera lettre morte.

***

Répétition générale !

En concertation avec la FFR, nous organisons la phase finale du tournoi de qualification des équipes africaines. Une première pour le pays organisateur de la Coupe du monde.

En effet, à l'issue du tirage au sort de Rugby World Cup, deux places pour représenter la région Afrique restent à attribuer. Les équipes sont alors connues un an avant la CDM, à l'issue de la Coupe d'Afrique jusque-là organisée sur son continent.

Huit équipes (Namibie, Burkina-Faso, Zimbabwe, Côte-d'Ivoire, Sénégal, Algérie, Ouganda, Kenya) viennent alors se frotter pendant une semaine, à Marseille et Aix-en-Provence, dans un tournoi qui verra son vainqueur qualifié pour la CDM et une deuxième équipe qualifiée pour un match de repêchage avec une autre nation du rugby.

Avec cette initiative, j'ai quatre objectifs. Outre la volonté d'être novateur – la première fois dans le pays d'organisation –, je souhaite offrir aux collectivités territoriales qui investissent dans l'accueil de la CDM un second événement qui leur permet d'animer leurs territoires. Cela me permet aussi de valoriser le rugby africain, de lui donner une meilleure couverture médiatique quand on sait que la plupart des équipes jouent sur du goudron ou de la terre battue. Là, elles ont l'opportunité de disputer les matchs de ce tournoi dans de vrais stades, avec des spectateurs, et nous mettons en place une production télé diffusée sur Canal+ et sur tout le continent africain. Enfin, je veux mettre mes équipes en tension dans un exercice à taille réelle de livraison d'un événement. Une façon de leur mettre le pied à l'étrier.

Certains directeurs fonctionnels se plaignent de la surcharge de travail que cela entraîne mais je sais que ça peut être un réel avantage – un gain en temps et un personnel mieux préparé – pour la livraison de 2023. Parce qu'on a beau mettre des process en place, la réalité finit toujours par nous rattraper. Et il est important pour tous ces jeunes sans réelle expérience de comprendre qu'un événement comme la Coupe du monde ne peut pas se livrer uniquement à partir de tableaux Excel. Lorsque je confie à un jeune de 21 ans, à Aix-en-Provence, l'accueil des journalistes ou des VIP, la gestion de la tribune le jour des matchs, la salle de conférence de presse ou le positionnement des photographes sur le terrain, je sais qu'en sortant de cette expérience unique, même si c'est un dixième de ce qu'il vivra en 2023, il a pris conscience des réalités et il sait faire.

À l'issue du tournoi, la Namibie est qualifiée et le Kenya devra disputer un match ultérieur pour avoir une chance de participer à la Coupe du monde – avec l'Uruguay. Je reçois des dizaines de messages de remerciements et de témoignages quant au plaisir pris par les équipes parmi les cent assistants directeurs de site que j'ai mobilisés pour préparer, gérer et livrer l'événement.

Je suis serein dans l'organisation, je sais où nous allons. Je pars pour quelques jours de repos le 20 juillet.

***

Comme *L'Équipe* poursuit sa cabale avec un nouvel article publié le 12 juillet, je dépose plainte pour diffamation le 28 juillet.

Août 2022

Un prérapport du comité d'éthique est remis à la ministre le 1er août, dont j'ignore les motifs et les conditions d'instruction.

Quelle est la légitimité de la ministre de voir un prérapport avant la remise finale ? Je pensais naïvement que ce genre d'enquête était indépendante. Cette démarche est-elle inscrite dans la légalité de la saisine de la ministre alors que je n'ai pas été auditionné par les membres du comité d'éthique ? Le comité d'éthique suit-il des instructions ?

***

Ottman Zaïr, notre nouveau directeur de la performance, prend ses fonctions au GIP.

Juste après la parution de l'article du 22 juin, je m'étais inquiété de la perception qu'il pouvait en avoir alors que je venais de l'embaucher. Visiblement peu perturbé, il avait manifesté son envie de nous rejoindre, quoi qu'il en soit. Dès son arrivée le 4 août, je ne suis pas au bureau mais nous échangeons, et il me propose d'établir tout de suite un rapport d'étonnement. Il est nouveau, ce sera l'occasion de rencontrer les collaborateurs, de se faire sa propre idée. J'ai tellement l'impression de ne pas vivre ce qui est écrit dans les journaux... J'accepte donc sa proposition.

Quatre jours après, Ottman me transmet son rapport : les collaborateurs ont une image très positive de leur directeur général, de par son expérience il les rassure. Ils parlent de moi comme d'un grand dirigeant de start-up.

***

Entre-temps, je suis finalement auditionné par le comité d'éthique du GIP le 6 août, à mon retour de vacances.

Le comité d'éthique est composé de magistrats en fin de carrière qui siègent trois fois par an et sont censés rendre un rapport annuel au conseil d'administration.

En quatre ans, ils n'ont pas été fichus de rendre un rapport sans qu'ils nous sollicitent pour le préparer. Pour eux, cette nomination est un titre honorifique. Ils ne se sont jamais intéressés au GIP, à son activité ou à son fonctionnement.

Après quatre ans de mandat, le président du comité d'éthique vient de laisser sa place à son successeur, Alain Pichon. Un monsieur qui ne sait même pas se servir d'une messagerie et qui n'a pas d'adresse mail.

Notre entretien se déroule au ministère des Sports en présence de la représentante, au sein du comité d'éthique, de l'Agence française anticorruption. Cette dernière prend des notes manuscrites lors des auditions, que l'on me demandera de signer à la fin de l'entretien.

Et là, je ne comprends pas. Par deux fois, il m'est demandé : « Est-il vrai que vous voulez être président de la FFR ? » Le président s'inquiète également de savoir si je compte travailler avec CVC Capital Partners après la Coupe du monde. Ce fonds d'investissement américain vient de prendre une participation dans le tournoi des Six Nations ; j'ai participé pour le compte de la FFR et en coordination avec les cinq autres fédérations à l'entrée au capital.

Le président du comité d'éthique s'enquiert donc de mon avenir… Quand bien même je serais candidat à la présidence de la FFR, quel est le rapport avec l'audit qu'il est censé mené sur un possible malaise social au sein du GIP ?

Je sors de cette audition déstabilisé et circonspect quant à la crédibilité de ce rapport et son objectif.

***

Je reprends les réunions avec Julien Collette et Martine Nemecek, la directrice générale adjointe en charge de tous les sites. Nous préparons les priorités à trois mois pour chacun des directeurs fonctionnels. Nous les rencontrons pour valider ensemble leur feuille de route, la mise en place de la planification opérationnelle du cycle qui concerne les ressources humaines sur chaque site. Je n'ai de leur part aucune remarque, aucune alerte, aucun avertissement, même amical puisque je connais Martine depuis quinze ans.

***

Le 16 août, Bernard Laporte est entendu.

Je lui transmets le rapport d'étonnement d'Ottman Zaïr, lui demandant de le faire suivre à la ministre. Elle refuse de le lire.

***

Le 18 août, le rapport définitif du comité d'éthique est établi : six pages dont moins de deux rendent compte des entretiens avec les salariés, le reste étant consacré à l'avenir du directeur général. Dès le lendemain, la ministre des Sports adresse un e-mail au président de la FFR, qualifiant les conclusions d'« alarmantes et accablantes ».

***

Le 20 août, la ministre des Sports adresse le rapport du comité d'éthique et ses conclusions à Rugby World Cup sans que j'en sois informé et sans que je puisse le consulter au préalable. RWCL exige une mise à pied à titre conservatoire à effet immédiat et demande que – quelles que soient les conclusions du rapport de l'inspection du travail – je ne sois pas réintégré.

***

Le 26 août fixe la date limite de retour du questionnaire envoyé par les inspecteurs du travail aux salariés du GIP.

***

Le 29 août, à 10 heures, Amélie Oudéa-Castéra organise une réunion à son ministère, il lui faut un « plan d'action » pour traiter ce sujet, alors qu'elle n'a toujours pas pris la peine de me recevoir. Cette réunion a lieu en présence des membres fondateurs du GIP : Jacques Rivoal, le président du GIP, Bernard Laporte, président de la FFR, Didier Séminet, secrétaire général du CNOSF et Michel Cadot, préfet de Paris et délégué interministériel en charge des grands événements sportifs.

La ministre est sûre d'elle : le rapport du comité d'éthique est accablant, on ne peut pas garder Claude Atcher, il faut le virer, le rapport de l'inspection du travail va reprendre exactement les termes du rapport du comité d'éthique…

Une question lui est tout de même posée : que se passe-t-il si le rapport de l'Inspection n'est pas aussi négatif ?

Ils vont voir ce qu'ils vont voir, elle va en apporter la preuve ! Nerveusement, la ministre quitte la réunion pour contacter les inspecteurs en charge de l'enquête sur le GIP. Elle revient en trombe et annonce à tous qu'ils lui ont fait part de conclusions « très sévères » – le questionnaire a été renvoyé par les salariés seulement trois jours auparavant… La ministre a-t-elle donné des ordres pour me tuer ?

***

En coulisses, mon avocat et ceux de la FFR sont en contact avec le GIP. Ils négocient depuis quelques jours un avenant suspensif à mon contrat de travail, le temps du procès, et jusqu'à la remise du rapport de l'inspection du travail.

Voici un extrait de l'article 1 de la convention signée à cette occasion.

« Article 1, la suspension du contrat de travail de Monsieur Claude Atcher débute à compter du 29 août et prendra fin le 30 septembre 2022.

Les parties conviennent de se revoir le 30 septembre 2022, pour éventuellement le proroger d'un commun accord pour une durée ne pouvant excéder 1 mois supplémentaire. »

Je finis par accepter. Ce même 29 août, le document signé est adressé à la ministre par courriel, avec une présentation de suppression de la mention « à la demande de Claude Atcher », à l'article 3, libellé tel que :

« Les parties reconnaissent conjointement que la présente suspension intervient à la demande de Monsieur Claude Atcher et d'un commun accord entre elles, et qu'elle est exempte de toute nature ou motif disciplinaire. »

À la réception de l'avenant signé mais amendé, Mme Oudéa-Castéra réagit de façon agressive, à mon encontre et à celle des avocats de la FFR. Elle exige immédiatement de Jacques Rivoal qu'il me mette à pied. Bon soldat, il s'exécute.

À 20 heures, je reçois un e-mail me signifiant cette mise à pied. Au même instant, tous les accès à ma messagerie et à ma ligne téléphonique sont coupés sans que j'en sois préalablement informé. Je me retrouve privé sur-le-champ de tout fichier ou élément pour me défendre et de mon droit légitime à la liberté d'expression.

Le soir même, la ministre s'empresse de déclarer dans une interview exclusive à *L'Équipe* : « Nous devons agir très vite et je souhaite que le rapport de l'inspection du travail qualifie juridiquement les faits révélés. »

***

Le 30 août, Jacques Rivoal convoque tous les collaborateurs du GIP pour annoncer que le directeur général a été mis à pied à titre conservatoire et ne reviendra pas au sein de l'organisation. Il est demandé expressément de ne plus me contacter, ni d'interagir de quelque façon avec moi.

Le téléphone ne sonne plus. On m'a mis K-O. L'aventure France 2023, dans laquelle j'étais engagé depuis cinq ans, a pris fin.

Septembre 2022

Quelle nécessité avait cette mise à pied à effet immédiat, compte tenu de la signature de l'avenant suspensif à mon contrat de travail ? Qui n'a de conservatoire que le nom puisque le 1er septembre elle est annoncée officiellement comme définitive aux salariés du comité d'organisation ! Après avoir été largement relayée au moyen d'une campagne de communication savamment orchestrée et particulièrement violente menée par le GIP et la ministre des Sports.

Il était tout à fait possible d'attendre le retour de l'inspection du travail ainsi qu'un retour de mes appréciations sur le dossier du comité d'éthique, encore fantôme à ce moment-là.

Il était aussi, à des fins d'équité, envisageable de considérer d'autres éléments et témoignages, comme ce rapport d'étonnement réalisé par Ottman Zaïr, le nouveau directeur de la performance à sa prise de poste le 4 août :

« J'ai pu profiter de temps d'échanges libres pendant les congés de l'équipe de direction. Le premier constat est que l'ambiance est bonne et que l'équipe vit bien. J'ai été surpris par la qualité de la dynamique collective, soudée autour du projet de livraison de la Coupe du monde de rugby.

Le DG est perçu comme un dirigeant de proximité, à l'écoute de chacun, accessible en dépit de son emploi du temps très chargé, cela détonne avec la description qui a été faite dans la presse.

Il apporte une vision stratégique claire et trace le chemin dans un écosystème complexe dont il maîtrise les acteurs. »

« C'est ce caractère rassurant et de stabilité qui est ressorti systématiquement lors de mes échanges avec les collaborateurs, dont l'attente est forte vis-à-vis de la direction générale pour qu'elle puisse les aider à faire avancer les sujets qui leur sont confiés. »

« Le diagnostic empirique posé par le DG concernant la faiblesse du management intermédiaire ressort assez rapidement après quelques réunions de revue de projets. »

« Par ailleurs, plusieurs missions RH ont été lancées par le DG dont une concernant la réorganisation de la DG et du cabinet avant l'article de L'Équipe, elles devraient permettre de renforcer le management intermédiaire, renforcer le rôle des directeurs et fluidifier le partage d'informations au travers de méthodes de management plus agiles. »

Ce rapport a été présenté à la ministre qui a refusé de le prendre en compte dans l'analyse de la situation.

Comment ne pas imaginer que Mme Oudéa-Castéra ait fait état de son influence tout au long de cette affaire ? Ses interactions nombreuses me font douter de l'indépendance juridique et morale des organismes qu'elle a engagés dans ce dossier soumis à l'exercice de son pouvoir.

***

Le 2 septembre, le conseil d'administration, en présence de la ministre, officialise la décision et nomme Julien Collette directeur général par intérim. Pour mémoire, M. Collette était en charge des ressources humaines. À aucun moment, il ne m'a fait état d'une problématique de mal-être du personnel ou ne m'a indiqué un climat dégradé. Après le conseil d'administration, la ministre prend la parole devant tous les salariés, rend hommage à mon travail et annonce que je ne reviendrai pas.

***

Le 7 septembre 2022, soit une semaine après ma mise à pied, marque l'ouverture du procès Altrad-Laporte au tribunal correctionnel de Paris, procès dans lequel a priori je n'ai rien à voir avec l'affaire jugée. Le rapport du procureur daté du 21 décembre 2021 m'avait complètement écarté de ce dossier. Les autres parties impliquées avaient été convoquées devant le tribunal correctionnel en février 2022 alors que je n'ai été convoqué que le 9 juin 2022. Les faits pour lesquels je suis cité n'ont pas grand-chose à voir avec l'affaire principale.

Le procès dure dix jours et c'est une épreuve très douloureuse pour moi, je suis entendu pour la première fois le 15 septembre.

De nombreux articles couvrent les différentes étapes de ce procès, depuis les auditions des prévenus jusqu'aux réquisitoires du procureur, pour finir par les plaidoiries des avocats :

« Claude Atcher a été parachuté dans cette affaire, sans fondement ni justification. »

« Claude Atcher est dans l'incapacité de comprendre ce qu'on lui reproche. »

« En renvoyant M. Atcher dans ce procès, on a voulu faire un beau casting. »

« On a requis une peine folle contre un homme qui a fait un travail formidable. »

« Cette Coupe du monde, c'est sa vie depuis cinq ans, il a fait de lourds sacrifices personnels pour finir par être sacrifié lui-même. »

Verdict attendu en fin d'année.

***

Le 22 septembre, l'inspection du travail rend son rapport.

Après avoir adressé deux lettres aux inspecteurs et reçu une réponse de leur part me confirmant leur intention de m'auditionner, ils n'ont jamais donné suite.

***

Le 26 septembre, je suis convoqué par le GIP France 2023 à un entretien préalable dans le cadre d'une procédure de rupture anticipée de mon contrat. Son président, Jacques Rivoal, me reçoit au ministère des Sports. Il me lit froidement et mécaniquement le rapport de l'inspection du travail.

Notons au passage que cette convocation et sa conduite par le président pourraient être considérées comme un abus de pouvoir, cette prérogative ne figurant pas dans la convention constitutive du GIP décrivant les responsabilités du président.

Je passe trente minutes à réfuter point par point les accusations énoncées par M. Rivoal. Mais je ne suis bien évidemment pas entendu, et aucune de mes explications n'a été prise en compte avant la décision de mettre fin à mon contrat de travail.

Cette convocation intervient alors que le GIP France 2023 a reçu le 16 septembre 2022 sa convocation à une audience devant le conseil des prud'hommes le 12 octobre 2022, afin de statuer sur le caractère illicite de ma mise à pied et de la violation de mes droits.

Je considère avoir fait l'objet d'une mesure d'éviction concertée, totalement injustifiée et infondée, qui a été menée de manière parfaitement irrégulière par le GIP France 2023, sous l'impulsion directe de la ministre des Sports.

Avant la publication de l'article de *L'Équipe*, mes méthodes managériales n'ont jamais été mises en cause, les prétendus faits révélés n'ont fait l'objet d'aucune remarque du président du GIP qui reste le responsable pénal de la santé des salariés, d'aucune alerte du directeur général adjoint en charge de la responsabilité RH. D'aucune alerte non plus de la part des délégués du CSE pourtant dûment formés sur les problématiques de harcèlement, notamment lors de la réunion du 15 juin sur laquelle nous reviendrons. D'aucune saisie de l'un des vingt référents harcèlement actifs au sein du GIP depuis octobre 2021, d'aucune saisine du comité d'éthique.

Les dispositifs de prévention ont pourtant prouvé leur efficacité, notamment sur le signalement de situations de harcèlement sexuel.

Une cartographie des risques pénaux réalisée par un cabinet indépendant en juin 2021 identifiait, après entretiens avec les directeurs fonctionnels, 44 risques pénaux. Elle précisait dans son article 1.3 sur le harcèlement moral, dans le paragraphe « Constatations » :

« Le directeur des ressources humaines, les délégués du personnel, le directeur général et différents directeurs n'ont eu à ce jour aucune plainte.

Des référents ont été nommés, ils n'ont eu également aucune plainte et 20 référents qui vont être répartis sur tout le territoire national sont en cours de recrutement et de formation. »

Octobre 2022

Le 10 octobre, lors d'une réunion du conseil d'administration du GIP, celui-ci décide de mettre fin, par anticipation, à mon contrat de travail pour faute grave. Cette décision s'appuie sur les conclusions des deux rapports, celui de six pages du comité d'éthique et celui à charge de l'inspection du travail, en outre sur la base de témoignages anonymes impossibles pour moi à vérifier.

Il m'est difficile de ne pas me battre et me défendre. Je suis évincé de mon poste, ne pouvant faire entendre mes droits, sur des allégations anonymes, des rapports faussés. J'avoue aussi découvrir et relever l'incompétence, volontaire ou non de mes adjoints, notamment de certains directeurs fonctionnels qui n'ont jamais fait état dans un rapport, un seul jour, des difficultés supposées que traversaient les salariés au quotidien.

J'ai donc déposé une assignation devant le tribunal des prud'hommes pour contester ma mise à pied conservatoire, ainsi que mon licenciement pour faute grave que je considère comme abusive, injuste et méprisante. Je ne peux m'empêcher de penser que ce n'est pas un hasard si cette requête ne sera examinée que le 31 octobre 2023, soit trois jours après la finale de la Coupe du monde.

Novembre 2022

Le 9 novembre 2022, il y a comme un sentiment de déjà-vu. Retour en arrière. En mars 2019.

***

Au loin, l'interphone retentit, mon épouse se réveille en sursaut. « Merde, Claude a oublié ses papiers ! » Il est parti aux aurores ce matin pour prendre un train, à tous les coups il est parti sans, se dit-elle en sautant du lit pour se précipiter dans l'entrée. Elle saisit le combiné et entend : « Police, ouvrez-nous. » Son cœur fait un bond.

Interloquée, elle répond :

« Quoi ? Ben non.

— Madame, il faut nous ouvrir, c'est la police.

— Comment je sais que vous êtes la police ? Non, je suis seule avec ma fille, mon mari n'est pas là, je n'ouvre pas.

— Mais si, nous sommes de la police, votre mari est au courant. Si vous n'ouvrez pas, on casse la porte.

— Eh bien, je vais l'appeler. Et peut-être que je vous ouvrirai. »

Elle rallume son téléphone. Les notifications de mes appels pleuvent sur son écran. Elle compose mon numéro.

Cela ne faisait pas dix minutes que mon train pour Nîmes venait de partir de la gare de Lyon quand mon téléphone a sonné. Sur l'écran s'est affiché : « Appel inconnu ». En général, je ne réponds pas. Il était à peine 6 heures, alors ça m'a un peu intrigué, j'ai décroché.

« Bonjour monsieur, commissaire de police, ouvrez-nous.

— Je ne peux pas vous ouvrir, je suis dans un train.

— Il faut que vous reveniez chez vous, on a un mandat de perquisition.

— Attendez, le train est parti, je suis dans un TGV ! Je rejoins mon père, je l'accompagne pour des examens à l'hôpital.

Le prochain arrêt, c'est Valence, dans deux heures et demie.

— Je ne peux pas !

— Y a-t-il quelqu'un chez vous ?

— Oui, ma femme et ma fille.

— Écoutez, on va faire la perquisition sans vous. Pouvez-vous appeler votre épouse pour qu'elle nous ouvre ? »

J'ai alors tenté de la joindre, sans succès. Son téléphone devait être encore en mode avion.

Pendant ce temps, les agents de la force publique sonnaient à la porte de l'immeuble.

« C'est bien la police, tu peux leur ouvrir », dis-je à ma femme lorsqu'elle m'appelle.

Elle presse le bouton d'ouverture.

Ils débarquent à cinq avec leurs armes et leurs brassards, elle les accueille en pyjama, notre fille dort encore.

On lui explique qu'ils sont là dans le cadre d'une perquisition, que ça doit se faire en sa présence. Il lui est demandé de ne plus bouger tandis qu'ils investissent tout l'appartement.

Elle demande à pouvoir tout de même s'habiller.

La chose est autorisée, mais dorénavant, si elle se déplace, c'est avec quelqu'un.

Ils retournent littéralement l'appartement, ouvrent les tiroirs, mettent tout par terre. Les papiers commencent à joncher le sol du salon. La mise en scène est impressionnante, mon épouse est sensible mais pas du genre à se démonter.

Elle comprend que ça va durer des heures. Elle maintient pour le moment notre fille de quatre ans dans sa chambre, qui a juste perçu qu'il y avait des gens dans la maison.

Soudain, ma femme entend l'un d'eux s'exclamer : « Ah, c'est intéressant ! »

Ils viennent de trouver les premières pages d'un manuscrit. J'ai commencé voilà peu la rédaction d'un livre dans lequel je raconte comment se construit une Coupe du monde et ils ont l'impression d'être tombés sur le Graal.

Ils lui posent de nombreuses questions tout en essayant de jouer les mecs sympas. Mais elle sent bien qu'ils ont quelque chose derrière la tête.

Dans un de ses tiroirs, ils mettent la main sur un porte-monnaie. Ils comptent soigneusement chaque billet : 2 000 euros en espèces.

Depuis l'enfance, mon épouse est un vrai petit écureuil, elle a besoin de mettre des sommes de côté. Là, ils viennent de tomber sur ses derniers pourboires, ceux que ses clientes lui ont donnés au moment de son départ en congé maternité. Il y a encore les Post-it collés dessus avec leurs gentils messages. Ils embarquent tout.

« Où est-ce que vous avez eu ça ?

— Ce sont mes pourboires.

— Faut arrêter de nous prendre pour des imbéciles, où est-ce que vous avez eu ça ?

— Je viens de vous le dire, ce sont mes pourboires. Je les ai gardés ! Comme une sorte de souvenir, de gri-gri, de... je ne sais pas, au cas où j'aurais un problème ! »

Ils insistent.

« Mais faut que je vous raconte quoi ? Que je me prostitue ? Que je deale de la drogue ? Vous me posez une question, je vous réponds. »

Ils passent à autre chose, puis l'un d'eux revient à la charge : « Bon, on travaille en bonne intelligence depuis ce matin, hein ? Vous allez me dire maintenant où vous avez eu cet argent. »

Là, c'en est trop pour ma femme.

« Maintenant, c'est terminé, vous faites ce que vous avez à faire. Et moi j'arrête de parler parce que non seulement vous venez me voler chez moi – oui, vous êtes en train de me voler de l'argent –, et en plus vous me traitez de menteuse. Donc c'est terminé, vous faites ce que vous avez à faire, vous faites votre travail et moi je suis là pour observer ce que vous faites parce que vous avez besoin que quelqu'un soit présent à la maison, mais vous ne me parlez plus. »

La perquisition du domicile se prolonge jusqu'en début d'après-midi. Ils annoncent : « On veut maintenant aller perquisitionner à Saint-Denis. »

Ma femme est propriétaire d'un appartement qui a servi, un temps, de bureau pour Score XV et de QG pour la campagne de Bernard Laporte en 2016.

Elle leur répond qu'il n'y a rien là-bas, que tout a été déménagé il y a six mois, qu'elle ne peut pas laisser sa fille comme ça. Ils n'en démordent pas, elle doit les accompagner.

Elle contacte alors la nounou qui accepte de venir récupérer notre enfant.

Ils font monter mon épouse à l'arrière d'un véhicule de police banalisé pour assister à cette nouvelle perquisition. Gyrophare et sirène hurlante tout au long du trajet.

À l'approche de Saint-Denis, elle entend le conducteur dire : « On va éteindre tout ça. C'est quand même un peu dangereux pour la police par ici. »

Arrivés au pied de l'immeuble du boulevard Félix-Faure, les agents sortent du véhicule sans leur brassard. Durant toute la perquisition, l'un d'eux fera le guet à la fenêtre pour vérifier qu'ils ne se font pas casser la voiture.

Elle a beau leur expliquer qu'il n'y a rien, la perquisition s'éternise jusqu'en fin de journée. Pour rien. Notre fille l'attend chez la nounou.

Ils lui font enfin signer les papiers qui marquent la fin de la perquisition. Ils la libèrent en lui proposant de la ramener à Paris. Non, elle va prendre le métro. Ils insistent mais là, elle ne veut plus les voir.

Elle rentre à l'appartement, un champ de ruines. Tous les classeurs sont à terre, les papiers éparpillés. Elle ne sait pas par quoi commencer. Il faut trier mais elle ne sait plus. Elle ne pense plus.

Ils ont embarqué tous ses carnets qui contenaient les codes de banque et autres mots de passe de sécurité. Elle ne peut plus se connecter au compte, faire un virement, gérer le quotidien.

Céline, mon avocate, appelle pour faire sortir les scellés et obtenir les photocopies des pages concernées.

Une demande est faite à la juge pour que l'argent lui soit restitué. Ma femme attend toujours.

Moi, j'ai pris en grippe l'appartement. Elle, non. Elle y a tellement de bons souvenirs, les premières années de notre fille… Pas question qu'ils lui gâchent ça.

Durant des mois, l'angoisse monte à l'approche de 6 heures. Elle se réveille en sursaut à 5 h 45 tous les matins. Elle a cru entendre sonner.

***

Deux ans et demi plus tard. Le 9 novembre 2022, 6 heures du matin.

— Qui peut bien sonner à cette heure ?!
— Mais qui veux-tu que ce soit ?
Ma femme attrape les quelques dizaines d'euros qui traînent dans l'appartement et les glisse dans son soutien-gorge. Pas question qu'ils lui piquent encore ses économies !
La perquisition des gendarmes a lieu dans le cadre d'une enquête financière sur le GIP.
Quand elle les voit débarquer, elle les prévient tout de suite : « Nous avons rendez-vous à l'hôpital Necker pour notre fille, ça fait des mois que nous attendons cet examen, hors de question que je le rate ! »
Pour eux, ce n'est pas un problème, tant qu'une personne reste pour assister à la perquisition.
À 7 heures, je leur indique que l'on va avoir besoin de réveiller notre fille.
« Ce serait bien de ranger vos brassards, et surtout vos pistolets... »
Ce qu'ils font sans problème.
Ma femme se dirige vers la chambre de notre fille. La petite sait que son papa a des emmerdements par-dessus la tête. Elle m'en parle et je réponds à ses questions comme : « Pourquoi on ne peut plus aller à ton bureau, papa ? »
Ce matin, on lui explique qu'il y a des gens présents à la maison, qu'elle n'a pas à s'inquiéter. La petite murmure :

« Ce sont des méchants qui embêtent papa ?

— Un petit peu, lui répond ma femme.

— Attends… Je vais aller leur dire ! »

Elle se précipite dans le salon et lance : « C'est vous les méchants qui embêtez mon papa ? »

En dehors de quelques insinuations, ça se passe mieux. Les gendarmes font moins de bordel, sont plus compréhensifs et embarquent principalement l'ordinateur et mon téléphone.

« Vous venez voir ma chambre, maintenant ? s'écrie la petite.

— Non, non, ce n'est pas la peine…, lui répond un des enquêteurs.

— Ah si ! Vous venez voir ma chambre. »

Décembre 2022

Le GIP lance un appel d'offres dont le libellé est le suivant : « Marché de prestations d'accompagnement de la Direction générale du GIP France 2023 dans la livraison de la Coupe du monde de rugby se déroulant en France sur le périmètre "Event delivery" ».

Dans le cahier des charges, il est précisé que « le titulaire du marché se porte garant de l'exécution des prestations ci-après et s'engage à mettre à disposition ses équipes à 100 % dans l'exécution du marché ». Qu'en est-il du personnel du GIP dédié depuis toujours à ces missions ? Devra-t-il travailler sous son autorité ou sera-t-il affecté par la direction à d'autres missions ?

Le descriptif de l'ensemble des missions peut le laisser craindre :

« Le pilotage du schéma directeur sécurité, la coordination des six départements composant le pôle "Event Delivery",

l'accompagnement du département "Intégration" pour la mise en œuvre des fonctions de "Planification opérationnelle" et d'"Operational readiness".

Une contribution au plan de prévention et de continuité, les missions relatives au département "Operations", missions d'assistance auprès de fonctions clés du département "Operations" : aménagements, opérations stades, opérations broadcast, logistique, mise en configuration et aménagement des sites de compétition.

Le déploiement opérationnel, opérations stades, logistique, définition des modalités d'allocation des espaces (parvis et périmètre).

Le pilotage de la rédaction et la mise en œuvre des politiques fonctionnelles, le pilotage de la rédaction et la mise en œuvre des règlements et procédures.

La contribution aux opérations sur site, au sein du périmètre protégé, logistique, opérations broadcast. »

Il apparaît évident que ce marché permet de confier à une société privée le contrôle et la livraison de la Coupe du monde, de lui permettre de piloter les dépenses liées à cette livraison, soit plus de 100 millions d'euros, sans que les responsabilités civile et pénale soient clairement définies.

***

Le 13 décembre 2022, au prononcé des attendus du tribunal correctionnel de Paris dans le cadre de l'affaire Altrad-Laporte, la présidente déclare :

« En conséquence, Claude Atcher sera relaxé du délit de recel d'abus de confiance qui lui est reproché. »

« Il résulte de ce qui précède que Claude Atcher est relaxé du chef d'abus de biens sociaux. »

« Il résulte de ce qui précède que le tribunal relaxera partiellement du délit de travail dissimulé s'agissant "des déclarations

fiscales à déposer en 2016" et du fait de ne pas payer les cotisations sociales relatives aux salariés versés à compter du premier trimestre 2017. »

Malheureusement, ces attendus sont très peu relayés par la presse ; cela n'intéresse pas les journalistes qui ont couvert le procès et le feuilleton du GIP depuis le début. Le lendemain de l'annonce du délibéré, je relève une seule ligne dans le journal *L'Équipe*, sans que le mot « relaxe » n'y figure.

La suite de ce lynchage médiatique continue par un article dans ce même journal, le 19 janvier 2023, intitulé « La face cachée de la Coupe du monde », soit comme par hasard quelques jours avant une audience de conciliation aux prud'hommes fixée au 30 janvier.

Puis le 30 janvier 2023, un autre article : « Claude Atcher débouté aux prud'hommes » qui paraît dès la sortie de l'audience via une information relayée par la direction générale du GIP alors qu'il ne s'agissait que d'une audience de conciliation où le GIP et mes avocats n'ont pas trouvé d'accord. Par ailleurs, le juge ordonne la communication des échanges d'e-mails entre M. Atcher et Julien Collette, les comptes rendus des réunions avec les directeurs fonctionnels et les échanges d'e-mails entre M. Atcher et les directions fonctionnelles. Malgré une ordonnance du juge, une sommation d'huissier, une nouvelle ordonnance du juge le 31 octobre 2023, le GIP vient seulement de fournir ces documents, ce qui une fois de plus ne manque pas d'interroger sur les motivations à ne pas donner les preuves qui, si on en croit les articles, seraient « accablantes ». Il est déplorable, une fois de plus, de constater que le journal *L'Équipe* ne cherche à faire que du journalisme d'opinion alors que ses collaborateurs se targuent d'être des journalistes d'investigation.

Des intrus dans la mêlée

> « Une fois l'homme tombé, il est toujours de bon ton de nier que nous ayons été en accord avec lui. »
>
> Robespierre

J'ai l'obsession de vouloir comprendre comment j'ai pu m'entourer d'une telle banqueroute humaine. Avec le temps, les langues se délient. Que ce soit côté partenaires ou collaborateurs, ils me content et racontent les pots de fleurs et les sacs à problèmes. J'ai manqué de lucidité, vraiment.

En serais-je là aujourd'hui si je n'avais pas été renvoyé dans le procès Altrad-Laporte ?

C'est plus facile de frapper un homme à terre.

Toujours est-il que dans ce concours de circonstances qui a contribué à m'affaiblir en 2022, plusieurs groupes de personnes se sont retrouvés au même moment avec les mêmes intérêts, participant ainsi collectivement à mon éviction. Et des journalistes le leur ont offert sur un plateau.

Si je dois résumer en quelques mots les mobiles de cette exécution préméditée, le provincial a d'abord perdu son combat contre les élites parisiennes et les anglo-saxonnes, décidées à faire main basse sur la Coupe du monde. Il y avait ensuite le principal opposant de Bernard Laporte dans sa quête absolue et déraisonnable du pouvoir, au soutien, la ministre des Sports avec laquelle il partage une même vision structurelle de la société établie sur une solidarité de caste et une attitude autocratique. Enfin, un petit groupe de collaborateurs du GIP tantôt aigris de ne pas suffisamment briller, tantôt animés d'une forme de vengeance à mon encontre bien coordonnée. Et je ne peux passer sous silence la trahison pure et simple de mes plus proches collaborateurs. Mon expérience des êtres humains, de leur faiblesse et des fonctionnements d'une structure professionnelle ne laisse aucun doute sur le putsch orchestré par ces derniers.

Le ministère des ombres

Chère Amélie,

Tu m'as toujours tutoyé alors je vais en faire de même.

Lorsque tu m'as contacté la première fois, en avril 2022, tu t'es présentée comme le relais sportif de la campagne d'Emmanuel Macron. Également comme l'amie d'Olivier Ginon, proche du président de la République et accessoirement sponsor de la Coupe du monde de rugby avec sa société GL Events. Tu me sollicitais pour signer une tribune de soutien à la candidature de Macron à sa réélection, « Pour le sport français, voter contre l'extrême droite ». Et j'ai accepté, en accord avec les valeurs de diversité portées par le collectif Coupe du monde.

Après la victoire de Macron et avant ta nomination au ministère des Sports, tu es venue me voir à la Mutualité, le 26 avril, pour en savoir plus sur l'avancée des préparatifs. Tu étais très impressionnée par le travail effectué : « Claude, c'est fabuleux ce que tu fais ! » Tu me félicites à quatre reprises. Ce jour-là, tous les collaborateurs du siège sont réunis pour célébrer le départ de notre directeur de la sécurité, et tu te joins même à nous pour partager une coupe de champagne. Manifestement, l'ambiance ne t'a pas semblé toxique alors.

Le 20 mai, tu es nommée ministre des Sports et de la Jeunesse et, le 28 mai, de violents incidents surviennent lors de la finale de la Champions League au Stade de France. Dans la nuit du 31 mai au 1er juin, tu me sollicites : « Demain, je suis en audition au Sénat. Peux-tu me faire passer un document sur le schéma directeur de la sécurité de la CDM de rugby ? » Donc moi, dans la nuit, avec l'aide de mon directeur de la sécurité, ancien chargé de mission du ministre de l'Intérieur, je te fais passer ce document, et tu t'appuies dessus pour répondre aux questions des sénateurs. Ton message, le lendemain : « Merci pour ton soutien. Aucun doute sur ta loyauté, ton fabuleux engagement. » Le tout accompagné de petits cœurs et autres émoticônes.

Le 10 juin, pour me remercier, tu m'invites avec mes principaux collaborateurs pour un déjeuner à ton ministère où tu profites de l'occasion pour nous dire que tu n'as jamais vu un système de sécurité comme le nôtre dans aucun événement sportif, même à Roland-Garros, itou pour la billetterie. Bisous, bisous.

Et, le 22 juin, tu me décapites.

Malgré mes sollicitations, tu n'as plus souhaité me rencontrer ni avant le 29 août, jour de la réunion avec les membres fondateurs du GIP qui a abouti à ma mise à pied, ni bien entendu après mon éviction.

La seule voie explorée par la ministre est, comme le suggère le rapport du comité d'éthique, de prendre la décision de remercier le directeur général : « Un changement de directeur général paraît préférable au départ de plusieurs directeurs opérationnels ayant la confiance de leurs subordonnés et dont le remplacement pourrait s'avérer difficile à gérer. »

Affirmer qu'il est plus facile de me remplacer plutôt que de remplacer deux collaborateurs qui estiment être légitimes à poser un chantage à leur employeur est également une considération dénuée de tout fondement légal et constitue une violence à mon égard.

Ces mêmes directeurs opérationnels – dont deux quitteront finalement le GIP – qui, trois mois après mon départ, afficheront leur incapacité, voire leur incompétence, à livrer la Coupe du monde. Pour preuve, la direction générale a lancé un appel d'offres le 23 novembre 2022 pour confier les missions figurant dans leur fiche de poste à une société privée.

Depuis que j'ai quitté l'entreprise, tu n'as eu de cesse de revenir sur cette mise à pied en affirmant que c'était la seule solution pour préserver la sécurité et la santé au travail des salariés, ainsi que pour préparer la Coupe du monde et assurer un climat serein au quotidien.

Cependant, la réalité est bien différente. Le nombre de salariés se plaignant d'un malaise social semble avoir été bien plus élevé après mon départ. Il y a eu au moins quatre signalements auprès du CSE et de l'inspection du travail, ou de la médecine du travail, associés à des procédures de mise à pied ou de licenciement extrêmement violentes, ainsi que quatre dossiers pour lesquels le GIP est assigné aux prud'hommes.

De plus, de nombreux salariés ont été dépités de voir qu'une société privée, dont les principaux actionnaires font partie de tes proches, a été choisie pour livrer la Coupe du monde à leur place, une mission pour laquelle ils avaient été recrutés, les privant ainsi d'acquérir une expérience et un savoir-faire.

Quelles peuvent être tes motivations à agir de la sorte ?

Une volonté d'exister dans un milieu politique qui, depuis des années, ne laisse que peu de place aux acteurs du monde sportif et, plus largement, aux seconds rôles ? Les décisions stratégiques sont souvent prises à Bercy, sans réelle prise en compte des enjeux spécifiques au sport. La ministre des Sports doit donc trouver un axe de communication suffisamment percutant pour attirer l'attention des médias. Les Jeux olympiques, qui suscitent de vives controverses en termes d'image et de responsabilité, ne peuvent lui offrir cette exposition médiatique, le président de la République n'étant pas décidé à lui laisser des espaces de communication lorsque celle-ci peut être positive. Et puis les Jeux comportent des risques en matière de prise de parole. Les Jeux, ça se joue entre Emmanuel Macron, Valérie Pécresse et Anne Hidalgo. C'était particulièrement frappant lors de la conférence de presse sur l'annonce du dispositif de sécurité. Il y a Gérald Darmanin, Hidalgo, Pécresse, Tony Estanguet, et toi tu es au troisième rang derrière l'estrade, tu ne prends pas la parole et personne ne te la donne. Au lendemain des incidents au Stade de France, c'était presque exclusivement le ministre de l'Intérieur qui parlait et, quand on te posait des questions, tu répondais sous sa tutelle.

La ministre s'emploie donc à s'attaquer au pouvoir des dirigeants de fédération sportive, afin de démontrer qu'elle est la véritable patronne du sport.

En août 2022, trois semaines avant ma mise à pied, *Rugby World*, magazine anglais de référence du rugby mondial, publie le classement des dix personnalités les plus influentes du monde du rugby. Cinq Français y figurent : Bernard Laporte (nº 1), Benjamin Morel, patron du Tournoi des Six Nations (nº 3), Antoine Dupont (nº 4), Claude Atcher (nº 5) et Fabien Galthié (nº 7). C'est la première fois et il n'y a pas une fédération française sportive qui puisse s'enorgueillir d'un tel bilan. En quelques semaines, tu dégommes tout.

Tu es ministre des Sports depuis deux mois et demi et, à la première occasion, tu envoies un rapport à la fédération internationale de rugby pour « tuer » le directeur général du comité d'organisation, moi, qui défendait les intérêts de la France et l'héritage de la Coupe du monde. On marche sur la tête. Je suis viré, bientôt ce sera au tour de Bernard Laporte. Aujourd'hui, c'est terminé, il n'y a plus un Français représenté dans les organisations internationales.

Tu flingues la fédération des sports de glace, celle de football, de rugby, de gymnastique, sans parler de celle de tennis. Puis c'est au tour de l'escrime et de son président, Bruno Gares, à dix mois des Jeux, alors que l'escrime a toujours été un sport qui rapporte des médailles à la France. L'homme, je ne le connais pas et je ne sais pas ce qu'il a fait, mais s'il y a des problèmes, tu fais une inspection et tu décides de traiter ça après les Jeux. Ton cheval de bataille est-il le mâle blanc de plus de 50 ans ? Si c'est le cas, je suis d'accord avec toi : il y en a trop. Le fonctionnement du sport français est complètement obsolète. Mais, plutôt que de couper des têtes, de faire des rodomontades dans les médias ou de passer ton temps à polémiquer publiquement sur les fédérations sportives, affaiblissant ainsi un peu plus l'image globale du sport dans notre société, fais travailler tes équipes pour proposer des lois et une réforme en profondeur du sport français.

Ce dernier repose essentiellement sur des associations de loi 1901, à l'exception des clubs professionnels qui sont des SASP (société anonyme sportive professionnelle). Quand on sait que la FFR fait 150 millions d'euros de chiffre d'affaires annuel et qu'elle est toujours sous le statut d'association loi 1901, cela interroge. Et les dirigeants ne sont pas formés pour gérer 150 millions d'euros. Pire : le foot, c'est dix fois plus. Les fédérations sportives jonglent avec deux métiers. Elles disposent d'un agrément de l'État pour organiser la pratique du sport, son encadrement, la formation des dirigeants, des arbitres, l'organisation des compétitions, etc. Leur second métier, c'est d'aller chercher de l'argent pour financer tout ça. Mais les deux peuvent difficilement cohabiter. C'est un casse-tête permanent entre salariés et bénévoles. Remettre à plat l'organisation du sport français et le statut de dirigeant bénévole aurait un réel impact.

On peine de plus en plus à trouver des bénévoles pour diriger les clubs ou les fédérations. La plupart sont retraités ou sans emploi. C'est forcément au détriment d'une bonne direction alors qu'il pourrait y avoir des jeunes très qualifiés, mais qui forcément rechignent à mener ça de front avec une carrière professionnelle. Dans ce pays, ne pourrait-on pas trouver des choses un peu audacieuses pour valoriser ce type d'engagement ? Les heures de bénévolat ne pourraient-elles pas, par exemple, être transformées en points retraite ? Qui va encore s'y coller, sinon, alors que le vivre-ensemble est devenu crucial aujourd'hui ?

Sans parler de la pédocriminalité, qui gangrène le milieu à certains endroits.

Ce sujet aurait dû être mis en lumière avec les Jeux. Devenir dirigeant ne nécessite en France aucun diplôme, aucun agrément. Aujourd'hui, tu arrives dans un club, tu dis que tu es le fils de, que tu voudrais t'occuper d'une équipe de jeunes, on te fait une licence pour que tu aies une assurance, et basta ! Aucune déclaration comme quoi tu n'as jamais été condamné, aucun contrôle du casier judiciaire… Pour ça, les Britanniques sont bien meilleurs que nous, plus stricts et rigoureux : de manière obligatoire, il faut apporter plusieurs références démontrant l'absence de problème dans le contact avec les enfants.

Là sont les vrais enjeux du sport, pas dans de la communication politique. Des réformes de gouvernance et de management sont assurément nécessaires mais il me semble important de continuer de donner la parole aux dirigeants eux-mêmes, de les accompagner dans les mises en œuvre plutôt que de parler à leur place et de leur donner des leçons.

Des leçons que tu t'emploies à dispenser à tout le monde, à commencer par celles de management, en oubliant que tu fais l'objet d'accusations lorsque tu étais directrice générale de la fédération française de tennis et que tu as participé – en partie au moins – au départ contraint ou volontaire de plus de 100 personnes. Une lettre ouverte dénonçant un climat de terreur et des suspicions de harcèlement moral croise ton mandat, tout cela sans qu'aucune inspection de quelque nature que ce soit ait été diligentée par les instances de contrôle. Deux poids, deux mesures. Selon que tu fasses partie ou non des élites parisiennes.

Lorsque la production de la cérémonie d'ouverture de la Coupe du monde se rend à ton ministère pour te présenter le scénario, tu auras cette remarque géniale : « Ce n'est pas assez parisien, c'est trop provincial. » D'ailleurs, n'était-ce pas le problème avec Claude Atcher, qu'il était « trop provincial » ? C'est sûr que Paris, c'est la France, que le « luxe à la française », ça parle à tous. Une remarque qui a manqué de faire jeter l'éponge à Jean Dujardin, grand fan de rugby, qui s'était pleinement investi dans l'écriture dudit scénario. Dans ta volonté d'intervenir dans tout et sur tout, tu n'auras pas le dernier mot puisque le Président se sera empressé ensuite de renouveler sa pleine confiance à l'artiste.

Dans cette agrégation d'intérêts qui a conduit à mon éviction, j'ai l'impression qu'on a trouvé en toi celle qui saute sur toutes les occasions. Tu sembles confondre la fonction – une mission d'intérêt général – et ta personne.

Le 1er août, le président du comité d'éthique est dans ton bureau pour te remettre un prérapport, le rapport officiel étant rendu le 18 août. Dans l'intervalle, que s'est-il passé ?

Lorsque tu as réuni dans ton bureau, le 29 août, le président de la FFR, Bernard Laporte, le président du GIP, Jacques Rivoal, et les représentants du conseil d'administration du comité olympique, tu venais de recevoir la dernière version de l'avenant suspensif à mon contrat, que j'avais signée. Sur le conseil de mes avocats, j'avais fini par accepter de me déporter de mon poste de directeur général, sans salaire, pendant la durée du procès Altrad-Laporte. À ce stade, il n'y avait pas de décision disciplinaire prise à mon encontre puisque l'avenant était suspensif et que ça laissait le temps de traiter le sujet. À ceci près que, n'étant pas l'instigateur de ma propre éviction, j'avais rayé la mention « à la demande de M. Atcher ». Ça n'a pas dû te plaire puisque le soir même, toi seule décidais de ma mise à pied à titre conservatoire. L'affaire était, selon tes mots, « très sérieuse », le rapport du comité d'éthique, tout juste six pages aux conclusions approximatives et nullement étayées, « accablant ». Pire que ça, tu mettais la pression aux inspecteurs du travail chargés de l'enquête, alors même qu'ils n'avaient pas encore rendu leur rapport, en leur demandant instamment de qualifier les faits juridiquement.

Quelle légitimité avais-tu pour prendre une telle décision ?

Je rappelle que l'actionnaire majoritaire du GIP, c'est la FFR.

Je demande qu'il y ait une enquête, que des comptes soient rendus. Si je suis coupable de quelque chose, j'assumerai. Si je ne le suis pas, et que d'aucuns ont agi en toute illégalité, je veux qu'a minima cela se sache. C'est notamment pour cela que j'ai porté plainte pour abus de confiance. Et même si la première plainte a été classée sans suite faute d'enquête, j'ai décidé de me constituer partie civile afin qu'une vraie enquête soit ouverte.

On oublie à quel point un patron peut être moteur et que son éviction peut complètement déstructurer et désorganiser. Tu as fait tout l'inverse de ce qu'il fallait faire.

Tu aurais dû jouer le rôle de pacificatrice plutôt que de coupeuse de têtes. Au sommet de l'État, on n'est pas le P-DG d'une entreprise, on a des devoirs, notamment d'apaisement, d'écoute. On convoque tout le monde pour mettre les choses à plat : on privilégie la communication, la vraie.

Si malaise social il y avait, ce qui reste à prouver, on aurait pu décider de prendre des mesures correctives en même temps que de me décharger de la partie directe management, puis de nommer une commission indépendante pour faire l'analyse et toute la lumière. En me déstabilisant en pleins préparatifs, tu as déstabilisé le comité d'organisation de la Coupe du monde et le rugby français à l'international. Un beau gâchis.

Que fais-tu de la présomption d'innocence ? Tu sembles en avoir une notion à géométrie variable. Lorsque Bastien Chalureau est rappelé par le sélectionneur de l'équipe de France en raison d'un joueur blessé, une affaire de racisme resurgit et tu prends immédiatement sa défense, rappelant que l'on ne peut bafouer la présomption d'innocence. En revanche, pour ce qui est de Bernard Laporte ou de moi-même, tu t'ériges en juge et décide de la sentence. Où sont les enjeux, au-delà d'exister médiatiquement à travers conflits et sanctions ?

Va-t-on encore dans le sens de l'intérêt général quand on favorise l'intervention de sociétés privées dans la livraison de grands événements sportifs, allant ainsi à l'encontre des commentaires de l'inspection générale des finances dans l'audit réalisé sur le dossier de candidature, qui considère que l'État n'a pas suffisamment capitalisé sur les événements sportifs précédents, de même envergure et de même portée.

Je rappelle ici un passage du rapport de l'inspection des finances et de l'inspection de la jeunesse et des sports de 2018 :

« Du fait de son contexte fiscal, sportif et logistique, la France est devenue un des premiers pays organisateurs d'événements sportifs de portées internationale et même mondiale. Notre pays a su mettre en place des manifestations majeures avec une réussite reconnue et saluée. Plusieurs de ces grands événements sportifs internationaux ont pu constituer des sources de recettes pour certains secteurs de notre économie (tourisme par exemple) et avoir un impact sur le développement de pratiques sportives. Mais il paraît nécessaire et urgent de disposer d'une doctrine claire et étayée et d'outils fiables relatifs aux conditions dans lesquelles l'État apporte son soutien. »

L'État ne dispose donc pas d'un corpus de données organisé lui permettant d'optimiser son investissement dans les comités d'organisation locaux.

Il convient de rappeler que l'un des objectifs de la Coupe du monde était de démontrer le savoir-faire français dans l'organisation, de marquer l'histoire de la fédération française de rugby grâce à une expertise unique en matière d'événements qui dépasserait les frontières.

Cependant, on choisit d'externaliser ce savoir-faire – à votre demande, madame la ministre –, celui-ci devenant désormais la propriété de Rugby World Cup, de sociétés privées et de leurs actionnaires.

La volonté de l'État serait-elle donc de privatiser l'organisation des grands événements sportifs ? En confiant la livraison à des acteurs privés issus d'un écosystème gravitant autour du ministère des Sports, on finit par affaiblir et décrédibiliser les institutions sportives, dépossédées ainsi de l'expérience nécessaire à la livraison de ces événements pourtant cruciaux pour leur sport.

Le week-end d'ouverture de la compétition a été chaotique : les accréditations qui ne fonctionnaient pas, les files d'attente interminables pour se faire servir une bière… À Marseille, dix mille personnes n'ont pu entrer que vingt minutes après le coup d'envoi du match. Sur le plan international, ce sont entre quinze et vingt articles de presse qui ont relayé ces désordres, apportant la preuve que les Français ne sont pas capables d'organiser un grand événement sportif. Le lendemain, tu t'es rendue au GIP : « À partir de maintenant, je veux être tenue au courant heure par heure de tout ce qui se passe. »

À ce moment-là, t'es-tu dit que tu avais peut-être pris une décision brutale, hâtive, lourde de conséquences, à l'égard du « provincial » ?

Les vents contraires

Cher Alan,

J'imagine la banane que tu as dû avoir quand est arrivé sur ton bureau le rapport du comité d'éthique du GIP, que la ministre s'était empressée de te transmettre alors même que le principal intéressé n'en était même pas encore destinataire ! Et ta réponse ne s'est pas fait attendre.

Sur notre histoire commune ont soufflé bien des vents contraires. Vingt ans que l'on se connaît. Remontons un peu le fil.

En 2003, la France vient de gagner le droit d'accueillir la Coupe du monde 2007. Immédiatement, je pars pour l'Australie, pays où la CDM aura lieu cette année-là. Missionné par la FFR aux fins d'observer, de me faire une expérience, je travaille quotidiennement avec le comité d'organisation ; c'est l'occasion de premiers échanges avec Rugby World Cup, qui se passent plutôt bien. Et c'est là que je fais ta connaissance.

Je me dis : un peu psychorigide, le gars, sûrement à cause de sa formation d'avocat, pas très bon commercial non plus, mais sympa.

Quand je rentre en France, tu quittes RWCL pour IMG, une société de marketing qui accompagne la fédération internationale dans la recherche de sponsors. De 2003 à 2007, tout au long de la préparation de la CDM 2007, nos relations vont se tendre. Mais je dirais que c'est encore de bonne guerre. Un exemple assez éloquent dans les droits que RWCL se réservent à l'époque l'illustre bien : le sponsor voitures. Le contrat d'organisation qui nous lie avec RWCL stipule que nous avons l'obligation d'utiliser les véhicules que le constructeur sponsor mettra à disposition. Jusqu'ici, tout va bien. Sauf que lorsque j'avance que cette mise à disposition se fera gratuitement dans le cadre du contrat global, tu rétorques que RWCL compte bien nous les faire payer. On parle quand même de 350 véhicules en location pendant un mois et demi ! Je dégaine : comme cela dépasse le cadre du code français des marchés publics (aujourd'hui code de la commande publique), je vais être obligé de faire un appel d'offres et de prendre le moins-disant, donc pas nécessairement le sponsor voitures. Ta réponse : « Tu nous prends pour des cons, tu ne peux pas faire ça… » Bonjour, l'ambiance… à coups de « si, si », « non, non », je finis par obtenir gain de cause. Mais ça a dû te rester un peu en travers de la gorge. Dans tous les cas, ça pose le cadre de notre relation. Je suis obligé de batailler sur chaque sujet, car en face RWCL pense que tout lui est dû, et chaque clause du contrat d'organisation, qui fait environ 170 pages, est un point de négociation.

À la fin de cette Coupe du monde 2007 qui aura été un succès pour nous – 4 millions d'euros de bénéfices –, tu rejoins STH (Sports Travel and Hospitality Group), société qui achète les droits hospitalités de la CDM 2011. Nous n'avons quasiment plus de rapports pendant plus de quatre ans. Ils sont quand même plutôt bons quand tu rejoins de nouveau World Rugby et son ancien directeur général, Brett Gosper.

Vient alors le moment de l'attribution de la Coupe du monde 2023. Et je te retrouve puisque c'est toi qui construis tous les éléments constitutifs du dossier pour accueillir la CDM et qui pilotes la commission technique en charge d'étudier les candidatures et de rendre sa recommandation le 31 octobre 2017.

Je sais, à ce moment-là, que tu es partie prenante dans la candidature de l'Afrique du Sud ; un accord avait été passé entre elle et l'Angleterre. Celle-ci avait accueilli la CDM en 2015 avec notamment le vote de la fédération sud-africaine. Il était l'heure de rendre la pareille. Mais je fais comme si tu étais objectif.

L'Afrique du Sud est en tête, juste devant la France. Comme tu le sais, on ne s'est pas laissé faire, démontant un à un les arguments qui avaient amené la commission technique à abaisser notre note.

Situation inédite, deux semaines plus tard, le conseil, organe politique qui regroupe toutes les fédérations votantes de la fédération internationale, décide d'aller à l'encontre de la recommandation de la commission technique pilotée par tes soins, et composée à 70 % par des employés de World Rugby, en confiant l'accueil de la Coupe du monde à la France, et ce en dépit des interventions publiques du président Bill Beaumont, dépassant très largement la position neutre qu'il était censé tenir. Tu devais être vert ! Un parfum d'humiliation a dû régner dans les couloirs. Je dirais même que Bill avait le visage assez fermé quand il a annoncé que la France l'avait emporté.

En mars 2021, tu deviens finalement directeur général de Rugby World Cup et World Rugby.

Dans un document présentant le nouveau schéma d'organisation de la Coupe du monde 2027, le nouveau directeur général de RWCL reconnaît que les règles de l'édition 2023 ne garantissent plus un niveau de recettes équivalent et identifie deux challenges qui vont le conduire à modifier l'édition en cours, au mépris de toutes les règles posées au départ, et de la nature de sa relation avec le comité d'organisation local qui ne laissait pas suffisamment de marge de manœuvre à RWCL. Lorsqu'on analyse les objectifs commerciaux de la prochaine Coupe du monde et au vu de l'expérience de l'équipe RWCL, ils sont totalement inatteignables. Ce point de vue est confirmé par le départ du directeur des revenus de Rugby World Cup qui jette l'éponge. La maîtrise de la méthode de prospection, de valorisation et de négociation était pour eux très importante pour tenter d'atteindre les objectifs fixés, et sans le savoir-faire de France 2023, on peut estimer qu'ils n'auraient pas été relevés.

Le succès du programme de la Coupe du monde France 2023 a réussi à attirer 34 partenaires et à générer un chiffre d'affaires de 85 millions d'euros uniquement pour les partenaires associés au programme commercial du GIP. En ajoutant les six partenaires associés au programme commercial de RWCL, représentant environ 90 millions d'euros, cela représente au total environ 175 millions d'euros.

C'est dans un contexte de bataille permanente avec toi et les instances de la fédération internationale que j'ai âprement négocié, construit pas à pas ce France 2023 ambitieux qui devait rapporter de l'argent au rugby français. Je rappelle ici que le risque pour France 2023 était que tu reproduises ce que toi et tes équipes aviez imposé aux Japonais, à savoir un budget de dépenses de 494 millions de dollars, pour vous assurer un confort optimal.

Je me suis mis en opposition sur un certain nombre de sujets, et cela m'a valu de la part de RWCL, de la tienne et de celle de Michel Poussau, ton représentant en France, une animosité permanente, mais toujours sous des dehors très amicaux. Quand tu venais en France, on se faisait la bise ! Bref, j'étais l'emmerdeur de service.

À cela, on pourrait ajouter que j'ai fait élire Bernard Lapasset en 2011 à la présidence de World Rugby, contre Bill Beaumont. Je contribue tout de même à faire élire le même Bill en binôme avec l'autre Bernard (Laporte) en 2020 parce que, seul, Beaumont n'avait aucune chance, mais il a la mémoire courte.

Donc, si je fais l'addition : Bill m'en veut pour 2011. Toi, tu as un mauvais souvenir de nos relations quand tu étais l'avocat de IMG. À cela s'ajoutent l'humiliation et la frustration de la recommandation de la commission technique non suivie dans le vote final des fédérations. Tu supportes mal les négociations que je conduis au quotidien sur le contrat de 2023. Sans parler du camouflet, quelques semaines avant : cinq Français parmi les dix personnalités les plus influentes dans *Rugby World*, avec les principaux dirigeants de WR et de RWCL bien plus mal classés.

Alors, le 20 août 2022, c'est une revanche sur un plateau que te sert la ministre !

Sans aucune réflexion de sa part sur les conséquences, notamment vis-à-vis de la place de la France que nous avions construite pas à pas depuis cinq ans dans un monde anglo-saxon toujours plus ou moins hostile, ou l'affaiblissement du comité d'organisation dans son rapport de force avec la fédération internationale.

Et toi, tu appuies sur le bouton « exécution » : tu envoies une lettre au président de la FFR et au président du GIP.

Tu affirmes que tu ne peux pas ne pas réagir, tu mets en avant le fait que si le directeur général reste en place, des cadres du GIP pourraient décider de partir et, dans une ingérence parfaite, tu exiges ma mise à pied à titre conservatoire. En insistant sur le fait que je ne dois avoir aucun contact avec les membres du GIP ni avec les membres de l'écosystème de la Coupe du monde de rugby. C'est toi aussi qui exiges que l'accès à mes e-mails, SMS et messages soit suspendu. Mais c'est, selon tes dires, une mesure « provisoire » en attendant le rendu du rapport de l'inspection du travail. Pourtant, un peu plus loin, tu déclares ne pas valider mon retour au GIP quels que soient les résultats de l'enquête de l'inspection du travail !

J'ai tenté de te joindre plusieurs fois. On se connaît depuis vingt ans et tu ne m'as jamais répondu.

Et quelques jours après, la ministre applique exactement ce que dit RWCL.

Tant que j'étais là, vous n'étiez pas d'accord mais aviez toujours accepté.

À partir du moment où j'ai été évincé, tout a été détricoté.

Je souhaitais par exemple que les équipes, si elles le souhaitaient, restent jusqu'à la fin de la compétition. Je voulais éviter l'expérience traumatisante de 2007. Où la règle imposait qu'une équipe quitte le pays d'accueil 24 heures maximum après son élimination de la compétition, en fonction des disponibilités de transport. En 2007, le Tonga joue un match à 15 heures le dimanche, qu'il perd. Hormis celui du jour, pas de vol avant mardi ou mercredi prochains. Ni une ni deux, on les remet le soir même dans l'avion. Un peu rude.

Pour l'édition 2023, j'ai donc fait cette proposition, qui permettait aux équipes de pouvoir assister en plus à la finale. Quand on parle des valeurs du rugby et qu'on laisse les équipes perdantes rentrer chez elles pour regarder le match devant leur écran télé, c'est franchement limite. J'avais fait le calcul et budgété le coût dès le départ, soit 4 millions d'euros si toutes les équipes restaient. Et ça n'empêchait pas les bénéfices que j'avais dégagés. J'avais commencé à en discuter avec des collectivités. On pouvait potentiellement laisser une équipe comme le Portugal dans la même région, ou la déplacer, lui faire faire des matchs de démonstration avec d'autres équipes, organiser des interventions de joueurs dans les clubs… Ça avait du sens. On ne les gardait pas pour les emmener tous les soirs en boîte de nuit. En outre, je savais que sur les douze équipes éliminées à l'issue de la première phase de poule, il n'y en aurait que quatre qui seraient restées.

Mais voilà, ça emmerdait RWCL parce que ça les obligeait à travailler sur la problématique d'assurance, celle de la réglementation commerciale (sponsors sur les maillots, par exemple). OK, c'étaient des sujets délicats, mais qui se traitent. Rien d'insurmontable.

Résultat des courses : communiqué de presse d'avril 2023 qui déclare que « la France ne gardera pas les équipes éliminées ».

Le vent contraire avait soufflé sur le petit grain de sable.

Iznogoud

Cher Florian,

En 2016, tu fais campagne pour la réélection de Pierre Camou, mais vous perdez, flûte !

Bernard Laporte prend la présidence de la FFR, tu es élu au comité directeur, et tu t'opposes systématiquement aux réformes proposées par l'équipe en place. Et vlan !

Ensuite, en 2020, tu te présentes à ton tour mais, malgré le fait que Bernard sorte de 36 heures de garde à vue, il est réélu. Perdu et vlan pour toi.

Enfin, en avril 2022, réunion du bureau fédéral, Bernard Laporte évoque le sujet de sa succession à la tête de la FFR. Et, comme toujours avec lui, il fait des effets d'annonce et lance à la cantonade : « Claude Atcher serait un excellent candidat ! » Et autant dire qu'encore une fois, moi, le premier concerné n'avais pas été consulté. Mes envies, c'est l'organisation d'événements, pas la politique ! Et puis, à ce moment-là, je suis concentré à 150 % sur ma mission au sein du GIP – plus pour longtemps, mais ça, je ne le sais pas encore… Mais toi, dans ta tête, ça fait : « Alerte ! Alerte ! »

C'est à ce moment-là que tu as dû sentir le danger dans ta quête de pouvoir absolu.

Tu as mis en place avec ta copine Amélie Oudéa-Castéra – qui te connaît depuis longtemps puisqu'elle te soutenait déjà quand elle était encore présidente de l'association Rénovons le sport français – un plan pour, d'une part, m'empêcher de tirer un quelconque bénéfice de ma mission au service du rugby français et mettre la main sur l'organisation, d'autre part, t'octroyer les retombées de la Coupe du monde, celles qui te permettraient de gagner l'élection suivante.

Alors, à l'été 2022, quand le jour de mon audition par le président du comité d'éthique ce dernier s'enquiert par trois fois de ce que serait mon avenir si je quittais le GIP – étrange, car à ce moment-là il n'est pas encore question que je quitte le GIP –, puis qu'il insiste en me demandant à plusieurs reprises si je suis candidat à la succession de Bernard Laporte, je suis interloqué. On est quand même là pour parler du malaise social au sein du GIP.

Mais je sais d'où ça vient, monsieur le président de la FFR.

Il n'y a qu'à lire tous tes commentaires sur mon management, alors que tu n'as jamais mis les pieds au GIP, pour être convaincu que non seulement tu faisais partie de ce plan mais que tu en étais l'instigateur.

Ton ambition a été de profiter des affaires judiciaires en cours pour faire tomber l'équipe en place à la FFR. C'était tellement plus simple, dans ce contexte, de prendre le pouvoir plutôt que d'avoir à passer par un vote démocratique quand on sait que tes chances étaient minces.

Tes attaques permanentes à l'encontre des dirigeants en place, que ce soit à la FFR ou au GIP, ont fait beaucoup de tort au rugby français et à son image. Tu as semé la discorde plutôt que de te concentrer sur les impacts positifs dont ce sport a besoin.

En fait, comme le dirait l'un de mes amis, président de club, tu aurais pu être une solution à la succession de Bernard Laporte mais tu en es devenu le problème.

Et je ne peux m'empêcher de décrire ici une situation qui te résume bien : au mois de juillet 2023, tout fraîchement élu, alors que tu rends visite aux joueurs de l'équipe de France pour la première fois, tu leur annonces que tu veux diminuer le montant de leurs primes s'ils sont champions du monde.

Tout est dit.

L'effaceur

Cher Jacques,

Dis donc, le soir de la finale, je ne t'ai pas vu sur le terrain pour la remise des médailles… En revanche, je t'ai bien reconnu en tribune officielle avec ta femme, à côté du président de la République.

Du début à la fin, fantomatique et transparent.

Tu ne travaillais pas dans nos locaux ; tu venais pour les conseils d'administration, à raison d'un par trimestre ; tu assistais aux comités de direction, le plus souvent en visioconférence ; tu étais là pour certaines réunions institutionnelles ; tu répondais présent aux réunions des comités d'audit, d'éthique, d'appels d'offres… Normal, puisque c'est toi qui les présidais. Et durant tout ce temps, soit tu devais dormir, soit tu ne comprenais pas ce qui se disait.

Et d'être di-thy-ram-bique sur ma façon de piloter le comité d'organisation. À maintes reprises, tu dis et écris aux uns, aux autres : « Ce que fait Claude, c'est hyper professionnel, structuré, rigoureux… J'apprends beaucoup de choses. » Jamais une critique. Comme la ministre.

En revanche, il y a une chose sur laquelle tu te montrais assez vindicatif, c'était pour avoir des billets gratuits pour les matchs de l'équipe de France avec ta femme. Tu as fait chier ma cheffe de cabinet là-dessus pendant des jours. Mais pour le reste, jamais une objection.

Trois jours avant le premier conseil d'administration du GIP, le président pressenti nous avait fait défaut. On en a donc trouvé un par défaut. C'était beaucoup d'honneur pour toi, et patati et patata. Et avec toi, pas de rature : tu réécris l'histoire comme tu l'entends, malgré les bruits de casserole à chacun de tes pas.

Évanescent et impalpable, les épaules voûtées pour faire croire que tu portes le poids des responsabilités, des faux airs de modestie et cette façon permanente de s'excuser… On te croit inoffensif, mais tu ne l'es pas. Tu es un fauteur de troubles qui s'est camouflé derrière un titre honorifique, espérant échapper aux pots d'échappement polluants que tu as laissées derrière toi.

N'oublions pas qu'en ce début d'année 2024 un procès se dessine pour toi, l'ex-directeur de Volkswagen France. L'un des protagonistes centraux de l'affaire du « dieselgate » dans laquelle des constructeurs sont accusés d'avoir utilisé des logiciels fraudeurs pour maquiller les émissions polluantes de leurs voitures.

Voici un extrait du journal *L'Express* du 3 octobre 2018 qui titre « La France enterre-t-elle son "dieselgate" ? » :

« Jacques Rivoal est un garçon tête en l'air. Le 16 octobre 2015, celui qui est alors président de Volkswagen France se trompe quatre fois d'affilée en pianotant le mot de passe de son smartphone. Son BlackBerry Z30 enclenche alors la procédure de sécurité et efface tout : contacts, SMS, historique des appels... Rageant. Enfin ça, c'est la version que notre homme sert aux gendarmes de l'Office central de lutte contre les atteintes à l'environnement et à la santé (Oclaesp) qui enquêtent sur le volet français du "dieselgate", le scandale des moteurs diesel truqués, lorsqu'ils lui demandent pourquoi son appareil est vide, sans aucune donnée.

Pas dupes, les enquêteurs notent dans leur rapport confidentiel, auquel L'Express a eu accès, que tout laisse supposer que Jacques Rivoal a nettoyé son smartphone après avoir été averti – par le chef du département affaires juridiques et assurances – de la perquisition en cours au siège de Volkswagen France, à Villers-Cotterêts (Aisne). Les fadettes de ce dernier ont en effet permis aux enquêteurs de retracer l'appel.

[...]

Une action collective a été relancée dernièrement dans le cadre des actions pénales contre Volkswagen... »

Au sein du conseil d'administration, le président n'a jamais existé pendant cinq ans, mais quand la ministre a agité la responsabilité pénale du président quant à la sécurité des employés d'une entreprise, il a dû prendre peur.

Depuis mon départ, tu te félicites chaque jour des actions que tu mènes, alors que tu n'as jamais rien fait d'un point de vue organisationnel au sein du GIP. J'en veux pour preuve que tu découvres après cinq années à mes côtés que soi-disant je terrorise les salariés.

Les moments que je préfère, c'est lorsque tu abordes d'éventuels manques de probité dans ma gestion du GIP, dont tu étais le président, ou que tu déclares vouloir compenser l'impact carbone de la Coupe du monde !

Tu as tellement de duplicité que tu t'attribues même les succès bien antérieurs à ta récente position de « président représentant le GIP » : tu aurais tout fait sur cette Coupe du monde, vendu tous les billets, mis en place l'organisation, recruté les sponsors… Tu as même tenté d'expliquer comment tu avais gagné le droit de l'accueillir !

Il faut que je te remercie, quand même… pour m'avoir présenté Germain Grac-Aubert en 2021.

Le mec s'est fait remercier du cabinet du ministre Lecornu et toi, tu veux ab-so-lu-ment me le faire embaucher pour la communication. Je le vois une fois, deux fois… À ce moment-là, je sors de l'expérience avec François Coën qui venait lui aussi d'un ministère, celui du Travail, mais qui ne s'était pas du tout adapté au rythme d'un événement sportif… Forcément, je suis un peu refroidi et je n'ai pas spécialement envie de retomber dans le même scénario pour un poste aussi important et stratégique que la communication. Donc, je dis non.

Et que n'ai-je pas eu la « chance » de découvrir en septembre 2022 ?

Qu'un dénommé Germain Grac-Aubert, travaillant pour le compte de l'agence OPS Conseil (agence d'influence qui conseille le président de la fédération française de tennis et, encore plus surprenant, dont la principale dirigeante a côtoyé au cabinet d'Arnaud Montebourg un certain Julien Collette), diffusait auprès des médias des informations inexactes sur mon compte, avec l'objectif de mettre en cause ma probité et donc de nuire à ma réputation.

La même société qui se retrouve d'ailleurs sous contrat avec le GIP dès le lendemain de mon départ…

Et comme décidément tu as des problèmes de mémoire, tu as délibérément menti en disant tu ne connaissais pas ladite agence lorsqu'un des membres du conseil d'administration du GIP t'a posé une question à son sujet.

Sans oublier que tu as également confié un marché à tes amis avocats sans respecter l'appel d'offres juridique lancé par le GIP – la procédure a dû te sortir de la tête, décidément la mémoire te fait défaut –, et que ce « petit » écart a fait l'objet d'un signalement au procureur de la République.

Quelle mauvaise foi, inénarrable Jacques, et quel cynisme !

Petits complots entre amis

Cher Hugues,

Pas très fair-play, le bonhomme. Je te reconnaissais pourtant des qualités professionnelles que je n'ai pas retrouvées chez ton successeur.

En voulant protéger la jeune femme qui nous a alertés, je t'ai sauvé les miches. Tu t'en es sorti avec une rupture de ton contrat de travail et tu es parti, ni vu ni connu, sans être inquiété.

On découvre que tu fais partie des dix-neuf personnes qui ont témoigné dans l'enquête du comité d'éthique ! Incroyable. Autant dire que ça ne devait pas être en ma faveur, et cela enlève un peu plus de crédibilité à ce rapport.

C'est sûr que tu n'allais pas leur dire que tu avais été remercié au motif de ton comportement… Et puis, comme tu avais été inspecteur des finances, que tu savais qu'une enquête était lancée par la ministre auprès de tes anciens collègues, tu avais tout intérêt à m'enfoncer sous couvert d'anonymat.

Tes propos m'ont été rapportés par ailleurs : « Je suis parti parce que j'ai trouvé que dans la gestion de Claude les modes de fonctionnement ne me semblaient pas très clairs. »

La discrétion de ton départ a donné du crédit à ta parole. Si nous avions rendu publics les faits qui nous avaient été rapportés, la question de t'auditionner ne se serait même pas posée.

Mais, rassure-toi, j'ai régularisé la situation. En août 2022, j'ai fini par faire un signalement auprès du procureur de la République.

Mais le temps de la justice n'est pas le temps structurel et surtout pas médiatique. Le parquet ne l'a traité qu'en juin 2023. Ça t'a laissé tout le loisir de te répandre et de te trouver une nouvelle planque. Mais une enquête judiciaire est ouverte. J'ai été entendu en tant que témoin, tout comme une dizaine de personnes au GIP. L'enquête, quoi qu'il arrive, va suivre son cours.

Tu salueras pour moi ton ancienne victime puisque aujourd'hui elle travaille avec toi au conseil départemental des Hauts-de-Seine.

Il y a vraiment des ressorts psychologiques qui m'échappent.

L'imposteur

Cher Julien,

Directeur général du comité d'organisation de la Coupe du monde de rugby 2023 !

Un bond comme ça dans ta carrière de technocrate, tu ne l'avais pas imaginé, même dans tes rêves les plus fous.

En tout cas, à un moment donné, dans cette sombre agrégation, tu as entrevu la lumière : on a dû te laisser espérer mon poste. Et là, double axel, triple lutz piqué ! Sans pitié, le garçon.

Je te reconnais une forme d'intelligence situationnelle qui t'a permis de te retrouver à la solde de madame la ministre et de Rugby World Cup. En d'autres circonstances, tu n'aurais jamais eu ce poste.

Il paraîtrait que depuis mon départ tu es tétanisé dès qu'il faut prendre une décision. Je n'ai pas de mal à t'imaginer en train de te mordiller la lèvre inférieure, de te ronger les ongles, avec l'air du bambin qui a perdu sa maman. Ben oui, c'est compliqué quand on n'a pas le savoir-faire et les compétences.

Mais sous ces airs de petit garçon se cache un Talleyrand qui sert et trahit tous les régimes, l'instigateur des basses manœuvres.

Tu m'avais été recommandé par la FFR. À l'époque, tu étais en poste depuis trois ans comme directeur délégué. Je pose quelques questions, on me répond que tu un gars sérieux, responsable, etc., que je peux avoir confiance. Depuis, les langues se sont un peu déliées : « Bon débarras », « On n'a jamais supporté son management et sa façon de travailler », « Le travail au quotidien avec lui, c'est ma pire expérience professionnelle »... Donc, en gros, ils étaient bien contents de te voir partir. Et depuis ce jour de janvier 2022 où tu as pris tes fonctions de numéro deux en remplacement d'Esquerre, tu as semé la zizanie – en quelques mois.

Lorsqu'un directeur te posait une question du type : « Est-ce que Claude a pris une décision à ce sujet ? », tu pouvais répondre : « Non, Claude n'a pas pris de décision. De toute façon, il est toujours débordé, il n'a jamais le temps de décider, et en plus il est fou... » Un petit complexe vis-à-vis de la compétence que tu n'avais pas ? Le fait de te positionner contre moi devait te donner de l'importance.

Mais je n'ai pas vu tout de suite que tu manœuvrais pour masquer tes insuffisances. Tu vires la plupart des personnes que tu as toi-même recrutées, sans un regard, leur mettant sur le dos ta propre incompétence. Et moi, pendant ce temps, j'ai espéré que nous ne nous dirigions pas vers l'accident industriel.

Je fais ici un rappel de ta fiche de poste pour que tout le monde comprenne bien quelle était ta mission de directeur général adjoint. Extrait :

« Il a en charge le pilotage et la coordination des domaines fonctionnels suivants :

– Administration / finances et ressources

– Affaires juridiques

– Emploi et formation / Campus 2023

– Parrainage et autres revenus

– Stratégie RSE

[...] la responsabilité opérationnelle directe des affaires publiques / projet institutionnel et notamment :

– Contribuer au bon fonctionnement et à la performance de la Direction générale en favorisant la mise en place de processus efficaces et adaptés ainsi que d'une communication fluide et appropriée ;

– Aider le Directeur général dans l'identification des sujets prioritaires et dans la prise de décision en s'assurant de la qualité des dossiers qui lui sont présentés ;

– Contribuer à la mobilisation des collaborateurs et des partenaires de la Direction générale pour atteindre les objectifs de performance de chacune des directions ;

– Contribuer au déploiement de la vision stratégique de la Direction générale ;
– Créer de la performance durable pour l'entreprise en s'appuyant sur la motivation des équipes, par la mise en œuvre du plan collectif jusqu'à la charte de qualité, Campus 2023 ;
– Donner de l'autonomie d'action et de décision au cabinet, en ligne avec la stratégie de l'entreprise, et encourager la prise d'initiative et l'innovation ("Apporter sa contribution") ;
– Créer les conditions d'une écoute respectueuse et de débats productifs, favorisant la prise de décision transparente et rapide ("Parler vrai") ;
– Encourager le développement des équipes et de ses collaborateurs en incitant, motivant et partageant des feedbacks réguliers et constructifs ("Apprendre au quotidien") ;
– Guider ses équipes vers plus d'agilité et assurer une prise de décision au bon niveau opérationnel ("Faire simple")... »

Malgré cette liste très exhaustive des responsabilités qui t'ont été confiées, ni le président du comité d'éthique, ni les inspecteurs du travail, ni même la ministre des Sports ne t'ont posé de questions plus précises quant à ta véritable implication dans le « climat de terreur » et les allégations de harcèlement moral.

Lorsque l'on m'interroge en août 2022 au sujet d'un possible sous-effectif au sein du GIP, je te demande de gérer les demandes éventuelles des directeurs. Les comptes rendus ? Tu n'en as pas produit beaucoup voire très peu en comparaison de ceux de Hugues Esquerre, réguliers, précis et circonstanciés.

Le rapporteur écrit que je n'ai pas de bonnes relations avec la médecine du travail. Mais je n'en ai jamais eues avec la médecine du travail. Ce n'était pas mon job, mais le tien ! C'est toi qui gérais les relations avec elle, tous les documents le prouvent. Je n'ai pas eu de remontée d'aucune sorte alors que c'était à toi de m'en informer.

Le GIP a des « preuves accablantes » contre Claude Atcher. OK, montrez-les-moi. Parce que ça fait un an et demi que mes avocats attendent toujours la copie de tous les mails échangés entre toi et les directeurs fonctionnels. Le seul mail de salarié versé au dossier et en la possession de mes conseils, il ne concerne pas mon management mais le tien : l'humiliation dont il a été victime et qui l'a poussé à la démission, c'est toi.

Je n'ai pas été assez vigilant dans la vérification de ton savoir-faire et de ton savoir-être, et c'est une grosse erreur.

Campus 2023, c'est un projet qui me tenait vraiment à cœur. Et tu as tout fait pour rendre les relations intenables avec son directeur délégué. Mais s'occuper de la formation des jeunes, ça ne t'intéresse pas vraiment ; ton dada, c'est plutôt les relations avec les politiques et les ministères.

Dans le cadre des questions posées par les inspecteurs des finances, personne n'a jamais évoqué ta responsabilité dans la gestion de Campus 2023 ou les relations avec les collectivités territoriales.

J'ai découvert depuis que tes compétences en matière de gestion t'avaient valu une couverture médiatique : un petit déficit de 8 millions d'euros lorsque tu étais directeur général de l'Accor Arena, alors que tu avais présenté un budget bénéficiaire de 1 million d'euros au conseil d'administration.

Surprise aussi quand j'apprends que tu aurais eu des problèmes dans un appel d'offres pour le nettoyage et l'entretien de l'Accor Arena, et également avec le président de la fédération internationale de hockey sur glace, organisatrice des championnats du monde et dont la directrice des opérations était… Martine Nemecek.

Je me demande encore aujourd'hui comment j'ai pu me faire berner de cette manière !

Dernière information, il semblerait que tu fasses l'objet d'une plainte au pénal pour faux et usage de faux, ce qui m'amène quand même à me demander si le board de RWCL, conformément au contrat d'organisation, a validé ta candidature en tant que directeur général comme il l'avait fait en ce qui me concerne…

L'un de tes premiers actes en tant que directeur général par intérim du GIP a été de présenter une revue budgétaire en février 2023. Six mois après mon départ, les dépenses concernant les frais de livraison du tournoi ont augmenté de plus de 23 millions d'euros.

En ce qui concerne le bilan du GIE qui semble être largement déficitaire, il ne l'était pas en février 2023 – lors d'une revue budgétaire que tu pilotais et où tu annonçais fièrement un bénéfice de 5 millions d'euros. Applaudissements !

Bonjour tristesse

Chère Martine,

Extrait du rapport du comité d'éthique : « Pour le président du CA comme pour les deux DGA, il y a crise de confiance, le dévouement et le dynamisme dont ils se prévalaient sont rompus. »

Aurai-je un jour une explication ? Je n'en suis pas sûr.

J'ai beau prendre les choses par n'importe quel bout, je ne comprends pas comment tu as pu me trahir, quels ont pu être les ressorts qui t'ont amenée à cette trahison.

Je ne reconnais plus celle que j'ai connue en 2007, forte, précise, exigeante et, surtout, qui n'avait peur de rien.

Une situation personnelle difficile, des missions sur de grands événements sportifs qui ne s'étaient pas bien passées…

Tu traversais un moment compliqué dans ta vie et je t'ai tendu la main, remise en selle. Je t'ai confié la responsabilité des championnats du monde de rugby des moins de 20 ans, ce qui t'a permis de devenir salariée de la FFR, puis le poste de directrice du tournoi à France 2023.

Malgré les quelques réticences que je pouvais avoir sur ton manque d'expérience à ce niveau de responsabilité, tu m'as convaincu que tu avais les épaules assez solides et suffisamment d'énergie pour cela.

Je me suis lourdement trompé, j'aurais dû être beaucoup plus vigilant.

Tu as trouvé toutes les excuses du monde durant trois ans pour ne pas boucler la revue budgétaire des projets que tu pilotais – seule direction à ne pas l'avoir fait –, c'est le directeur financier qui l'a fait pour toi… Et là, non seulement tu as sauté sur l'occasion de mon éviction pour conforter ta position en prenant le poste de directrice générale adjointe, mais tu t'es arrangée pour ne plus avoir à porter la responsabilité de la livraison de la Coupe du monde en la confiant à une société privée, soit l'ensemble des missions qui étaient indiquées sur la fiche de poste relative à ton contrat de travail.

Quand je te récupère en 2018, tu es au bord du gouffre, presque sans domicile et dans un état personnel très dégradé. J'essaie de t'aider à remonter cette pente, je te propose même de jouer les intermédiaires auprès de ton mari pour tenter de résoudre votre désaccord sur la maison. Et on y arrive. Ton embauche à la fédé te permet de retrouver un salaire quand tu n'en touchais plus depuis un moment. Une seconde chance à laquelle, je pense, tout le monde a droit.

Mon père était un homme d'une exceptionnelle générosité et faisait l'unanimité partout où il passait. Je crois n'avoir jamais entendu quelqu'un dire du mal de lui. Il n'hésitait pas à aider les autres, à les accompagner, parfois même au détriment de son confort personnel. C'est resté ancré en moi, ce n'est pas un hasard si j'ai été éducateur spécialisé. Ce n'est pas non plus un hasard si, plutôt que de prendre systématiquement des gens confirmés, j'ai choisi de recruter des personnes à former.

As-tu reçu des pressions ? À quel moment t'a-t-on dit : « Maintenant, vous allez prendre le pouvoir » ? Quand a eu lieu le basculement ?

Il y a quelque temps, j'ai revu Ross Young, le directeur général de la fédération de rugby des États-Unis, pour un petit déjeuner.

Tu le connais puisque nous avions travaillé avec lui en 2007. Un gars chouette avec qui toi et moi avions souvent eu des accrochages lorsqu'il était côté RWCL en qualité de directeur du tournoi, mais jamais avec de conséquences négatives. Il venait de te croiser en pleine Coupe du monde.

Il paraît que tu regrettes beaucoup mon départ, qu'il manque un patron. Que les collaborateurs ont énormément souffert des non-prises de décision. Et qu'ils vous en ont fait baver, les coachs. Tu m'étonnes ! Ces mecs-là sont insupportables, ça, oui ! Je les connais, je les ai pratiqués : « Claude, tu comprends, mes joueurs, il leur faut des framboises au petit déjeuner... » Des demandes toutes plus extravagantes les unes que les autres sur la nourriture, les lits, etc. Je leur répondais : « OK. Mais tu payes. » Et désormais, personne pour leur dire non. Plus rien n'est anticipé. C'est certainement dans la livraison de l'événement que vous perdrez le plus d'argent. On parle de 23 millions de plus que ce qui était prévu. Il y a certes l'inflation, les vols internationaux, mais il y a aussi les requêtes farfelues des managers et... les 3 millions qui reviennent à l'agence extérieure.

Donc, Martine, tu regrettes le patron ? Eh bien, tant pis pour toi.

L'ombre d'un ami

Cher Nicolas,

Avec ma femme, il nous arrive souvent de nous demander : qui ? Qui pour nous trahir ? Certainement des personnes pas toujours lucides mais qui l'ont fait, qui nous ont trahis.

Le ton a monté dans la discussion au sujet du match des Barbarians, comme il y a eu cinquante occasions qu'il monte. Il n'y avait pas de différence ce jour-là. Ce qui a pétrifié les gens, c'est ta réaction.

Le jour où l'on s'est rencontrés, tu étais persuadé que j'allais te virer. Et moi, touché par le jeune homme qui vivait dans l'ombre d'un père, je t'ai pris sous mon aile.

J'avais eu une opinion favorable sur toi (« Il parle très bien anglais – un avantage dans le milieu international –, il a une bonne connaissance d'un certain nombre de dossiers »), une autre qui l'était moins (« Surtout ne le prends pas parce qu'il ne travaille pas, il n'est pas fiable, et puis un traître trahira à nouveau »). J'ai choisi de te laisser ta chance. Je suis un affectif, on ne se refait pas.

Tu as rapidement grimpé les échelons, passant de factotum de la fédé à référent du rugby français auprès des instances internationales.

Ça se passait plutôt très bien. On a poursuivi l'aventure. Au fil du temps et de nos pérégrinations, une relation filiale s'est instaurée entre nous.

J'ai pris le temps de t'écouter, te conseiller et te guider. Je t'ai donné, je crois, les moyens de réussir. Je t'ai confié des responsabilités, tout en t'indiquant au préalable que la teneur du poste représentait un lourd investissement. La confiance, me semble-t-il, était mutuelle, la communication ouverte et la collaboration efficace.

Je ne résiste pas à l'envie de faire partager un discours que tu avais écrit avec beaucoup d'émotion et d'humour à l'occasion d'un repas de fin d'année, sur notamment l'état d'esprit de l'équipe au bureau :

« Aujourd'hui, nous sommes le 19 décembre 2018. Cela fait deux ans que nous traînons ensemble. Déjà deux ans ! Que le temps passe vite.

Mais je me souviens des débuts dans les moindres détails. Comme si c'était hier. Le 3 décembre 2016, dès sa victoire aux élections de la FFR, Bernard Laporte a annoncé lors de sa première conférence de presse en qualité de président, que la candidature française à l'organisation de la Coupe du Monde 2023 serait désormais pilotée par Claude Atcher avec une seule ambition : rattraper le retard et gagner.

Un challenge immense à cette époque. Il nous restait peu de temps pour pouvoir y arriver. Pour cela, il fallait qu'il s'entoure de la meilleure équipe : des Jedi de l'événementiel, des Sept mercenaires de la billetterie, des Avengers de la sécurité…

Pourquoi ?

Car l'Irlande, grande favorite, s'était entourée des meilleurs conseillers de Deloitte UK, de ses médias et du soutien indéfectible de ses grandes institutions.

Car l'Afrique du Sud, outsider coutumière, bénéficiait du soutien sans faille, tant institutionnel qu'opérationnel, de son gouvernement.

C'est bien pour ça que je fus donc le premier surpris lorsque Claude, trois jours après, vint me trouver dans mon bureau. Ma première pensée à ce moment-là fut : "Ah ça y est, je suis viré ! Ils n'osent pas me le dire, ils m'envoient le videur."

Oui, car il faut avouer, malgré tes diplômes en psychologie, tu as plutôt l'air de Bud Spencer que de Françoise Dolto.

Bref, il s'avère que non je n'étais pas viré mais au contraire, il fallait que je rédige en deux jours une stratégie de promotion internationale de la candidature. Quarante-huit heures ! Pris par l'émotion, j'ai quand même répondu que oui j'en étais capable et que j'allais le faire. L'aventure a ainsi débuté. J'avais l'honneur d'intégrer la Task Force redoutable montée par l'homme à l'origine de la première Coupe du Monde en France en 2007, qui avait à cette occasion battu la Perfide Albion ; celui qui a offert à l'Asie son premier Mondial contre l'avis d'un grand nombre d'influenceurs du rugby.

Maintenant qu'on a dit ça, il fallait être très optimiste quand on voyait la tronche de notre task force :

– Une blonde chef de Cabinet incapable de retenir les noms des interlocuteurs

– Un stagiaire blond qui ressemble à Fantasio et qui ne parle pas

– Un chargé de communication au bouc naissant, égérie des gels L'Oréal

– Une Bretonne montée sur ressorts qui commence toutes ses phrases par « Ben nous à l'Euro 2016... »

– Un ancien joueur de Béziers, le Terence Hill de notre Bud Spencer. Un homme qui arrivera à la gare à 6 heures si son train part à 9 heures

– Un rouquin consanguin du Médoc

– Et puis moi, un Provençal dont la réplique favorite est « T'inquiète »

– Un grand brun habillé chaque jour avec un costume de mariage différent

– Un inspecteur général des finances qui vous fait immédiatement penser à Cheval (vous savez, le copain de François Pignon dans le Dîner de Cons)

– Un stagiaire frisé tout mignon qui a commencé à causer la veille de son « premier départ »

Bon, on avait quand même Philippe Collin Delavaud qui remontait bien le niveau. Le problème, c'était que comme il ne savait pas se servir de l'imprimante, on a dû lui laisser le stagiaire blond qui du coup devait consacrer 43 % de son temps de travail à faire ses impressions.

Voilà l'équipe de notre Claude. Celle qui doit relancer de l'en-but pour aller marquer l'essai à la 80e. Et nous voici partis sur les ordres de notre Hannibal. Attention, pas l'illustre chef de guerre carthaginois, héros des guerres puniques. Non, je parle là du Hannibal de L'Agence tous risques. Celui qui fume le cigare et qui aime quand un plan se déroule sans accroc.

Elle n'était quand même pas gagnée cette Coupe du Monde.

Claude, nous n'étions sans doute pas les meilleurs. Loin de là. Mais tous ensemble, nous le sommes devenus. Des gamins (tes gamins !) ont déjoué les pronostics, nous avons gagné un match et personne ne le pensait possible. Jamais battus ! C'est notre credo !

Il peut se passer n'importe quoi maintenant, le 8 septembre 2023, au coup d'envoi du match d'ouverture, nous saurons que quelque part, c'est grâce à nous. Et ça, rien ni personne ne pourra nous l'enlever.

Et nous voilà tous réunis autour de cette table. Avec d'autres personnes qui nous ont rejoint depuis :

– Un markéteux du Limousin mangeur de graines et qui prononce un mot sur deux en anglais : Ça va bien, today ? Je vais manger une salade, c'est plus healthy !

– Un fonctionnaire bordelais dont les week-ends débutent à 14 h 03 le vendredi

– Une sprinteuse créatrice de calendriers de l'Avent !

– Martine (oui, je ne vais pas faire de blague sur Martine, car je n'ai pas envie de m'en prendre une)

J'ai souvent considéré que l'environnement au travail était un facteur important pour s'épanouir dans la vie. Il est donc très important de bien s'entendre avec ses collègues si on veut ne pas être aigri dans sa vie personnelle. Quand j'ai quitté Marcoussis, j'ai laissé des gens formidables que j'aime profondément. Mais sans tomber dans le pathos, en vous rejoignant, je dois dire que j'ai véritablement trouvé une famille :

– Un papa bienveillant mais qui sait aussi disputer quand on fait mal ses devoirs

– Une maman toujours prompte à nous mettre du chocolat en poudre dans notre capuccino quand on a des gros chagrins

– Un grand frère chargé de surveiller l'épargne familiale et qui balance aux parents si on dépense trop

– Un petit frère qui découvre son corps et qui a envie de... enfin qui veut... Bref, vous avez compris.

Je suis content tous les matins de venir vous retrouver.

Même dans les moments difficiles, je sais qu'on sera toujours là les uns pour les autres. Ce n'est pas une utopie. Nous appliquerons les mots d'André Boniface : « Personne ne vous oblige à jouer. Mais, si vous le faites, ce ne doit pas être à moitié. Car le rugby est un supplément à la vie. »

Alors, oui, on va se fâcher. On va se prendre la tête. On va s'agacer. On va se détester. Mais je sais que ce sera pour mieux se réconcilier. Beaucoup d'entre vous ont joué et le savent : quand on n'a pas mal à la sortie d'un match, c'est qu'on l'a raté. Il y aura des bobos, faudra se les soigner ensemble. Et si une personne, quel que soit son niveau, fait du mal à notre équipe, on saura lui répondre... en équipe. Il faudra qu'elle coure très vite (je ne fais aucune allusion à une situation ayant existé ou pouvant exister).

En tout cas, je suis content d'être là avec vous et de continuer à grandir à vos côtés.

Je vous aime (certains moins que d'autres). Et je vous souhaite de bonnes fêtes de fin d'année. Joyeux Noël, et À NOUS !!! »

Lorsque je me suis marié en 2019, tu as fait partie des rares invités du GIP présents. Tu étais quelqu'un qui comptait dans mon environnement. Ce jour-là, ta femme s'est même fendue d'une vidéo dans laquelle elle me remerciait d'avoir fait grandir son mari. En effet, depuis deux ans, tu étais pleinement épanoui dans ton travail et ça avait des répercussions positives sur ta vie familiale. On en est là.

Nous avons certes eu des prises de bec, je suis exigeant. Mais, après la « bagarre », tu avais cette façon étonnante d'entrer dans mon bureau pour me demander de te faire un câlin. Je ne faisais pas ça avec tout le monde. Ça doit être le côté paternaliste de mon management. Et sûrement l'attachement que je te portais. Et tu repartais tout content.

En ce début d'année 2022, tu m'écrivais ce message : « À mon mentor, mon deuxième papa, celui qui fait ce que je serais : il faut du caractère pour se réinventer. Il faut de la résilience pour suivre sa voie. Il faut de la patience pour se réaliser. Il faut du courage pour rester authentique. Il faut de l'humilité pour apprendre de ses erreurs. Il faut de la sagesse pour accepter que l'on ne contrôle pas tout. Il faut de l'espoir pour avancer quand on ne voit pas. »

Tes derniers mois au GIP, sous ma direction, tu étais plus tendu.

Après notre altercation du 22 mars, j'ai découvert que tu t'étais confié à Marie Houzot sur ton mal-être.

J'ai appris depuis que cette fragilité et ce mal-être t'avaient conduit à un nouveau burn-out pendant la Coupe du monde où, en charge de l'accueil des VIP et du protocole, tu as fini par quitter une réunion sur une civière et être hospitalisé douze jours.

Je m'en veux de ne pas avoir vu, ce 22 mars, que tu étais à bout de nerfs ; je n'aurais probablement jamais eu cette conversation avec toi.

Pourquoi ne m'en as-tu pas parlé ? Je savais que tu connaissais certaines difficultés au sein de ton foyer. Avec le recul, je me dis que le décès de mon père m'a peut-être rendu moins réceptif.

Je sais aussi que ta relation avec le monde du rugby était complexe, avec ce père qui prenait toute la place. Tu te sentais coupable et jugé, tu étais dans le contrôle permanent, cherchant en tout point la perfection. À mon sens, cette recherche d'identité t'a tué à petit feu moralement et t'a empêché d'être équilibré, serein et heureux.

Et pourquoi ce choix de couper radicalement les ponts sans une explication ? Pourquoi cette décision brutale de quitter le GIP par avocat interposé ?

J'ai tellement cherché à comprendre. Je n'aurai plus jamais l'occasion de rediscuter avec toi par la suite.

Si tu m'avais appelé et fait part de ta volonté de partir, je pense que j'aurais pu essayer d'influer auprès de la contrôleuse générale en insistant sur le fait que tu avais œuvré dans le dossier de candidature, que tu étais de la fédé. On aurait pu te donner six mois de salaire. C'était quelque chose de réalisable, que je pouvais justifier.

Et un mois et demi après mon départ, tu réintègres ton poste au GIP.

Et le pire que c'est que tu as très certainement participé à cette campagne à mon encontre. Tu es le déclencheur de l'article relayé par l'ensemble de la presse, qui fait état de démissions à répétition. J'ai eu du mal à y croire.

Je crains que tu n'aies été considérablement influencé. Je ne sais par qui, je ne sais comment. Des questions qui resteront sans réponse. Aujourd'hui, je ne cherche plus, je ne veux plus.

J'en ai beaucoup discuté avec ma femme, qui te connaît bien. Cette trahison, c'est la pire. Malheureusement, on ne peut pas changer le cours des choses.

Toujours est-il que pour l'ami, le « deuxième père », c'est une meurtrissure, une blessure.

Entre nous, quelle est la part de responsabilité de chacun ? Elle est difficile à connaître. En tout cas, tous les deux, nous avons échoué dans notre relation.

2023

Dans l'ombre de la Coupe

Comment se fait-il que j'en sois arrivé là aujourd'hui ?

Depuis mon départ du GIP, il ne se passe pas un jour sans que j'aie ça en tête. Il y a de quoi devenir fou.

Lorsque j'étais en poste, je devais recevoir une cinquantaine d'appels quotidiens. Du jour au lendemain, mon téléphone ne sonne plus. Pendant des mois, je me surprends à vérifier qu'il fonctionne encore.

J'ai pourtant l'habitude de ce vide qui s'installe après chaque grand événement. Même anticipé, ce peut être un choc. Mais celui-ci m'est imposé et c'est d'une violence extrême, avec une succession d'étapes douloureuses dans mon éviction : mise à pied conservatoire, puis définitive, licenciement.

Sans parler de ces premiers mois alourdis par le procès de Bernard Laporte. À son issue, la présidente a annoncé que le délibéré ne serait prononcé que le 13 décembre. Des mois encore d'attente et de silence. J'ai finalement été relaxé, le parquet n'a pas fait appel, l'affaire est dorénavant close, mais, pendant tout ce temps, les articles pleuvaient – plus de trois cents – dans une sorte de chasse à l'homme. Cette condamnation relevant du lynchage médiatique était bien éloignée d'une volonté d'informer de façon objective et impartiale, sans aucune précaution de respecter la présomption d'innocence. Plus c'est gros, plus ça passe. À chaque article qui tombe comme un couperet, il faut le mettre dans sa poche avec son mouchoir par-dessus et supporter d'être sali, de voir sa réputation entacher, sans broncher, détruisant, au-delà de mon image, le travail d'un collectif. Avec des gens qui pensaient me rendre service en m'envoyant les liens à minuit vers les articles qui paraîtraient le lendemain… Une véritable torture psychologique.

Le 19 avril 2023, cela fait huit mois que j'ai quitté mon poste mais le harcèlement ne s'arrête pas puisque *L'Équipe* publie : « Coupe du monde 2023 : opération de déminage au GIP France ! La folie de Claude Atcher, l'ancien patron du GIP, a conduit ses successeurs à ne pas tenir des promesses intenables. » C'est l'écœurement. Je suis devenu un imposteur et un incompétent, en plus d'être un harceleur.

Quand on veut tuer son chien, on l'accuse de la rage.

Examen des rapports

Ni le conseil d'administration, ni les inspecteurs du travail, ni le comité d'éthique, ni la ministre, ni le comité d'audit : personne n'a voulu m'entendre. Dans n'importe quelle situation, le droit européen oblige un employeur qui se sépare d'un salarié à avoir un débat contradictoire, a minima. Lorsque l'on accuse quelqu'un, on accepte à un moment donné qu'il donne sa version des faits.

On a préféré couper immédiatement mes accès au réseau et à la messagerie interne du GIP, on m'a interdit par la même occasion de récupérer mes fichiers personnels et tout élément de preuve utile à ma défense, on n'a fait suite à aucune de mes demandes de me voir remettre les documents qu'un employeur est légalement tenu d'adresser à un salarié et on m'a formellement interdit de m'exprimer non seulement avec les membres du GIP mais plus généralement avec l'ensemble des acteurs du rugby français et international, avec lesquels je travaille depuis plus de trente ans.

Il n'y avait en effet pas de raison de m'écouter puisque j'étais coupable et qu'il fallait aller chercher l'objet du délit.

***

Le rapport du comité d'éthique fait en tout et pour tout six pages, ce qui me semble un peu léger pour construire une éviction. Il contient de surcroît des erreurs et des appréciations subjectives, mettant surtout l'accent sur la nécessité de remplacer le directeur général, avec une question des plus étonnantes dans la saisine de la ministre : ai-je l'intention de me présenter à la présidence de la FFR après la Coupe du monde ? Aucun lien avec le malaise social au sein du GIP.

Lorsque je lis dans le rapport que j'aurais pu insulter des collaborateurs sans que les témoignages soient bien clairs sur la personne qui aurait prononcé ces insultes, ou le contexte, je suis profondément choqué. En trente-cinq ans de carrière et dans plus de dix pays dans le monde, je n'ai jamais eu de problèmes de ce type-là. Les personnes qui m'ont côtoyé savent pertinemment que j'en suis incapable, d'autant plus que ces insultes semblent adressées à des femmes et que je me suis battu toute ma vie pour faire respecter l'équité et la diversité au travail entre hommes et femmes. Et que je n'ai pas hésité une seconde, malgré les conséquences sur l'équilibre du GIP, à prendre une décision définitive pour protéger mes collaboratrices du harcèlement sexuel et de propos sexistes et insultants.

Le rédacteur du rapport reconnaît lui-même que toutes les personnes interrogées ne sont pas d'accord et souligne les difficultés à interroger plus de salariés, compte tenu de la période estivale. Tous les témoignages sont anonymes et ne permettent pas de vérifier la véracité des faits et de connaître la nature des accusations. Par ailleurs, ce rapport ne retranscrit aucune des réponses que j'ai données aux questions soulevées lors de mon audition. L'impartialité de l'approche est gravement en cause.

Le rapport précise que les auditions réalisées ont donné lieu à une consignation écrite des déclarations, qui ont été soumises à relecture pour validation et signature. Ainsi, il sera possible, en cas de besoin ultérieur, de se reporter à leurs déclarations. Ces déclarations peuvent être constitutives de preuves, mais chaque demande de document m'a été refusée.

L'enquête n'a en effet pas été généralisée à l'ensemble du personnel. Seules dix-neuf personnes, dont Bernard Laporte et moi-même, ont été interrogées sur plus près de deux cents collaborateurs. Pour être plus précis, sur ces dix-neuf personnes, quatre l'ont été par téléphone, ce qui ne permet pas de vérifier leur identité ; cinq ont défendu mon mode de management, ce qui ramène d'ores et déjà à dix ; parmi ces dix, nous retrouvons Hugues Esquerre, le même qui avait quitté l'entreprise pour des allégations de harcèlement sexuel, et un certain nombre de collaborateurs qui ont quitté le GIP et que j'évalue à quatre. Ce qui nous donne, à la fin, cinq témoignages de personnes encore en poste au sein du GIP sur deux cents.

Le rapport insiste sur les risques importants de départs auxquels la structure est exposée en cas de maintien du directeur général, opinion dont on mesure la crédibilité vu l'expérience du président du comité d'éthique dans l'organisation d'un événement sportif et sa connaissance des enjeux de management et de pilotage.

Outre le fait que l'on semble plus préoccupé par mes intentions pour l'avenir, le rédacteur indique que l'on pourrait faire un rappel à la règle et à la loi mais que l'on n'est pas sûr que ce soit suffisant pour corriger la situation. Dire qu'il n'est pas sûr qu'un rappel à l'ordre me concernant soit suffisant est l'aveu que c'est la mesure adéquate – faute de preuves écrites ou factuelles – et qu'on lui préfère quoi qu'il en soit mon éviction, au motif spécieux qu'on n'est pas certain que je me tienne à un rappel à l'ordre.

Je découvre aussi que mes plus proches collaborateurs, les deux directeurs adjoints, Julien Collette et Martine Nemecek, auraient déclaré au président du comité d'éthique avoir perdu confiance en moi, alors que de juin à fin août nous avons travaillé ensemble sans que je décèle un quelconque signe de méfiance ou de défiance. Et qu'ils se tenaient prêts à prendre la suite.

Qu'en est-il de la responsabilité pénale de Jacques Rivoal, le président non exécutif du GIP, jamais mis en cause ni questionné à ce jour en tant que représentant légal de la structure, sur ses responsabilités quant à la protection et la sécurité des salariés ? Il siège pourtant depuis cinq ans à tous les comités directeurs et conseils d'administration.

Le rapport met en exergue la faiblesse de la fonction RH, fonction occupée par le directeur général adjoint, Julien Collette, que la ministre nommera directeur général du GIP après mon départ. Il n'est fait état de ses responsabilités à aucun moment dans cette crise managériale et les irrégularités administratives évoquées dont il était, par sa fiche de poste, directement comptable.

Le rapport n'a pas non plus préalablement fait l'objet d'une demande de clarification de ma part. Il n'y a eu d'ouverture de dialogue à aucun moment, ni d'échanges organisés avec les délégués du personnel, le délégué interministériel, la FFR, la médecine du travail.

J'agirais tel un « gourou » selon des propos rapportés. Je le vis comme une insulte. C'est un mot violent qui désigne quelqu'un qui en manipulerait d'autres. À qui fait-on référence ? Ce sont des termes qui peuvent en effet interpeller, alerter mais personne pour se dire : « On va peut-être creuser… » Non, on y apporte du crédit. Rien n'est étayé ou détaillé, et c'est sur cette base que l'on décide de ma mise à pied à titre conservatoire.

Et c'est finalement moins pour le descriptif de l'atmosphère professionnelle que je suis mis en cause – avec prudence, toutefois – que pour les accusations non étayées d'atteinte à la probité qui figurent à ce rapport, particulièrement graves et scandaleuses et qui mettent en cause mon honneur. Elles sont totalement gratuites et non prouvées, le rapport expliquant qu'elles n'ont pas été instruites.

On a donc donné une crédibilité à des travaux qui faute de temps n'ont pas permis d'approfondir les questions que cela pose. Je suis exclu du bénéfice du contradictoire et du droit au procès équitable garanti par les conventions européennes. Ce faisant, on me place dans une situation où je ne suis pas en mesure de me défendre. Ce n'est pas à la hauteur des exigences préalables à une décision d'éviction.

***

À la lecture du rapport produit par l'inspection du travail, force est de relever qu'il contient de nombreuses erreurs dans la reproduction des faits et dans l'interprétation des chiffres présentés.

À commencer par le seul nom de personne interrogée cité : un certain Stéphane Louvrier qui non seulement n'a jamais travaillé au GIP mais n'existe pas. Ils ont pu se tromper, certes, cela arrive. Mais c'est quand même grave dans un rapport de l'inspection générale du travail qui vise à virer le directeur général.

Ensuite, selon eux, 124 personnes seraient parties en 2021. Cela les conduit à une estimation du turn-over de 36 %. Nous devions être 180 salariés à cette époque-là et je n'aurais pas vu 124 personnes s'en aller ?

Je travaille le sujet, j'analyse et je m'aperçois que nous avons effectivement 100 salariés qui sont partis fin juillet pour fin de contrat de professionnalisation. Ils ont pris un mois de congé et ont ensuite été réintégrés au 1er septembre 2021 en contrat d'apprentissage ! Le chiffre réel du turn-over est donc de 12,5 %, soit 17 départs pour 31 arrivées. Comment les inspecteurs du travail peuvent-ils faire une erreur pareille ?

Le rapport ne souligne en aucun cas toutes les mesures prises pour prévenir les situations de risque en matière de harcèlement et de discrimination, notamment :

– écriture d'un guide et d'un process contre le harcèlement envoyé à tous les salariés ;

– désignation et formation de 20 référents harcèlement en octobre 2021 ;

– formation délégués CSE et collaborateurs, assurée par des juristes spécialisés en droit du travail et des psychologues ;

– accord d'entreprise sur les congés (43 cadres ont touché un défraiement pour les jours travaillés les week-ends et jours fériés en 2021) ;

– revalorisation des primes.

De plus, j'avais réuni le 15 juin, soit sept jours avant l'article de *L'Équipe*, les délégués du personnel. Siégeaient à ce comité social et économique : Claude Atcher, Julien Collette, Sophie Coste, en charge des RH, et les deux délégués du personnel, à savoir Matthieu Blondeaut et Michel Tachdjian.

Quelques jours auparavant, le 3 juin, les délégués avaient envoyé un mail à tous les collaborateurs pour leur demander la transmission des sujets à porter à l'ordre du jour, sachant qu'ils seraient portés à la connaissance des délégués de façon anonyme. Les points remontés ont donné lieu à l'établissement de l'ordre du jour dont je reproduis ci-dessous ceux relatifs à la situation sociale :

« 1) Sécurité au travail
Établissement des plans de prévention des risques professionnels en coactivité valables en période d'exploitation des sites de compétition, revalorisation de la prime de performance, revalorisation des salaires à cause de l'inflation, informations sur le turnover, alerte sur le manque de ressources humaines. »

Encore une fois, aucune alerte sur le supposé malaise social au sein du GIP. Pourtant, la question avait été posée par un membre du conseil d'administration lors d'un conseil, et la réponse de Jacques Rivoal, en présence de la ministre des Sports, avait été claire : aucune alerte !

Ils font comme si depuis le début j'étais un tyran. Et il n'y a pas un seul témoignage qui dit « J'ai été insulté par... ». Il est dit « On a été témoin de... », « On a entendu dire que... ». Même anonymisés, les gens auraient pu dire : « Claude Atcher m'a convoqué et il m'a humilié. » Pourquoi pas ? Mais ça n'existe pas. D'autres disent : « Claude Atcher, c'est Robespierre » ou « Il fait 1,92 mètre, 120 kilos, il fait peur »... Que puis-je y faire ? Je suis comme je suis. Et j'ai une voix qui porte et du caractère, ce que je ne nie pas. Nous étions dans un open space, et le rapport de l'Inspection pointe d'ailleurs le fait que ce n'était pas idéal pour respecter une forme de discrétion et de confidentialité. Par ailleurs, j'avais le seul bureau fermé et il n'était pas insonorisé. J'avais installé une cafetière Nespresso devant mon bureau parce que je n'étais pas fan du café de nos distributeurs et mon caractère n'a jamais empêché les collaborateurs de s'y regrouper.

Comme pour celui du comité d'éthique, le plus gros défaut est qu'à aucun moment on ne cherche à savoir si les directeurs fonctionnels ont eux-mêmes exercé leur propre responsabilité – inscrite dans leur fiche de poste. Le management des équipes, ce n'est pas moi, ce sont eux. Aujourd'hui, c'est à moi qu'on le reproche.

Au fur et à mesure que je lis ce rapport, je suis ahuri par la réinterprétation permanente de la vérité et les approximations. Qui me confirme que ce n'est pas une évaluation objective de la situation, mais plutôt une commande politique pour un rapport à charge.

***

Dans ces accusations me rendant responsable de pressions et de supposés harcèlements, un sujet important n'a pas été pris en compte.

Au moment où mes collaborateurs témoignent d'un mal-être, nous sortons de la crise du Covid, avec une succession de confinements. De nombreux rapports tels que ceux de la fondation Jean Jaurès, de l'Ifop ou de l'Anses, pour n'en citer que quelques-uns, démontrent que les confinements ont accéléré et modifié nos modes de vie et nos façons de consommer, impacté notre rapport au travail et nos liens familiaux, mais aussi accru la valorisation du temps libre et de la sphère privée. Cela a également modifié en profondeur la capacité à effectuer un effort mental et physique et à résister aux aléas de la vie. 40 % des 25-34 ans ont indiqué être moins motivés qu'avant (contre seulement 21 % des plus de 65 ans).

Cela s'est traduit aussi par une explosion du nombre d'arrêts maladie en France en 2022 dont les troubles psychologiques et l'épuisement professionnel sont les principaux motifs, à raison de 20 %.

En juin 2022, avant ce fameux conseil d'administration où j'allais annoncer un possible résultat de 68 millions d'euros, j'ai senti que les mentalités avaient changé.

Je savais que dans notre analyse financière nous pouvions même augmenter ce résultat de 68 millions, mais je ne voulais surtout pas m'avancer. En revanche, je me disais que s'il s'avérait que nous faisions plus, je souhaitais que l'on revalorise la prime de performance versée à tous les collaborateurs, cette prime étant capée sur 60 millions d'euros. Comme rien n'était prévu dans l'escalade de la prime de performance au-delà de cette somme, il n'y avait pas de raison que les collaborateurs travaillent plus pour aller chercher 75 millions. J'ai donc fait une proposition au CA de revalorisation de cette prime à partir de 75 millions. Le CA m'a suivi et a validé. Le pourcentage de cette prime étant indexé sur la masse salariale globale. Pour des salariés présents depuis trois ans, cela pouvait représenter de 25 000 à 30 000 euros, ce qui n'était pas rien. J'étais donc content d'annoncer cela aux délégués du personnel. Pour finalement m'entendre dire que c'était bien mais que, selon les retours qu'ils avaient des collaborateurs, ces derniers préféraient avoir plus de jours de congé qu'une revalorisation de leur prime de performance.

S'ils voulaient plus de jours de congé, pourquoi alors choisir un métier qui nécessite une certaine forme d'engagement ?

Rappelons qu'au-delà de la prime de performance, les collaborateurs bénéficiaient d'une prime d'intervention liée à la nature de leur contrat de travail, lui-même régi par la convention collective du sport. Celle-ci prévoit que dans le cas d'un CDD lié à l'organisation d'une manifestation sportive nationale, internationale ou d'une ampleur exceptionnelle (appelé « contrat d'intervention »), le salarié a droit à une prime d'intervention d'un montant égal à 10 % du montant de sa rémunération brute totale, versée à la fin de son contrat. Il y est également inscrit que durant la période d'exécution du contrat dit d'intervention, la durée du travail effectif pourra être portée à 60 heures par semaine civile, dans la limite de trois semaines consécutives. Cette prime se justifie donc par la suractivité, reconnue et valorisée, inhérente à ce métier. Et tous les collaborateurs ont signé leur contrat de travail en connaissance de cause. Et on ne leur demandait pas de travailler comme des esclaves sous prétexte que c'était un événement sportif ; il y avait un cadre réglementaire, juridique et humain.

En 2007, en effet, les gens ne comptaient pas leurs heures. Je me souviens que nous étions inquiets, angoissés parce que nous n'avions que trois ans pour préparer cette CDM. Durant les six derniers mois, nous étions souvent au bureau jusqu'à 2 heures du matin. Mais personne n'a jamais critiqué cela parce que c'était une aventure collective, et tout le monde y participait de son plein gré. Chacun était content de pouvoir s'impliquer dans quelque chose dont il savait qu'il serait fier.

Aujourd'hui, ce ne sont plus les mêmes motivations, elles ont changé. Les salariés veulent un cadre de vie. Pourquoi pas ? Loin de moi l'idée de juger. Mais ce n'est pas adapté à ce métier.

Aurait-il fallu doubler les effectifs puisqu'ils voulaient travailler moins et pas forcément gagner plus d'argent ?

Dans le cadre du budget d'un événement sportif, la masse salariale est le poste de dépenses le plus important. Doubler les effectifs aurait automatiquement un impact sur l'objectif financier de l'événement. Admettons que l'on puisse. Je veux bien dans ce cas que l'on m'apporte la preuve que multiplier les effectifs décuplerait l'efficacité de l'équipe. Pour ma part, cela ne s'est jamais vérifié.

Ce n'est peut-être pas vendeur sur le papier de se retrouver dans une forme déséquilibre entre vie personnelle et vie professionnelle dans un temps déterminé, mais c'est affaire de choix. Cela en excite même un certain nombre. Des relations fortes se créent, que d'aucuns recherchent. Ce n'est pas que négatif.

Si je prends mon propre cas, c'est un peu différent. J'ai voyagé de pays en pays, de projet en projet, et c'est ce qui m'a coupé de ma vie familiale. Mais je suis un père aimant et je ne regrette rien. Dans mon investissement professionnel, j'ai toujours trouvé des compensations récréatives et de la satisfaction. Je n'ai pas le sentiment d'avoir travaillé toute ma vie comme un forçat. J'étais capable de m'octroyer des plages de décontraction, de moments pour faire la fête, de prendre des vacances. Je n'ai pas été malheureux de ce point de vue là.

Aujourd'hui, le dépassement de soi, le fait de se créer des défis à relever, j'ai l'impression que ça intéresse beaucoup moins. Au bureau, certains pouvaient passer des heures sur leur téléphone, réseaux sociaux, jeux vidéo et autres mondes artificiels. Ils semblaient plus préoccupés par leur nombre de likes que par ce qui pouvait leur apporter une satisfaction sur le plan professionnel. Le travail est une valeur qui m'a été transmise depuis ma plus tendre enfance. Le fait de ne pas la retrouver chez un certain nombre de ces jeunes, cela m'a perturbé. Je ne suis peut-être pas adapté à ça. Je peux le comprendre, l'entendre, en même temps je devais conduire un programme, un projet, quelque chose de très concret qui ne souffre pas d'à peu près : 750 millions d'euros, des engagements financiers à hauteur de 285 millions. C'est chaque jour que je le portais, ça faisait partie des responsabilités dont je ne pouvais pas m'affranchir.

***

J'essaie aussi de comprendre ce rapport à l'autorité qui semble poser beaucoup de problèmes aux jeunes collaborateurs.

Les réseaux sociaux ont créé une forme d'horizontalité, chacun se retrouvant à égalité avec son interlocuteur. Le rejet de la tradition verticale touche l'essentiel des structures sociales : l'école et l'université en ont subi les premiers effets. Aujourd'hui, le monde du travail est à son tour impacté. Les grandes entreprises font face à de jeunes diplômés ou recrues leur demandant de s'adapter à leur mode de vie, exigeant la prise en compte de leurs propres cycles. Ce phénomène se généralise, même s'il se heurte parfois à des écosystèmes incompatibles avec cette approche : en effet, il existe une grande différence entre une entreprise dont l'objet social se répartit sur un grand nombre de collaborateurs dans un calendrier peu contraignant et une PME comme le GIP dont l'objectif est clairement identifié avec une date de livraison précise d'un produit fini.

Ce phénomène de rejet d'un monde d'autorité produit un malaise. Ce qui est présenté comme un monde carcéral – l'entreprise avec ses règles, ses horaires, ses spécificités – constitue en réalité un espace de repères, un environnement dans lequel chacun peut trouver sa place en identifiant son rôle, sa fonction, son utilité, le sens de son action. La liberté d'apparence que représente un monde sans obligation, où les règles sont définies par « chacun », est un leurre. « Chacun » est en fait prisonnier d'un espace sans balise, sans but, sans boussole.

S'agissant de mon action, il faut noter qu'un grand événement sportif est une entreprise originale par définition. Deux spécificités parmi d'autres s'imposent sans discussion : il faut tendre vers le zéro défaut et la date de livraison est intangible. Dans un contexte aussi particulier, les collaborateurs sont embarqués dans une aventure collective ressemblant à la traversée d'un océan à bord d'un navire dont la taille augmente à mesure que le but approche. L'équipage doit être totalement engagé, solidaire, et même si cela peut paraître archaïque au vu des novations sociétales évoquées plus haut, il faut un commandant de bord. Comme je le répète à tous mes collaborateurs, le bonheur de parvenir au port est immense et justifie tous les efforts de la traversée, consentis par temps calme comme dans la tempête.

L'autorité du commandant peut parfois sembler abusive, c'est un phénomène bien connu, j'en conviens. Mais il est comptable de la livraison, de ce compte à rebours qui mène vers le but. Tous les moyens doivent être mis en place pour que l'équipage profite des moments heureux et supporte les temps plus agités.

Mais ce serait un mensonge de penser qu'il est possible de parvenir à organiser un tel événement sans autorité. Non sans bienveillance. L'adaptation à un climat tendu peut naturellement s'envisager, dans le respect du contrat implicite et explicite que représente le coup d'envoi de la Coupe du monde de rugby en septembre 2023.

Il n'y a plus l'autorité institutionnelle. Pour reprendre les mots du philosophe Michel Serres : « Désormais, la seule autorité qui peut s'imposer est fondée sur la compétence. [...] Si vous n'êtes pas décidé à augmenter autrui, laissez toute autorité au vestiaire. L'autorité doit être une forme de fraternité qui vise à tous nous augmenter. » C'est la seule autorité reconnue et acceptable. Les mentalités ont certes changé, notamment dans l'investissement au travail. Mais tant que l'autorité qui relève de la compétence est encore là, personne ne conteste. En revanche, lorsqu'on la vire, cela devient l'open bar. Alors, les salariés engagés dans une aventure collective choisissent de privilégier leur mode de vie au détriment des objectifs et des résultats liés à la CDM de rugby. Et je pense que c'est ce qui s'est passé après mon départ.

***

La contestation n'est pas forcément venue de collaborateurs avec qui j'étais en prise directe. Rappelons que j'avais une directrice des ressources humaines, un directeur général adjoint en charge des RH et des directeurs fonctionnels. La plupart des réunions que je pilotais – plus de 70 % – avaient lieu avec ces derniers. Qui décidaient ou non d'amener un ou plusieurs collaborateurs à nos réunions.

Évidemment, avec la configuration en open space, j'avais des contacts avec le reste du personnel. Chacun à son poste. Il y avait donc des discussions qui pouvaient s'enclencher à ce moment-là, tout comme lors de nos déplacements ensemble. Mais c'étaient plutôt des discussions informelles. Les formelles, précisément sur leur rendu de travail, avaient lieu avec les directeurs fonctionnels.

J'ai peut-être fait des erreurs de recrutement dans ce management intermédiaire. Certains n'étaient pas à la hauteur. Là aussi, j'ai voulu former des jeunes, des gens qui n'avaient pas forcément l'expérience de livrer un événement sportif mais qui étaient enthousiastes. J'aurais dû mieux équilibrer la balance avec des personnes plus expérimentées.

Ils ont été recrutés par trois canaux : le mien quand ils avaient déjà travaillé avec moi ; par recommandation parce qu'ils avaient une expérience dans l'événementiel ; enfin via des cabinets de recrutement. Le tout dans la limite de notre grille des rémunérations. Et je vois autant d'échecs que de succès dans ces trois processus. Quand je lis les témoignages de collaborateurs exprimant le fait qu'ils ne savaient pas où ils allaient, qu'ils manquaient de repères, je pense que l'erreur se situe là. Dans le fait d'avoir des directeurs fonctionnels pas toujours en mesure de répondre aux questions de ceux qui démarraient dans le métier, ou bien de répondre à côté. Ça a dû créer de l'angoisse et une forme de malaise. Dans ce métier très polyvalent, où l'on passe d'une phase à l'autre, d'une tâche à l'autre, il est nécessaire de prendre le temps d'expliquer. Les directeurs fonctionnels auraient dû être là pour cela. Je parle souvent de transmission, d'héritage. Cela me semble tellement important. J'ai eu l'occasion d'en faire part, mais le retour a été parfois mitigé. Un tiers des directeurs fonctionnels considéraient que c'était un surcroît de travail de prendre en charge l'accompagnement et la formation de certains de ces jeunes. Ils auraient préféré avoir des gens déjà formés qui puissent se mettre immédiatement en situation de responsabilité.

Ai-je pris moi-même le temps de l'explication ?

Chaque personne recrutée au cours de l'aventure se voyait remettre un livret d'accueil dans lequel elle trouvait le manifeste. A-t-il été lu ? Avec les directeurs fonctionnels, nous nous réunissions chaque semaine pour discuter de trois sujets : les points cruciaux de la semaine passée, ceux de la semaine à venir et les arbitrages. Nous avions aussi des comités de direction tous les quinze jours. C'était donc très cadré mais il était prévu deux séminaires par an que le Covid nous a empêchés de faire. Ils auraient été l'occasion de rappeler le récit, la vision, l'ambition, d'avoir du temps pour l'explication et aussi pour nourrir l'imaginaire de tous. Ils ont incontestablement manqué. Ils auraient été le temps rêvé pour poser les choses, revenir globalement sur quelque chose de plus profond que notre travail au quotidien. Peut-être aurions-nous pu renverser la tendance en matière de motivation, d'investissement et d'engagement.

« Ton manifeste, ce ne sont que de beaux discours... » : c'est un reproche que l'on m'a fait. Quand je dis que le rugby est le sport inclusif par excellence, je le pense sincèrement et je l'ai prouvé en montant des opérations pour accompagner cette vision : la CDM de rugby en fauteuil, la Mêlée des chœurs réunissant 7 000 enfants, Campus 2023 avec 1 500 apprentis, l'accueil de 320 migrants dans notre train pour des *job dating* un peu partout, la mise en place d'une récupération de téléphones usagés dans tous les clubs de rugby pour fabriquer des médailles (or, argent et bronze), la plantation d'arbres pour compenser notre impact carbone (notamment dans la mangrove des territoires outre-mer), la création du fonds de dotation qui a permis de soutenir plus de 200 projets et touché des milliers de jeunes sur les thèmes choisis. Oui, j'avais fait le choix que ce soit davantage que l'organisation d'une Coupe du monde.

Lorsqu'on annonce que l'on sera un événement responsable d'un point de vue environnemental, on se donne les moyens. Nous avons donc travaillé avec la Banque alimentaire sur le gaspillage alimentaire. Nous avons alors découvert toute la logistique supplémentaire que cela allait impliquer. Quand on pose ce genre d'action, de surcroît au fur et à mesure, on ne mesure pas toutes les difficultés que ça peut engendrer. Mécaniquement tout cela augmentait le nombre de tâches, j'en ai bien conscience. J'ai eu le droit à : « Ce n'est pas possible, tu as la folie des grandeurs… » Mais en dehors du tournoi des quartiers que mes successeurs ont abandonné – je le regrette – et la Mêlée des chœurs qu'ils ont bousillée, tout a été mené au bout.

J'avais déjà livré deux Coupes du monde. Nous avions tous les outils, documents, expertises et retours d'expérience… Un gain de temps énorme. Sur l'organisation de l'événement en lui-même, j'étais donc serein. Ai-je suffisamment transmis cette sérénité ? Mon expérience passée a-t-elle été prise pour de l'arrogance ?

On a volé la Coupe

Organiser une Coupe du monde, c'est aussi une campagne de communication exceptionnelle, la promesse d'un héritage, d'un savoir-faire et de tant d'espoirs sportifs. Pourtant, je reste convaincu que ce sont des ambitions personnelles et politiques qui nous ont volé tout ça. De l'avis d'experts du sport, j'étais techniquement capable de piloter la livraison de la Coupe du monde, livraison qui aurait dû se faire avec l'ensemble de l'équipe recrutée pour ce projet. J'étais néanmoins le seul à considérer ma fonction comme une mission au service du rugby français, du pays et des territoires pour optimiser l'impact de cet événement que ce soit sur le plan financier, de l'exposition et/ou de l'image.

La décision brutale et hâtive de m'écarter a propulsé au GIP un nouveau directeur général, Julien Collette, qui n'a jamais organisé un seul événement mondial dans sa carrière. Pour combler son inexpérience, il a fait appel à des sociétés extérieures, confirmant par là même son incapacité à livrer l'événement. Tout comme la décision absurde de se priver de son directeur général qui, lui, avait l'expérience et le savoir-faire, on a fait fi de l'héritage, du corpus acquis de données et d'outils fiables sur l'optimisation des recettes dans l'économie du projet. Les missions externalisées figuraient pourtant dans l'objet de la convention constitutive du GIP, garant d'une mission d'intérêt général. Elles vont permettre à des sociétés privées de tirer un profit direct des marchés qui lui seront attribués. Au détriment de ceux qui sont au plus près des intérêts des clubs et des Français, à savoir les collectivités territoriales et les fédérations sportives qui accueillent l'événement.

Les prises de position de la ministre et l'autorité qu'elle a exercée sur le GIP et sa nouvelle direction a ainsi conduit celui-ci à lancer un appel d'offres fin 2022.

La commission des appels d'offres a rendu sa décision en février 2023.

La société FeRnK, dirigée par Alexandre Ferracci, a remporté l'appel d'offres en partenariat avec Spartner, entreprise bien connue du GIP et de la fédération française de rugby. Et le principal actionnaire de FeRnK est proche de la ministre des Sports quand celui de Spartner, qui en est également le dirigeant, est un ami de Julien Collette, le même qui lui avait confié un marché important lorsqu'il était directeur délégué à la FFR. Cela soulève tout de même quelques interrogations. Cette proximité avec le nouveau directeur général du GIP aura-t-elle été mentionnée dans le rapport remis à la commission d'appel d'offres ? Julien Collette se sera-t-il retiré de la décision et du choix, conformément à la charte éthique ? En outre, dans quelles conditions cet appel d'offres aura-t-il été attribué à Alexandre Ferracci, ancien cadre du GIP ?

Il convient en effet de souligner qu'il y a occupé la fonction de directeur du marketing, des activités commerciales et des revenus jusqu'en 2021, année où il a choisi de quitter ce poste pour raisons familiales. En septembre 2022, soit deux mois avant la publication de l'appel d'offres global, il a réalisé au nom de la société FeRnK, à la demande de la ministre, et sans que l'on connaisse précisément le cadre de ses relations contractuelles et/ou financières, une autre revue de projet pour analyser celle déjà réalisée par les directeurs fonctionnels. À ce jour, personne n'a eu accès à ce rapport dont le contenu ne manque pas d'interroger, comme sa recommandation qui a conduit à l'externalisation de la livraison de la Coupe du monde.

Ferracci a donc eu accès à des informations privilégiées sur l'état de préparation des projets, notamment à une étude d'impact RH et une analyse budgétaire par direction fonctionnelle. N'est-ce pas contraire aux règles qui encadrent la commande publique ? Les autres candidats ont-ils eu accès au rapport de synthèse de cette mission ?

Les réponses à la presse de la société RnK[4] ne reprennent que partiellement la vérité et passent sous silence les contours de cette mission :

« Elle s'est en effet vu confier en septembre 2022 par le GIP une mission de conseil et d'audit dite "flash". Il s'agissait notamment à ce moment-là d'accompagner le comité d'organisation pour situer ses enjeux principaux et évaluer son niveau d'avancement en s'appuyant notamment sur une comparaison de critères objectifs de planning entre le dossier France 2023 et d'autres grands événements sportifs de référence (dont la Coupe du monde de rugby 2007) auxquels les équipes de RnK avaient pris part au cours des quinze dernières années. Cette mission a fait l'objet d'un rapport de synthèse transmis à la direction du GIP France 2023. »

« Le marché "Event Delivery", dont la société FeRnK est attributaire au travers d'un groupement avec la société Spartner, porte quant à lui sur la mise à disposition de ressources opérationnelles devant participer à la "livraison" effective de la Coupe du monde 2023. Ces ressources humaines seront déployées progressivement tant au niveau central du comité d'organisation que sur les neuf sites de compétition retenus. Le périmètre concerné se déploie sur le pilotage de fonctions du type : mise en configuration technique des stades (aménagements, IT, énergie...) ; logistique ; opérations "broadcast" et sur la coordination

4. RnK et FeRnK sont deux sociétés fondées par Alexandre Ferracci.

du pôle fonctionnel “Event Delivery”. Il s'agit d'un marché “opérationnel” dont l'objet n'a pas de lien direct avec les deux éléments précisés ci-avant. »

La réalité est un peu différente. Si l'on se réfère aux demandes exprimées par la société RnK pour cette mission « flash » auprès des directions fonctionnelles, elles concernent essentiellement le récapitulatif des budgets, la nature des opérations et projets, le descriptif des ressources humaines associées au projet, et non des objectifs de planning.

Si l'on détaille le cahier des charges de l'appel d'offres tel que décrit plus haut, il dépasse très largement le cadre opérationnel que décrit la société FeRnK.

Lorsque l'on compare les notes obtenues par les sociétés concurrentes dans le cadre de l'attribution du marché, le critère qui a permis de mettre en avant une meilleure note pour FeRnK est celui de la connaissance du dossier, ce qui potentiellement peut constituer un conflit d'intérêts.

En effet, si l'on reprend le règlement de l'appel d'offres, on peut y lire :

« Afin de prévenir toute situation risquant de compromettre l'impartialité de FRANCE 2023 ou d'induire une rupture d'égalité de traitement entre les candidats, chaque candidat s'engage à alerter FRANCE 2023 au moment du dépôt de sa candidature ou de son offre, ou au cours de la procédure de passation :

– De son accès (ou de celui d'un des membres de son groupement ou d'un de ses sous-traitants) à des informations susceptibles de créer une distorsion de concurrence par rapport aux autres candidats dans le cadre de la présente procédure. »

La société FeRnK, créée en août 2021, n'a par ailleurs pas l'expérience nécessaire pour répondre. Sa raison sociale,

« Conseil pour les affaires et autres conseils de gestion », n'est en rien alignée sur l'objet de l'appel d'offres. Elle n'a donc aucune expérience dans la livraison de grands événements internationaux, peu d'employés, et surtout aucune légitimité. Le descriptif des expériences de ses dirigeants ou experts désignés est très largement surévalué, notamment en matière de planification. Pour ma part, en 2007, j'avais recruté M. Ferracci pour la gestion des chauffeurs.

Précisons aussi que le principal associé d'Alexandre Ferracci, David Donnelly, a été identifié dans les envois de revue de projets par les directeurs fonctionnels avec son adresse personnelle...

Tout cela soulève des inquiétudes quant à l'équité et la transparence de l'appel d'offres, en particulier en ce qui concerne les relations entre RnK, FeRnK et le GIP, et leur proximité avec la ministre des Sports. Notons aussi que l'entreprise RnK a remporté le marché du parcours de la flamme olympique, seulement un an après sa création en 2021. Pendant ce temps, des sociétés implantées dans le milieu sportif depuis de longues années voient les appels d'offres leur échapper, mais n'osent pas élever la voix de peur de déplaire au ministère des Sports ou de ne plus pouvoir candidater pour des marchés publics. L'une d'entre elles m'a confié que dorénavant elle concentrait son activité uniquement sur du conseil pour le compte de sociétés privées, la plupart partenaires de ces grands événements.

D'après mes informations, Olbia Conseil, l'une des agences du groupement créé par RnK pour répondre à l'appel d'offres du parcours de la flamme, conseille à la fois les collectivités locales, dans le cadre du label Terre de Jeux, pour attirer les équipes en préparation, mais aussi le Cojo pour aider ces mêmes équipes à choisir leur camp d'entraînement. Cette société, dont le principal dirigeant, Thomas Remoleur, était un ancien cadre du comité d'organisation des Jeux olympiques et cheville ouvrière du think tank Rénovons le sport français – chargé de muscler le programme présidentiel d'Emmanuel Macron, avec comme tête pensante et présidente une certaine Amélie Oudéa-Castéra –, vient d'être désignée par voie de presse comme étant l'instigatrice de la tribune de soutien à Amélie Oudéa-Castéra[5].

On a gâché la Coupe

Je sais que le personnel de France 2023 est sorti lessivé de cette dernière ligne droite. Certains même m'ont avoué avoir été déçus de ne pas livrer ce pour quoi ils avaient rejoint le bateau. L'ambition dans laquelle je les avais embarqués n'a pas été atteinte. Dans cette édition, tout s'est fait dans la douleur. Avec la difficulté de devoir travailler avec un prestataire et une direction qui n'avaient pas forcément l'expérience. J'ai subi le silence de tous ceux que j'ai accompagnés durant plusieurs années, qui m'ont tourné le dos, qui jusqu'au dimanche 29 octobre 2023 au moins garderont le silence pour protéger leur position, avoir la garantie qu'ils iront jusqu'au bout de l'aventure.

Quelques jours après le début de la compétition, j'ai reçu un message du secrétaire de Yoshirō Mori : « Claude, que de couacs dans cette Coupe. Qu'ont-ils fait de votre projet ? Ça me désespère. »

Un ami, grand amateur de rugby, s'était concocté avec sept ou huit copains un road trip pour aller voir les matchs pendant une semaine. Il m'a confié : « Le problème, c'est qu'on ne reconnaît plus la Coupe du monde. On va juste voir des matchs de rugby mais il n'y a pas d'âme. »

5. « Lettre ouverte à la communauté éducative », latribune.fr, 27 janvier 2024.

La Coupe a perdu son âme dès l'instant où l'on a décidé de mettre en place des gens qui n'y connaissaient rien au rugby. On a volé la Coupe au rugby, on l'a filée à des élites parisiennes et aujourd'hui les gens ne s'y reconnaissent pas. Ils vont voir des matchs, c'est superbe, les stades sont pleins mais il n'y a pas d'âme. Et pour boire une bière, on attend souvent longtemps. L'expérience spectateur est très moyenne, la musique, médiocre. Pas d'âme. C'était ce pour quoi je m'étais battu.

Et puis, il y a parfois ces petites reconnaissances qui mettent un peu de baume à l'âme, comme ce monsieur qui m'interpelle à la sortie d'un restaurant : « Monsieur Atcher ? Je voulais vous remercier. Mon neveu a intégré le programme d'apprentis, c'est l'histoire de sa vie ! » Campus 2023 est une belle réussite qui aura pourtant essuyé de nombreuses critiques.

Ceux qui ont pris ma place étaient tellement obnubilés par leur capacité à livrer – sachant qu'ils n'en étaient pas capables – que tout ce qui avait été prévu à côté venait « parasiter ». Alors que c'est tout ce qui était à côté qui la rendait exceptionnelle. Ils en ont fait une Coupe du monde aseptisée où l'on se gargarise d'avoir fait une ola, quelle innovation !

La Mêlée des chœurs est aussi un exemple parfait d'innovation qui a été sabordée. Ce projet, issu d'une collaboration entre France 2023, l'Opéra-Comique, le ministère de l'Éducation nationale et le ministère de la Culture, avait fait l'objet d'une note rédigée par Julien Collette, alors directeur général adjoint du GIP France 2023, intitulée « Soutien à un projet pédagogique d'éducation par le chant, et présenté au comité interministériel Coupe du monde de rugby France 2023 ». Il avait été présenté au conseil d'administration de Rugby World Cup le 19 octobre 2021, et les modalités de mise en œuvre opérationnelles avaient été discutées dans le cadre d'échanges par e-mails entre les responsables opérationnels du GIP et ceux de RWCL. Durant un an et demi, nous avons fait travailler 7 000 enfants dans les écoles avec leurs professeurs de chant pour entonner les hymnes sur la pelouse. En parallèle, un programme pédagogique a été mis en place pour permettre aux enfants d'étudier le pays concerné et sa culture ; cela avait du sens. Oui, il y avait un vrai défi : mettre 300 enfants sur une pelouse avant le coup d'envoi du match, dans un timing très serré, ce n'était pas évident. Cela nécessitait des moyens supplémentaires et du personnel pour les accompagner, de la vigilance. Mais c'était acté et nous avions réservé des places aux premiers rangs pour ces enfants.

Je suis parti et, aussitôt, RWCL, avec le soutien de Martine Nemecek que ça emmerdait depuis le début, dit : hors de question de mettre des enfants sur la pelouse. Ils se sont embarqués dans une direction (les faire chanter en playback), puis une autre. Dès que l'on dénature un projet, le résultat est catastrophique voire infâme. Personne n'a pensé aux enfants et à la violence que ça a été pour eux. J'ai reçu des messages de collectifs de parents comme « Mon fils a appris l'hymne des Fidjiens, il rentre et il est fier comme pas possible. Et là, on lui dit qu'il ne va plus chanter… ». Pour la sortie des équipes, la musique est insipide, deux enfants se tiennent avec chacun en main le drapeau du pays, vous parlez d'une mise en scène pour un événement mondial ! Même le tournoi des Six Nations a des mises en scène plus spectaculaires, avec notamment un compte à rebours.

Voilà quelques exemples types d'une fédération internationale qui a pris la main sur l'événement pour une organisation minimaliste parce que la seule chose qui compte pour elle c'est de faire du pognon. Avec la ministre qui lui a donné les clés.

Finalement, l'organisation, en dehors de quelques couacs lors du premier week-end, ça s'est passé, donc personne n'y reviendra. Si je dois résumer en quelques phrases : ce gâchis a existé dès lors que l'on a mis cette Coupe du monde entre les mains de quelques technocrates parisiens qui en ont profité pour se valoriser. Mais qu'aura-t-elle rapporté au rugby en matière d'image et de retombées financières ? On parle tout de même d'une amputation de 30 millions d'euros. Le nombre de licenciés n'a pas augmenté car elle n'aura pas donné d'élan à notre sport, ce qui était l'un des buts recherchés dans l'accueil d'un tel événement.

L'organisation a été déstabilisée, la FFR a été déstabilisée, l'éviction de Bernard Laporte a contribué – dans une proportion impossible à quantifier – à fragiliser l'équipe de France dans sa performance sportive, tout cela pour servir des ambitions politiques. J'ai mal pour notre sport.

***

En nous décapitant, on a fragilisé le rugby français sur la scène internationale. Le seul gagnant, c'est World Rugby.

On a une mémoire collective parfois défaillante mais, juste avant la CDM 2019, l'équipe de France est au fond du gouffre. Quand elle part pour le Japon, son seul objectif est de se qualifier pour les quarts de finale. À ce moment-là, elle est douzième au rang mondial et son jeu est catastrophique. Bernard, président de la FFR à l'époque, prend alors la décision de recruter Fabien Galthié pour être le futur coach du XV de France et l'envoie au Japon se faire une expérience auprès du sélectionneur, Jacques Brunel. Par la suite, Galthié annonce les objectifs : en faire des champions du monde mais à condition qu'on lui donne des moyens supplémentaires. C'est ce que fait Bernard, avec des moyens financiers et de staff (40 personnes).

Il négocie également avec la ligue de rugby une période de mise à disposition des joueurs plus longue, et davantage de joueurs disponibles en même temps. Tout est mis en œuvre pour permettre à l'équipe de France d'être la plus performante possible. Voilà pour la partie officielle.

Bernard est un entraîneur unanimement reconnu, *successful* – il a gagné trois coupes d'Europe. Pour beaucoup, c'est même le meilleur entraîneur au monde. Et il est proche de Fabien Galthié. Ce dernier, dans son mode de fonctionnement, s'appuie beaucoup sur son modèle. Ils discutent des contextes de match, du niveau de jeu, ils s'appellent au moins une fois par jour. Et les joueurs sont très demandeurs de la présence de Bernard parce qu'il les rassure. Donc il va les voir régulièrement, déjeune et bavarde avec eux… C'est le « papa ». Cela conforte Galthié dans son rôle de coach et lui permet par ailleurs d'avoir un regard et une appréciation différente de son mode de management.

Quand la ministre oblige Bernard à démissionner de la fédération, il quitte par la même occasion l'équipe de France. Il n'a plus de légitimité à rencontrer les joueurs, à parler avec Galthié. Bernard se met en retrait et Galthié ne le vit pas très bien. Ça s'amplifie au fur et à mesure qu'approche la Coupe du monde. Durant la période de préparation de la compétition, Bernard a dû aller les voir deux fois parce que les joueurs le réclamaient, mais discrètement. Dans la préparation de ce fameux quart de finale (France-Afrique du Sud, 28-29), Fabien Galthié ne l'appelle pas. Excès de suffisance ? Toujours est-il que Bernard ne se rend pas auprès des joueurs juste avant. Le lendemain de la défaite, les Français quittent la compétition et Bernard passe les voir à leur hôtel. Les joueurs s'étonnent : « D'habitude, tu viens nous parler, pourquoi tu n'es pas passé avant le quart de finale ? » Peu importe l'arbitrage, si les bonnes décisions avaient été prises pour ce match, la France aurait gagné.

Pourquoi la CDM n'est pas à la hauteur de ce qu'on en attendait ? Pourquoi l'équipe de France n'a-t-elle pas performé ? Pourquoi les retombées économiques ne sont pas au rendez-vous ? Pourquoi a-t-on dépensé plus d'argent ? Je finis par me dire que ça mériterait de faire l'objet d'une enquête parlementaire. Nos politiques sont quand même garants des missions d'intérêt général que nous leur confions. Et on s'est quand même sabordés à tous les niveaux.

***

J'ai fait le choix de me rendre à la finale. Malgré tout, je m'étais dit que j'irais. J'ai vu les neuf finales de Coupe du monde, je n'en ai pas loupé une depuis la première édition, celle de 1987.

Il m'a fallu m'armer psychologiquement pour ce moment délicat, l'ambiance, l'éventualité de croiser des gens que je n'avais pas envie de voir...

Une fois arrivé sur place, une impression étrange, je suis comme détaché de l'événement.

Le Stade de France m'avait invité en loge. Je savais que je serais dans un environnement « fermé », un peu protégé, avec seulement une quinzaine de personnes autour de moi. L'ambiance est décontractée, j'échange avec quelques-uns, ça m'aide un peu à lâcher prise.

J'aime beaucoup le chanteur Mika mais le concert est catastrophique. Le choix de le programmer juste avant le match, installé dans un coin pour ne surtout pas qu'il abîme la pelouse. Là encore, merci Rugby World Cup.

Je me concentre sur le match, sur cette finale sans ambiance. Il y a beaucoup de Français présents dans les tribunes, donc beaucoup de frustration.

À deux minutes du coup de sifflet final, arrêt de jeu. C'est peut-être la mêlée la plus importante de la CDM qui s'apprête à se jouer, celle qui peut déterminer le champion du monde. Celui qui ne cédera pas tiendra la mêlée. Une minute avant, alors que les joueurs se préparent, résonne alors dans le stade la chanson *Tata Yoyo*. Je ne suis pas un spécialiste de l'animation musicale mais où sont les cuivres ? Pour un moment d'une telle intensité, il faudrait que ça nous prenne un peu aux tripes ! Mais non, on nous sert *Tata Yoyo*...

Je n'avais pas prévu de rester pour la remise de médailles. Finalement, ç'aurait été idiot de vouloir s'en priver. Une Coupe du monde ne se joue pas tous les jours.

Quand je vois Bill Beaumont, le président de la fédération internationale, et notre président de la République descendre sur la pelouse, je me dis qu'on échappe au moins à Jacques Rivoal et Florian Grill. Cela m'a presque rasséréné.

Finale tiède, feu d'artifice tiède... Une Coupe qui risque de ne pas rester dans les annales de ce point de vue là.

Je reçois un ou deux messages d'anciens collaborateurs qui me remercient pour la qualité du travail, la préparation.

Ils sont encore tous dans la période de béatitude. Puis phase de décompression, on encaisse le coup, et c'est fini ! Ensuite, on passe son temps à ne faire que des choses désagréables, beaucoup de paperasse. J'ai connu ça.

Droit dans mes bottes

Le temps réglementaire n'est pas terminé. J'aimerais siffler la fin de ce match chaotique. Les chocs pris me font encore froid dans le dos. Je ne parle pas de simples égratignures mais de vrais coups portés, au-delà des banderilles qui agacent et qui font mal.

Dans ces moments-là, entre déception et fragilité, je fais miens les propos de Bernard Laporte : « Si on arrête, on leur donne raison à tous, et c'est la victoire de la médiocrité. »

Il y a la perspective des prud'hommes, une convocation pour une audience le 2 juillet 2024, soit deux ans après ma mise à pied. Encore une nouvelle étape qui donne le sentiment de ne jamais sortir la tête de l'eau, même si je la considère comme un début de reconnaissance de la part de la justice.

Le seul soulagement, je le trouve dans ma volonté farouche que la police finisse par enquêter, que tout ne soit plus entre mes seules mains, que ce ne soit plus simplement moi qui cherche partout la vérité ou se cogne la tête parce que plus personne ne veut me parler.

Dès le début de cette aventure, j'ai imposé à mes plus proches des sacrifices. Celui de régler leurs vies sur la mienne, sur la mission que je venais d'accepter. Nous avons quitté notre vie en Asie pour revenir en France. J'allais de nouveau être peu présent alors que je venais d'avoir une petite fille.

Je gagnais bien ma vie au sein du GIP, je n'avais pas à me plaindre, même si c'était 30 % en dessous de ce que je pouvais gagner en Asie, et un tiers du salaire du patron de la Coupe du monde 2015 en Angleterre. Mais je ne le faisais pas pour l'argent.

À partir de fin août 2022, je n'ai plus perçu un euro, du jour au lendemain. Un matin, ma femme s'est retrouvée à appeler l'école de notre fille en pleurant : nous ne pouvions plus payer sa scolarité. Tout devient compliqué. Plus rien ne peut être léger, il y a une chape de plomb en permanence au-dessus de nous. Mes proches ont vu mon univers s'écrouler, tout ce que j'avais construit durant cinq ans. Ils ont tout autant été touchés par les trahisons.

Et nous faisons une découverte : quand on n'a pas de moyens financiers, on ne peut pas se défendre. Car oui, tout cela a été très compliqué malgré la compréhension de mes avocats qui m'accompagnent depuis le début.

Alors amis et famille nous ont aidés. C'est ma mère qui nous a prêté de l'argent pour déposer une plainte en diffamation. Je suis tellement triste et confus qu'elle soit partie en avril 2023, un an après mon père, avant que j'aie été réhabilité. Comment pardonner alors qu'elle a passé les six derniers mois de sa vie à se demander si on allait me mettre en prison ? Même si elle n'a jamais douté de son fils, que de blessures lui ont été infligées !

Je repense à mes deux grands enfants m'appelant, s'inquiétant : « Mais, papa, qu'est-ce que tu as fait ? »

Au-delà des fatwas médiatiques, il y a eu aussi les perquisitions à notre domicile, traumatisantes pour ma femme. Ce fut compliqué à vivre, même si les enquêteurs étaient particulièrement compréhensifs.

J'ai pu mesurer pendant ce long tunnel combien la famille était importante dans notre vie, j'ai reçu de leur part un soutien inconditionnel et permanent qui, je n'ai pas peur de le dire, m'a maintenu en vie, car combien de fois on se pose la question de la sortie…

Un autre soutien est celui des amis qui ne m'ont pas quitté. Ils ne sont pas nombreux. Lorsque l'on élimine ceux qui avaient un intérêt personnel à notre relation, ceux qui ne souhaitaient pas par manque de courage prendre de risques en restant en contact avec moi, il en reste une poignée, mais ceux-là sont inestimables et je suis fier d'avoir conservé leur amitié.

Je suis resté debout malgré les attaques, en bon troisième ligne.

En guise de conclusion

Il y a quelques mois, ma fille de 8 ans est revenue d'une après-midi passée chez l'une de ses copines. Elle était tout excitée de m'annoncer : « Papa, papa, Aya fait du rugby ! Moi aussi je veux faire du rugby ! » J'ai souri, j'ai ri même. Nous n'avions jamais parlé de rugby.

À Évian, où je vis dorénavant, pas de club pour le ballon ovale, mais une petite école où le papa d'Aya, Ali, éducateur, entraîne les enfants.

Ni une ni deux, nous l'avons inscrite. Il y a d'abord eu deux séances d'initiation avant qu'elle ne prenne sa licence.

La veille de son premier entraînement, elle m'a dit : « Il faut que tu m'apprennes à faire des passes. »

Et nous voilà dans le jardin pour une séance improvisée ! Elle a regardé comment je faisais. Elle ne savait pas encore se placer, ni qu'il faut donner en arrière mais elle a essayé, participé.

Aujourd'hui, elle s'accroche en plein hiver, dans la boue, avec ses partenaires de jeu, et revient de chaque séance d'entraînement avec des étoiles plein les yeux. Elle raconte à son papa comment elle a plaqué, couru, et me fait passer par toutes les émotions.

À la fin, s'il doit rester quelque chose de toute cette histoire, c'est avant tout cela : la fraîcheur, la transmission, l'apprentissage de valeurs comme le collectif, le dépassement de soi. La vérité est là.

Remerciements

À ma famille qui m'a gardé en vie.

À Elsa pour son soutien et sa participation de la première heure.

À Henri mon ami de cœur, à mes amis, à Marie pour ses engagements.

À tous ceux qui m'ont fait l'honneur de m'accompagner dans ma vie et dans cette aventure.

À José, pour son courage, sa fidélité dans la publication de la vérité.

À Hélène qui a su trouver les mots.

À tous ceux qui œuvrent au quotidien pour faire de ce sport qui m'a construit en tant qu'homme, un sport inclusif, un moteur de lien social, et une véritable école de la vie.

Annexes

Entre le 22 juin 2022 et la fin août 2022, les échanges nourris entre Amélie Oudéa-Castéra, la ministre des Sports, World Rugby et Bernard Laporte, le président de la FFR, ont accéléré ma mise à pied puis mon licenciement.

Voici quelques documents qui permettent d'en saisir le mécanisme...

[redacted]

De: AMELIE OUDEA-CASTERA <oudeacasteraamelie[redacted]
Date: 19 août 2022 à 20:47:33 UTC+2
À: blcommunicatio[redacted]
Objet: Conclusions du comité d'éthique

Monsieur le Président, cher Bernard,

Tu t'en souviens, le 22 juin dernier, j'avais saisi le comité d'éthique du GIP France 2023 ainsi que l'Inspection du Travail pour que ces deux entités, complémentaires dans leurs approches et leurs méthodes, fassent toute la lumière sur les faits préoccupants qui avaient été relatés par le journal l'Equipe sur la très forte dégradation du climat social au sein du GIP et sur les pratiques managériales de son directeur général Claude Atcher.

Le comité d'éthique, présidé par Alain Pichon, vient de me remettre son rapport. Je t'en joins ici un exemplaire nominatif, qui t'est strictement destiné et **je te demande d'en préserver strictement la confidentialité.** Je ne partage par ailleurs ce rapport, à ce stade, qu'à Jacques Rivoal et Michel Cadot, sur les mêmes bases nominatives et confidentielles. Il sera remis à Didier Séminet en temps utile, dans le courant de la semaine prochaine. Il sera aussi communiqué à World Rugby, avec les mêmes précautions.

Les conclusions du comité d'éthique sont **extrêmement alarmantes,** et même **accablantes** pour Claude Atcher par bien des aspects. Elles confirment très largement, au terme de 19 auditions qui ont fait l'objet de comptes rendus nominatifs, la gravité des faits rapportés par l'Equipe.

Elles évoquent un climat social "délétère et parfois violent", marqué par "un malaise profond" et "l'état de grande souffrance" des personnes entendues. Elles le qualifient aussi de "climat d'omerta", où régnait "la peur de s'exprimer" avant les révélations médiatiques qui ont donc été ressenties comme "libératoires" par les équipes.

Le rapport montre l'existence d'un management du DG par la peur, "brutal", "rugueux", coutumier de "violents reproches publics" et exerçant une "forte emprise psychique sur certains collaborateurs susceptible de provoquer des atteintes à leur santé".

Le document évoque les "humiliations", les "hurlements", le "traumatisme" et parfois les graves insultes, pour certaines expressément restituées, dont ont été l'objet certains collaborateurs.

Parallèlement, le rapport met en évidence le "déni de responsabilité" et "le manque de lucidité" de Claude Atcher (qui, comme tu le sais, a été auditionné aussi) face à toute cette situation, même s'il reconnaît quelques manques, erreurs ou "signes de tensions et de malaise".

Le comité d'éthique ne montre pas seulement l'ampleur des risques psycho-sociaux auxquels les salariés du GIP sont sujets, mais aussi les risques importants de départs auxquels la structure est exposée en cas de maintien du DG.

Le comité d'éthique met par ailleurs en exergue la « très grande concentration des pouvoirs » au niveau du DG et « les faiblesses de la fonction RH ». Il relate enfin des manquements à la « probité économique et financière » de la part de C.Atcher, citant quelques exemples méritant l'enclenchement d'un audit spécifique.

Dans ce contexte, tu comprendras **ma plus vive préoccupation** et le fait que je sollicite par ce mail, de toi en tant qu'acteur majeur et majoritaire de cet événement et de sa gouvernance ainsi que de Jacques Rivoal (à qui je vais également écrire), en tant que représentant légal de la structure, exposé à ce titre à un risque de responsabilité pénale en cas de défaut de protection de la sécurité et de la santé des salariés (protection pour laquelle le Code du Travail lui confère une obligation de moyens mais aussi de résultat) **un plan d'action pour remédier de toute urgence à la situation**.

Ce plan, qui doit être bâti en transparence et en collaboration avec World Rugby, a prioritairement vocation à couvrir les actions à entreprendre pour faire cesser au plus vite le profond malaise social dans la structure et assurer, de manière **immédiate et effective, la préservation de la sécurité et de la santé au travail des salariés,** qui ont besoin et méritent de retrouver un climat serein au quotidien et pour préparer la Coupe du Monde. Le plan d'action devra par ailleurs proposer les solutions pour remédier, dès à présent et de façon structurelle, au problème juridique de la concentration excessive des pouvoirs de décision et de signature dans la fonction de direction générale, et pour combler le plus rapidement possible les faiblesses identifiées de la fonction RH.

Je te propose que nous nous donnions rendez-vous, toi, Jacques Rivoal et moi, pour partager ce plan d'action **le lundi 29 août de 10:00 à 12:00 au ministère.** J'associerai également Didier Séminet et Michel Cadot à ce point de restitution du plan, dont je souhaite avoir une première teneur le vendredi 26 août en fin de journée.

Je te remercie de ton attention et de ta mobilisation.

Bien à toi,
Amélie

RUGBY WORLDCUP

Bernard Laporte, président de la Fédération française de rugby
Jacques Rivoal, président du conseil d'administration du GIP France 2023

Par e-mail uniquement, le 26 août 2022
Re : GIP France 2023 - Accusations de harcèlement sur le lieu de travail à l'encontre de Claude Atcher

Chers Présidents,

Suite à ma lettre du 23 juin et à nos nombreux échanges depuis lors, je vous écris à nouveau au sujet des graves accusations portées à l'encontre de Claude Atcher, le PDG et directeur général du Comité d'organisation du GIP de France 2023.

Comme vous le savez, la ministre française des Sports a transmis le rapport du Comité d'éthique du GIP à World Rugby/RWCL le samedi 20 août, de manière confidentielle. Vous ne l'ignorez pas : ce rapport contient des informations préoccupantes venant confirmer les accusations portées à l'encontre de Claude. Il s'agit d'une situation extrêmement inquiétante et dommageable.

Nous savons que la ministre des Sports vous a confié l'élaboration d'un « plan d'action » au cours de réunions et d'échanges faisant suite à la transmission du rapport, et ce préalablement à votre rencontre le lundi 29 août.

Nous savons également que la deuxième enquête commanditée par la ministre des Sports n'est pas encore achevée et que le rapport de l'inspection du travail est attendu pour le mois de septembre.

Nous comprenons bien que vous vous trouvez tous deux dans une situation extrêmement délicate. Il s'agit en effet d'une situation terrible pour toutes les parties prenantes, y compris bien sûr pour Claude lui-même, et pour une grande partie du personnel du GIP.

Nous avons étudié en détail la position de World Rugby/RWCL dans cette affaire. Bill et moi-même en avons discuté, de manière confidentielle, avec la majorité des administrateurs du Conseil de RWCL. Nous avons également pris conseil auprès des conseillers juridiques externes de RWCL, à Paris.

Étant donné la gravité et l'ampleur des conclusions du Rapport du Comité d'éthique que nous avons en notre possession, World Rugby/RWCL tient à exprimer les trois grands principes suivants : (1) la nécessité de protéger le bien-être des salariés du GIP FR2023 ; (2) notre devoir de protéger la réputation et les intérêts du tournoi et de la marque de la Rugby World Cup (et vous connaissez bien l'importance de la réputation de la marque RWC pour notre sport) ; et (3) la nécessité de s'assurer que le bon déroulement du tournoi ne soit pas davantage compromis dans cette affaire, notamment suite au départ d'employés clés du GIP.

Rugby World Cup Limited World Rugby House, 8-10 Pembroke Street Lower, Dublin 2, D02 AE93, Irlande
+353-1-240-9200 www .rugbyworldcup.com @rugbyworldcup

RUGBY
WORLDCUP

Dans ces circonstances regrettables qui nous affectent tous, World Rugby/RWCL regrette le fait que le plan d'action du GIP ne prévoit aucune action décisive permettant de préserver les intérêts mentionnés ci-dessus.

Nous comprenons qu'aucun accord n'a pu être envisagé avec Claude, ce que vous avez confirmé.

Dans ces conditions, nous pensons que le conseil d'administration du GIP n'a d'autre choix que de résilier le contrat de Claude et de le suspendre de ses fonctions avec effet immédiat, et ce jusqu'à la mise à disposition des conclusions du rapport de l'Inspection du travail. La décision finale pourra être prise en concertation avec World Rugby/RWCL après l'examen du rapport de l'Inspection du travail, qui doit au préalable être transmis au Conseil d'administration du GIP.

Nous comprenons que cette possibilité a déjà fait l'objet d'une discussion lors de vos rencontres avec la ministre des Sports : elle devrait donc constituer le plan d'action du GIP.

Cette « mise à pied conservatoire » devrait s'accompagner des mesures de protection normales et nécessaires, comme l'interdiction pour Claude d'avoir le moindre contact avec le personnel du GIP ou avec toute partie prenante ou partie impliquée dans l'organisation du tournoi, ainsi que la suppression de ses accès aux systèmes de FR2023 (comptes e-mail, messages SMS, etc). Il appartiendra au GIP d'obtenir les conseils juridiques nécessaires en la matière et de s'assurer du caractère exécutoire de ladite suspension.

À toutes fins utiles, nous nous prononçons contre toute « prise de recul » décidée par Claude Atcher lui même. Cela ne permettrait pas de mettre en place les mesures de protections qui s'imposent d'un point de vue légal, et ce d'après les conseils que nous avons obtenus.

Rien de ce qui précède ne vise à préjuger du rapport de l'Inspection du travail. Nous attendons tous les conclusions et la mise à disposition du rapport dans la plus grande urgence, et ce afin de résoudre cette affaire. Nous vous demandons donc de faire part au Ministre des Sports du caractère urgent de la livraison de ce travail, et de lui demander de transmettre cette sollicitation au Ministère du Travail. L'incertitude persistante à cet égard pourrait causer des dommages très importants à World Rugby, au tournoi ainsi qu'à la FFR.

Comme précédemment, RWCL doit continuer de se réserver ses droits en vertu de l'Accord d'accueil et d'autres voies potentielles en attendant une conclusion appropriée de cette affaire.

Rugby World Cup Limited World Rugby House, 8-10 Pembroke Street Lower, Dublin 2, D02 AE93, Irlande
+353-1-240-9200 www .rugbyworldcup.com @rugbyworldcup

RUGBY
WORLDCUP

Enfin, au nom de Bill et de moi-même, je tiens à réaffirmer le caractère regrettable de cette affaire. Nous travaillons en étroite collaboration avec Claude depuis de nombreuses années. Nous sommes reconnaissants pour les nombreux succès obtenus à ce jour dans l'organisation de la RWC 2023. Toutefois, dans de telles circonstances, aucun autre plan d'action n'est envisageable.

Nous attendons avec impatience votre réponse à la présente lettre, ainsi que votre confirmation des démarches convenues avec la ministre des Sports.

Meilleures salutations,

Alan Gilpin
Directeur général

alan.gilpin@worldrugby.org
+353-87-111-2023

Cc :

Michel CADOT, Délégué Ministériel, Grands Evénements Sportifs Sir Bill Beaumont, Président, World Rugby et RWCL
Conseil d'administration de RWCL

Rugby World Cup Limited World Rugby House, 8-10 Pembroke Street Lower, Dublin 2, D02 AE93, Irlande
+353-1-240-9200 www .rugbyworld cu p.com @rugbyworldcup

Ottman ZAIR

De: Ottman ZAIR
Envoyé: mercredi 24 août 2022 15:31
À: Claude ATCHER
Objet: Pre-rapport d'étonnement OZA

Bonjour Claude,

Pour faire suite à ma prise de poste, je te partage quelques éléments à chaud dans le cadre d'un exercice plus large de rapport d'étonnement que je dois finaliser dans le courant du mois de septembre.

1/ Prise de contact et éléments d'ambiance générale

- Arrivé dans le courant du mois d'août, pendant les congés de l'équipe de direction, j'ai pu profiter de temps d'échanges libres et privilégiés avec une partie des collaborateurs du GIP dans le cadre de ma mission de conseil à la restructuration de l'organisation et de la direction générale.
- Le premier constat est que l'ambiance est bonne et que « l'équipe vit bien », pour reprendre l'expression souvent utilisée dans le milieu sportif professionnel.
- Je n'ai pas senti de volonté de dissimulation ou de postures. J'ai au contraire été surpris par la qualité de la dynamique collective, animée par de jeunes collaborateurs et collaboratrices (dont certaines ont une connaissance fine du monde du rugby professionnel) soudés autour du projet de livraison de la coupe du monde et du monde de l'ovalie.
- Le DG est perçu comme un dirigeant de proximité, à l'écoute de chacun, accessible en dépit de son emploi du temps très chargé. Cela détonne avec la description qui a été faite que l'on a pu lire dans la presse.
- Si le cycle de vie du GIP et le projet qu'il porte peuvent être comparés à ceux d'une startup de premier plan, il ne fait nul doute que la perception de son DG par l'ensemble des collaborateurs est similaire à celle que dégagent les grands patrons fondateurs de la Tech mondiale : il apporte une vision stratégique claire et trace le chemin dans un écosystème complexe dont il maîtrise chacun des acteurs. C'est ce caractère rassurant et de stabilité qui est ressorti systématiquement lors de mes échanges avec les collaborateurs, dont l'attente est forte vis-à-vis de la direction générale pour qu'elle puisse les aider à faire avancer les sujets qui leur sont confiés dans un environnement complexe.
- Ma mission est assez bien perçue et attendue par une partie des collaborateurs pour fluidifier les échanges ascendants et descendants avec la DG.

2/ Organisation et perspectives RH

- Le diagnostic empirique posé par le DG concernant la faiblesse du management intermédiaire rapidement après quelques réunions de revue de projets.
- Les directeurs fonctionnels sont d'un niveau d'autonomie assez varié, ce qui a pour conséquence la mobilisation du DG sur des sujets qui ne sont pas de son niveau de responsabilité. L'élargissement à venir de la DG par un poste de DGA supplémentaire (communication, sponsoring et protocole) ainsi que la création de mon poste devraient permettre de soulager le DG et permettre à l'organisation d'avancer plus efficacement.
  - À titre d'exemple, les processus d'achats ne sont pas compris de l'ensemble des directeurs tant d'un point de vue juridique (respect des dispositions de la commande publique) que financier (procédure d'engagement de dépense)
- Si une organisation doit s'adapter par nature pour accompagner les phases de croissance, elle doit, dans le cadre du GIP France 2023, prévoir une bascule de l'organisation dans une phase plus opérationnelle dans le cadre de la mise en place du tournoi, impliquant un transfert des missions du niveau central vers les directeurs de site. Cela n'est pas encore bien appréhendé par les équipes et représente un des enjeux majeurs de la fin de l'année 2022. Le GIP compte par ailleurs plus de collaborateurs au sein des directions de sites qu'en central, dont les attentes sont fortes vis-à-vis de la stabilisation de l'organisation de la DG
- Les difficultés que rencontre actuellement le GIP dans son organisation me font penser à celles que j'ai pu observer lors de mes expériences dans la Tech au sein de startup ou de PME ayant observé une croissance

rapide (désalignement de l'organisation avec la feuille de route stratégique, erreurs de casting dans le recrutement de certains postes de management...). Je suis très confiant dans la capacité du GIP à rebondir rapidement ; les actions mises en place par le DG depuis quelques mois me paraissent aller dans le bon sens et sont conformes aux actions que j'ai pu mettre en place par le passé dans des situations similaires.

- Par ailleurs, plusieurs missions RH ont été lancées par le DG dont une concernant la réorganisation de la DG et du cabinet a été initiée bien avant la parution des articles à charges contre le DG du GIP. Elles devraient permettre de renforcer le management intermédiaire, renforcer le rôle des directeurs et fluidifier le partage d'information au travers de méthodes de management plus AGILE, dont je devrai être une cheville ouvrière du changement, compte tenu de mes expériences passées dans ce domaine.
- Il est à noter que le GIP est accompagné par Bruno METLING et ses équipes afin de renforcer la gestion RH et améliorer les pratiques managériales dans le but de prévenir tout risque psychosocial au sein du GIP. Cet ancien de l'IGF a œuvré par le passé aux côtés du PDG d'Orange pour ajuster l'organisation et les pratiques managériales de l'entreprise lors de la crise majeure qu'elle avait traversée dans les années 2000 à la suite de suicides de collaborateurs.

3/ Perspectives

- Le GIP a clairement besoin de stabilité et d'un retour au calme pour pouvoir impulser les ajustements dans l'organisation nécessaire à très court terme.
- Le management et la vie du groupe restent fragiles et exposés aux perturbations externes, notamment celle de la presse. J'ai d'ailleurs proposé au DG de pouvoir « pacifier » la relation avec l'Équipe et de travailler en lien avec le nouveau DGA (Christophe TORTORA, un ancien rédacteur en chef de France 2) sur un plan de communication afin de faire connaître les différentes initiatives engagées par la direction et valoriser in fine l'engagement de l'ensemble des collaborateurs au service de la livraison de la coupe du monde.
- L'année à venir s'annonce critique, mais les changements qui sont en cours devraient permettre aux équipes de s'épanouir tout en relevant les défis qui se présenteront.
- Les équipes ont besoin de stabilité et de se concentrer sur leurs missions autour d'une équipe dirigeante stabilisée.
- Le GIP va accueillir 80 nouveaux collaborateurs d'ici Q1 2023 (30 d'ici la fin 2022 et 50 en 2023) qui doivent pouvoir être intégrés au sein d'une organisation stabilisée et agile.

Ma mission commence à prendre du sens et je suis assez confiant sur le fait de la réussir compte tenu de ton soutien ainsi que celui des collègues DGA.

A ta disposition pour échange sur le sujet

Cordialement,

Ottman ZAIR
Sous-Préfet

2

Table

Composition Nord Compo
Cet ouvrage a été achevé d'imprimer
sur Roto-Page
par l'Imprimerie Floch à Mayenne
en mars 2024

Dépôt légal : mars 2024
Numéro d'impression : 104526

Imprimé en France